William Ribeiro

VOCÊ NÃO NASCEU PARA SER POBRE

Estratégias para o **dinheiro** nunca faltar na sua vida

ALTA BOOKS
EDITORA

Rio de Janeiro, 2021

Você Não Nasceu para Ser Pobre

Copyright © 2021 da Starlin Alta Editora e Consultoria Eireli.
ISBN: 978-65-5520-633-3

Todos os direitos estão reservados e protegidos por Lei. Nenhuma parte deste livro, sem autorização prévia por escrito da editora, poderá ser reproduzida ou transmitida. A violação dos Direitos Autorais é crime estabelecido na Lei nº 9.610/98 e com punição de acordo com o artigo 184 do Código Penal.

A editora não se responsabiliza pelo conteúdo da obra, formulada exclusivamente pelo(s) autor(es).

Marcas Registradas: Todos os termos mencionados e reconhecidos como Marca Registrada e/ou Comercial são de responsabilidade de seus proprietários. A editora informa não estar associada a nenhum produto e/ou fornecedor apresentado no livro.

Impresso no Brasil — 1a Edição, 2021 — Edição revisada conforme o Acordo Ortográfico da Língua Portuguesa de 2009.

Erratas e arquivos de apoio: No site da editora relatamos, com a devida correção, qualquer erro encontrado em nossos livros, bem como disponibilizamos arquivos de apoio se aplicáveis à obra em questão.

Acesse o site www.altabooks.com.br e procure pelo título do livro desejado para ter acesso às erratas, aos arquivos de apoio e/ou a outros conteúdos aplicáveis à obra.

Suporte Técnico: A obra é comercializada na forma em que está, sem direito a suporte técnico ou orientação pessoal/exclusiva ao leitor.

A editora não se responsabiliza pela manutenção, atualização e idioma dos sites referidos pelos autores nesta obra.

Dados Internacionais de Catalogação na Publicação (CIP) de acordo com ISBD

R484v   Ribeiro, William
         Você Não Nasceu para Ser Pobre: estratégias para o dinheiro nunca faltar na sua vida / William Ribeiro ; ilustrado por Ricardo Amaral. - Rio de Janeiro : Alta Books, 2021.
         304 p. : il. ; 16cm x 23cm.

         Inclui bibliografia e índice.
         ISBN: 978-65-5520-633-3

         1. Autoajuda. 2. Dinheiro. 3. Vida. I. Amaral, Ricardo. II. Título.

         CDD 158.1
2021-2468   CDU 159.947

Elaborado por Vagner Rodolfo da Silva - CRB-8/9410

Rua Viúva Cláudio, 291 — Bairro Industrial do Jacaré
CEP: 20.970-031 — Rio de Janeiro (RJ)
Tels.: (21) 3278-8069 / 3278-8419
www.altabooks.com.br — altabooks@altabooks.com.br

Produção Editorial
Editora Alta Books

Gerência Comercial
Daniele Fonseca

Editor de Aquisição
José Rugeri
acquisition@altabooks.com.br

Produtores Editoriais
Maria de Lourdes Borges
Thales Silva
Thiê Alves

Marketing Editorial
Livia Carvalho
Gabriela Carvalho
Thiago Brito
marketing@altabooks.com.br

Equipe de Design
Larissa Lima
Marcelli Ferreira
Paulo Gomes

Diretor Editorial
Anderson Vieira

Coordenação Financeira
Solange Souza

Produtora da Obra
Illysabelle Trajano

Equipe Ass. Editorial
Brenda Rodrigues
Caroline David
Luana Rodrigues
Mariana Portugal
Raquel Porto

Equipe Comercial
Adriana Baricelli
Daiana Costa
Fillipe Amorim
Kaique Luiz
Victor Hugo Morais
Viviane Paiva

Atuaram na edição desta obra:

Revisão Gramatical
Alessandro Thomé
Gabriella Araújo

Diagramação
Joyce Matos

Ilustrações
Ricardo Amaral

Capa e Projeto Gráfico
Larissa Lima

Ouvidoria: ouvidoria@altabooks.com.br

Editora afiliada à:

DEDICATÓRIA

Ao maior patrimônio de todos, aquele que dinheiro nenhum no mundo pode comprar: a *minha família*.

À minha esposa, Talita, pelo amor e compreensão de todos estes anos e por ter me presenteado com as duas criaturinhas mais importantes da minha vida, meus filhos Enzo e Pietro. Te amo!

Aos meus filhotes, muito obrigado por terem me ensinado o real sentido da vida e do amor. Tudo o que faço é por vocês.

Rezo e me esforço todos os dias para que eu possa ser para meus filhos pelo menos parte do que os meus pais representam para mim. Exemplos de retidão, de caráter, de garra e de dedicação profissional e especialmente de *amor*! Minha mãe, meu pai... devo tudo a vocês. É tanto amor, que nem cabe no peito e nas minhas palavras!

Minha maninha, Rafa, que Deus abençoe sempre seus passos e que você continue sendo essa pessoa maravilhosa e de coração gigante!

Bruno, meu irmão de sangue e de alma, que a vida lhe proporcione todas as bênçãos que sua generosidade o faz merecedor. Tamo junto!

Minha família! Que possamos continuar unidos, para sempre!

Amo vocês!

AGRADECIMENTOS

Esta obra não seria possível se não fosse pela primeira pessoa que acreditou no projeto: *J. A. Rugeri*. A esse meu amigo e a todos da Alta Books que se empenharam para que este livro chegasse até você, o meu muito obrigado pela confiança!

Agradeço muito também à *Equipe do Dinheiro Com Você*, por juntos construirmos esta jornada (maluca, mas profundamente gratificante) de educar as pessoas sobre dinheiro.

Tenho a honra de contar com o público do canal como incentivador diário do meu trabalho. Representando todos vocês, agradeço a alguns amigos e apoiadores mais próximos, como *Felipe Borsato, Renan Fagundes, Ronald Ribeiro, Isabela Duarte, Roberto Gomig, Williams Diniz* e tantos outros! Se você já escreveu algo para me apoiar, sinta-se abraçado aqui, através das minhas palavras.

Obrigado pelo incentivo, parceria e amizade desses que contribuíram diretamente com esta obra: *Renato De Vuono* (prefácio e revisão técnica), *Conrado Navarro* (textos de orelha e mentoria na Educação Financeira!), *Ricardo Amaral* (ilustrações boas demais da conta!) e *Juliano Inácio* (formatação das imagens).

Por último, mas não menos importante: minha visão de investimentos e de como enxergar a vida além deles foi muito influenciada por um dos caras mais sábios e subestimados do mercado financeiro, o Sr. Maurício "Bastter" Hissa e sua *Filosofia Bastter de Acumulação de Patrimônio*.

O Bastter é tão importante para mim, que, mesmo quando não concordo com algum posicionamento dele, aprendo mesmo assim. Como ele mesmo diz: *"Bebe o leite e esquece a vaca!"* Não dá para consentir em tudo com quem quer que seja, mas, de longe, ele tem a filosofia de investimentos que mais se aproxima daquilo que considero ser a ideal para a maioria das pessoas.

Muito obrigado por fazerem este sonho virar realidade!

SUMÁRIO

SOBRE O AUTOR — VIII
PREFÁCIO — X
INTRODUÇÃO — 2

1. COMO EU CHEGUEI À MINHA INDEPENDÊNCIA FINANCEIRA — 9

2. O QUE VOCÊ APRENDEU ERRADO SOBRE DINHEIRO — 29

3 COMO ECONOMIZAR DINHEIRO — 79

4 COMO GANHAR MAIS DINHEIRO — 111

5 COMO INVESTIR O SEU DINHEIRO — 137

CONSIDERAÇÕES FINAIS — VAMOS JUNTOS? — 276
DICIONÁRIO DINHEIRUDO — 280
NOTAS (REFERÊNCIAS BIBLIOGRÁFICAS) — 283
ÍNDICE — 288

SOBRE O AUTOR

Acesse o canal
DINHEIRO COM VOCÊ

WILLIAM
RIBEIRO

 @DINHEIROCOMVOCÊ   DINHEIRO COM VOCÊ

William Ribeiro é engenheiro da computação pelo Instituto Nacional de Telecomunicações (Inatel), tendo sido agraciado com o prêmio de Melhor Desempenho Acadêmico da sua classe. Tem MBA em Gestão Empresarial pela Fundação Getúlio Vargas (FGV), área a que dedicou grande parte da sua vida profissional.

Com 17 anos, fundou uma indústria eletrônica chamada *RWTECH*, que até hoje está consolidada como um dos principais *players* do mercado de produtos para Assiduidade (Controle de Ponto, com *hardware* e *software*) e Acesso. Por 15 anos, desenvolveu produtos eletrônicos e coordenou a equipe que lançou o primeiro Registrador Eletrônico de Ponto (REP) do Brasil.

A experiência na condução dos negócios da empresa, sobretudo nas finanças, despertou o seu fascínio pelos investimentos – particularmente com a constatação de quão ruins eram os investimentos que os bancos ofereciam à empresa. Mas a realidade era bem mais dura do que aquela apresentada nos produtos financeiros. William pôde perceber a enorme carência da maioria dos brasileiros sobre Finanças Pessoais, não só nos investimentos, mas sobre como ganhar e economizar dinheiro também.

Empreender seu próprio negócio trouxe a *independência financeira* com que William sempre sonhou. Percebeu, então, que poderia levar esses conhecimentos adiante, ajudando mais pessoas a terem uma vida financeira mais próspera; assim, tornar-se um educador financeiro acabou se transformando no seu maior propósito profissional. Ao deixar a empresa que criou, William pôde se dedicar à difícil e igualmente nobre tarefa de levar uma boa Educação Financeira adiante. Primeiramente por meio do seu blog, e também escrevendo para o site *Dinheirama*.

Em 2017, William idealizou e passou a se dedicar ao *Dinheiro Com Você*, projeto que detém um dos maiores canais de Educação Financeira do YouTube no Brasil.

PREFÁCIO

Uma amizade "boa demais da conta"!

Como a própria vida, conheci o William por acaso e, para ser justo, nem lembro exatamente do ocorrido; apenas que foi o mestre Gigio (para quem não sabe, o apelido do grande Giovanni Coutinho) que nos apresentou. E aí, com dois cabras cheios de vontades "empreendedorísticas" na mesma sala, a conversa durou horas e uma grande amizade nasceu.

Tudo o que eu poderia dizer é: prestem atenção no que esse "minerim" escreveu! Além do fato de que ele sabe muito, é um dos poucos caras que conheci que "caminha as próprias palavras", isto é, tudo o que ele disser para você, caríssimo leitor, é aplicado à própria vida. Como diz Nassim Taleb, é a tal da "pele em jogo". Digo isso com o coração leve de quem conhece muita gente na educação financeira que vive em sua plenitude o "faça o que eu digo, não faça o que eu faço" no preciso momento em que a câmera é desligada. Mas aqui o "game" é outro.

Sim, amigo, todos nós, sem qualquer exceção, temos dificuldades de viver tudo aquilo que pregamos, mas o que quero assegurar a você é que, se tem um cara que acorda todos os dias com esse propósito, é um tal de William Ribeiro.

E para finalizar e vocês partirem logo pro "fight", gostaria de registrar outra coisa muito bonita sobre essa amizade e que me deixa confortável em chamá-la como tal: haveria um "tanto assim ó" de motivos para eu ser deixado de fora deste livro, mas a grandeza do nosso amigo "dinheirudo" passou por cima de tudo isso e me mostrou que o bom caráter e a boa vontade superam qualquer pequeneza momentânea da alma humana. Obrigado, Will, não me esquecerei disso jamais.

A você, amigo leitor, "zoio" na página (ou na tela), que sua vida está prestes a mudar.

Paz na terra aos homens de boa vontade, e boa leitura!

Renato De Vuono, educador financeiro

INTRODUÇÃO

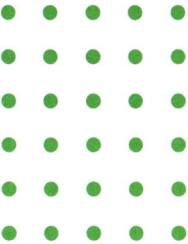

Sobre este livro

Não é nada fácil lidar com dinheiro. Principalmente com a falta dele.

A Educação Financeira é um conjunto de habilidades que pouco têm a ver com a formação profissional e a escolaridade: tal como existem doutores endividados, há assalariados **bons demais das contas**.

Ter dinheiro no bolso envolve a quebra de alguns tabus que aceitamos como verdade, às vezes por toda uma vida, como "*Dinheiro é pecado*" ou "*é a raiz de todos os males*".

Passamos a vida toda dando duro e acordando cedo para ganhar mais dinheiro, mas sem falar sobre ele dentro de casa, sem definir um orçamento, sem pensar no futuro. Enxergamos as pessoas que são ricas como mesquinhas, reclamamos de tudo, do patrão ao governo. Aprendemos a ver nobreza na pobreza — quando, na verdade, não há absolutamente nada de bonito em viver apertado.

Nossos pais, frequentemente, tiveram menos acesso a esse tipo de conteúdo do que hoje nos é proporcionado. Ainda assim, passei toda a minha vida acadêmica sem ter nenhum acesso a conteúdos sobre Finanças Pessoais, desde o primário até a pós-graduação.

Foi preciso *vivenciar* alguns problemas e entender como *realmente* o dinheiro funciona, por minha conta. E esse é justamente o grande propósito deste livro e da minha vida: difundir boas práticas no trato com o dinheiro.

Evoluir financeiramente envolve descobrir formas mais eficientes de se *ganhar dinheiro*. Ou seja, ser mais bem remunerado pela mesma quantidade de horas trabalhadas (afinal, elas são escassas, não é?).

Mas não basta ganhar bem. Precisamos nos desprender do nosso passado, de como lidamos com o excesso ou com os traumas da escassez de dinheiro dentro da nossa família quando éramos crianças. É necessário exercitarmos a sabedoria do equilíbrio, guardar dinheiro para o futuro, mas sem nos esquecer de viver o dia de hoje.

Economizar dinheiro é fundamental e também é uma arte: a de se domar nos instintos consumistas e imediatistas, naturais a qualquer ser humano, mas exacerbados pelas pressões sociais modernas e propagandas efusivas das marcas.

Por fim, é primordial saber como *investir o dinheiro* que economizamos. Não com a premissa de acordarmos ricos, mas de preservar o patrimônio e multiplicá-lo ao longo do tempo, graças a duas maravilhas chamadas *juros compostos* e *paciência*.

Seja bem-vindo, meu amigo leitor, a esta jornada sobre os três pilares da Educação Financeira: *ganhar*, *economizar* e *investir*. Tudo isso para que o dinheiro cumpra o mais nobre papel que lhe cabe dentro de sua vida: trazer conforto, segurança e paz de espírito para a sua família.

Afinal, *você NÃO nasceu para ser pobre!*

Figura 1 — Educação Financeira é equilíbrio de emoção e razão. Por Ricardo Amaral.

Convenções usadas neste livro

Não foi nada fácil fazer este livro chegar até você. O desafio de construir uma obra com tamanha generalidade é imenso, dado que cada leitor estará em uma fase da sua vida financeira: estudando e vivendo com os pais, jovens casados, fase dos filhos pequenos, de crescimento profissional, aposentados...

O lado ruim da história é que dificilmente o livro terá todo o seu conteúdo como útil, qualquer que seja o leitor (*mas é assim com todo livro, não é? Ufa!*).

Do outro lado da moeda, é muito reconfortante imaginar que este trabalho contém ensinamentos *para qualquer pessoa*, do endividado ao investidor que já vive de renda.

Se você já está acostumado com a linguagem do canal no YouTube, certamente não estranhará aqui as minhas coloquialidades e gírias que costumo usar por lá, como *Amigo Dinheirudo* (a maneira com que me refiro aos inscritos do canal). Procurei manter aqui a mesma didática do Canal, descomplicando alguns termos do economês e também trazendo para você os conteúdos sempre de forma lúdica, quando possível, *com algumas zoeiras também, já que ninguém é de ferro!*

Tudo o que importa é que você aprenda os conceitos. Sei que as analogias não são perfeitas e que fazem os "especialistas" virarem a cara, dadas a falta de conceitos teóricos emaranhados e a forma descontraída do conteúdo. Tanto faz, o livro não é para eles, é para que *você* aprenda a lidar melhor com o dinheiro.

Assim como no canal, meu objetivo sempre é descomplicar as coisas para que você entenda. Não tenho a pretensão de teorizar para mostrar minha autoridade ou para vender facilidades.

Procurei trazer também a você mais do que um livro informativo. Aqui também estão as minhas experiências, opiniões, minha visão de mundo para diversos assuntos, desde política (sem ser um chato, como hoje é a regra) até o modo como vejo as coisas e meu jeito de investir. Não há verdades absolutas nessas searas, mas senti a obrigação de permitir que o leitor conheça o meu posicionamento, sempre que necessário, para tirar os conhecimentos do papel e trazê-los à vida real.

Como este livro está organizado

PARTE I — Como cheguei à minha independência financeira

Como tudo começou, desde a minha infância, minha vida pessoal, meus filhos, aventuras no mundo do Empreendedorismo e da Educação Financeira.

PARTE 2 — O que você aprendeu ERRADO sobre dinheiro

Aqui a gente exterminará alguns dos mitos e crendices que você julgava como certos sobre o dinheiro, mas que podem justificar os maus hábitos que bloqueiam o seu crescimento financeiro.

PARTE 3 — Como economizar dinheiro

Métodos para criar o hábito de se guardar dinheiro: tão difícil, porém o mais importante dos três pilares da Educação Financeira. Aprenda como domar o seu cérebro e fazer um Orçamento Doméstico Familiar.

PARTE 4 — Como ganhar mais dinheiro

O que de fato faz uma pessoa receber mais dinheiro do que outra? Como desenvolver as características e habilidades mais procuradas pelo mercado — e sair com mais dinheiro no bolso!

PARTE 5 — Como investir o seu dinheiro

Um minilivro dentro deste outro. Aprenda a dinâmica de remuneração dos investimentos, renda fixa, renda variável, fundos, investimento-anjo e até bitcoin!

Considerações finais — Vamos juntos?

Meu compromisso com você, após a leitura desta obra. É onde tudo começará a mudar: o momento de você colocar os conteúdos do livro em prática!

Dicionário Dinheirudo

Definições (zoeiras, com um fundinho de verdade) sobre termos financeiros.

COMO EU CHEGUEI À MINHA **INDEPENDÊNCIA FINANCEIRA**

Como tudo começou, desde a minha infância, minha vida pessoal, meus filhos, aventuras no mundo do Empreendedorismo e da Educação Financeira.

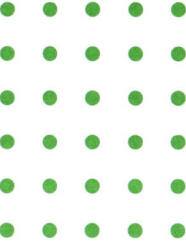

Eu me demiti da empresa que eu mesmo criei. Foi a melhor coisa que fiz na vida. Mas como pode um educador financeiro, que tanto valoriza o tema **dinheiro**, abandonar uma empresa rentável para viver de... Viver de que mesmo? Não havia um Plano B.

"O que raios você fez?" Eu me lembro exatamente de uma mensagem que recebi de um amigo naquela época.

Quinze anos de batalha estavam prestes a virar simples lembranças. Desde aquele moleque de 17 anos até construirmos uma empresa com dezenas de milhares de clientes em todo o Brasil, muita história tinha acontecido.

Mas havia terminado. Já era, nada mais fazia sentido. *Esta é uma história sobre como o dinheiro não pode ser a maior motivação da sua vida.*

Uma infância feliz

Fico fascinado com os brinquedos dos meus filhos. Como pode haver tantas composições de materiais, luzes, sons, eletrônica... Nem de longe, quando criança, eu vislumbrava ter acesso a tanta diversão. Não só porque não havia o "fenômeno China" para popularizar o preço dos brinquedos, mas também porque sou grato por ter mais condições financeiras do que meus pais na época da minha infância.

Como eu era feliz na minha infância nos anos 1980! Jogava bola na rua, nadava no rio, aprontava pegadinhas com os pedestres (desculpa, mãe!), carrinho de rolimã... Sim, sou da época do LP *Xou da Xuxa 3*.

Ter filhos me revelou uma imensa gratidão aos meus pais. Com condições de renda mais apertadas, os brinquedos que eu tinha significavam dispêndios proporcionais muito maiores do que os tenho com os meus filhos.

E como é imenso o desafio de proporcionar aos meus filhos uma infância tão *rica* (no sentido que transcende o dinheiro) quanto eu tive! Com a correria dos dias atuais, é bem mais difícil (e importante!) **estar presente** do que somente **dar presentes** aos nossos filhos.

Falando em brinquedo, enquanto escrevo estas palavras, me vem uma percepção: um deles viria a moldar minha carreira no futuro. Quer dizer, não necessariamente um brinquedo: um computador.

Aos olhos da geração atual, o "super" TK85 pode parecer mais um teclado gordinho do que um computador. *"Mas como ousam falar isso de uma maravilha tecnológica com 10kiB de memória?"* — penso eu na minha mente de *tiozão da informática*.

Aos meus 10 anos de idade, o velho TK, devidamente plugado na televisão (sim, era a tela dele!), recebia os meus comandos, que eu aprendia lendo um livro. Não passavam de caracteres frios em preto e branco na tela. Eu fazia um software cuja única função era fazer um texto se deslocar de um lado para o outro.

Depois, filmava a televisão com uma câmera, e esta parte entrava como introdução para o que viria a ser gravado depois — *eu estava escrevendo aqui a palavra* **vinheta**, *mas apaguei porque fiquei com vergonha de chamá-la assim.*

O software mais clássico era o que fazia a frase "Parabéns, Rafaela" deslizar na tela, em uma infame e não muito honrosa abertura para as gravações do aniversário da minha irmã. E não é que eu viria a ser um programador, desenvolvendo toda uma linha de produtos para a minha empresa, muitos anos depois?

Da pré-escola até a oitava série, sempre estudei em escola pública. Era um bom aluno — em que pese o fato de não precisar estudar nada para alcançar esse resultado. Acho que as partidas de truco no intervalo das aulas ajudavam a oxigenar o cérebro para as aulas de Educação Artística.

O poder de uma mulher

Precisamos falar de Santa Rita do Sapucaí, uma cidadezinha do interior de Minas Gerais. Minha história foi moldada por essa cidade, como aconteceu com muitos empreendedores daqui. Santa Rita, a exemplo das suas vizinhas, tinha tudo para ser uma cidade com uma economia baseada em atividades agropecuárias.

Não que isso seja demérito algum — afinal, como já dizia a propaganda, "agro é tech, agro é pop!" Mas bem sabemos o quão difícil é a vida no campo e como são limitadas as possibilidades de ascensão profissional dos trabalhadores rurais.

Muito antes dos movimentos feministas de hoje, Santa Rita teve a sua história transformada pelas benfeitorias de uma mulher. Sinhá Moreira era de uma família abastada: era filha de um banqueiro e sobrinha de Delfim Moreira,[1] que já foi presidente do Brasil. Foi obrigada a se casar com seu primo, um embaixador, cujo ofício proporcionou a ela a oportunidade de viajar por todo o mundo.

No Japão, Sinhá assistiu a uma palestra de Albert Einstein. Ela vislumbrou que a eletrônica seria a vanguarda da tecnologia e inovação em prol da humanidade. Assim, Sinhá Moreira convenceu o então presidente, Juscelino Kubitschek, a criar os cursos de eletrônica de nível médio — não havia ainda nem regulamentação para esse tipo de escola no país.[2]

E em 1959, graças à Sinhá Moreira, Santa Rita (e a América Latina inteira) ganhava a sua primeira escola de eletrônica, que leva o nome do pai da Sinhá: Escola Técnica de Eletrônica "Francisco Moreira da Costa", a querida ETE. Foi a sétima escola do gênero no mundo. Tem ideia da proeza?

Da ETE surgiram várias gerações de empreendedores, cujas empresas formam "O Vale da Eletrônica", ambicioso apelido de nossa cidade. São mais de 150 empresas em uma cidadezinha do interior, constituindo uma densidade empresarial 518% maior do que a do verdadeiro Vale do Silício, de quem "roubamos" a inspiração.

	População	Empresas	Densidade
Vale da Eletrônica	43.260[3]	153[5]	1 empresa para cada 283 habitantes
Vale do Silício	3,5 Milhões[4]	2.000[6]	1 empresa para 1.750 habitantes

> Observação: É evidente que não dá para comparar o porte das empresas dos dois Vales. Meu ponto é apenas a quantidade de empresas por habitante.

Diversos produtos eletrônicos são desenvolvidos e fabricados por aqui, desde urnas eleitorais eletrônicas a tokens bancários e tornozeleiras eletrônicas usadas em detentos. Por meio do Inatel (Instituto Nacional de Telecomunicações), Santa Rita participa ativamente dos padrões de tecnologia que empregamos em nossa vida, como TV Digital e telefonia 5G. Dá um orgulho danado a este que vos escreve!

Em minha casa, somos três formados na ETE. Meu pai trabalhou em uma empresa que foi uma das pioneiras da cidade. Anos mais tarde, ele construiu o seu próprio negócio, inicialmente para suprir as demandas de outras empresas daqui, cuja sinergia é atualmente chamada de "Arranjo Produtivo Local".

Minha empresa nasceu por grande influência da empresa do meu pai. Acho que posso dizer que sou um "neto" do Vale da Eletrônica. E a descendência não para: tenho orgulho de ver ex-funcionários da minha empresa que hoje empreendem em seus próprios negócios.

Tudo graças a uma mulher que se dispôs a mudar o mundo por meio da educação. Cuidado: empreendedorismo e educação podem ser contagiosos. Podem mudar a sua história, a dos seus filhos, de uma cidade, de uma nação. Toda a honra e gratidão à grandeza de Sinhá Moreira, sem a qual estas palavras não estariam chegando a você.

O sonho de empreender

Definitivamente, eu não gostava de nenhuma matéria do curso técnico. "Como pode alguém ser feliz projetando fontes de alimentação, polarizando transistores ou projetando antenas?", pensava eu (quer dizer, penso ainda).

No segundo ano, quando tudo estava prestes a ruir, eu tive contato com algo que mudou definitivamente a minha vida profissional: a programação de microcontroladores. Tal como nos tempos do TK85, lá estava eu brincando novamente de ensinar uma máquina a realizar uma tarefa.

Então, no emblemático ano 2000 — bug do milênio, bolha das *pontocom* —, mais especificamente no dia 5 de dezembro, o empreendedorismo começava em minha vida antes mesmo da minha empresa, a RWTECH, existir (ela seria formalmente registrada apenas em 2001).

Do meu pai eu herdei a paixão por empreender e também pelo controle de tempo — os primeiros relógios de ponto eletrônicos, carro-chefe da RWTECH até os dias atuais, eram inicialmente comercializados pela empresa dele.

Depois de alguns anos, assumi o desenvolvimento de toda a parte "física" dos produtos, o que envolvia desenvolvimento de hardware e software embarcado. Lançamos dezenas de produtos na área de controle de acesso e assiduidade.

Meu irmão veio para ser o meu sócio e desenvolveu um software de apuração completo, que acompanhava os relógios de ponto. Foi com ele também que aprendi o quão importante é a gestão financeira para um negócio.

Acredito que, na cabeça do meu pai, nos incentivar a empreender era uma forma de ajudá-lo na condução da sua empresa. Mal sabia ele que, na verdade, nós precisaríamos muito mais dele como mentor do que de fato conseguimos ajudá-lo em seu negócio.

Passamos por muitos perrengues na RWTECH. Levamos dois anos para fazer com que a empresa pagasse suas despesas. Perdi as contas de quantas vezes pensei em desistir. Logo no comecinho, tivemos todos os computadores roubados (os três). Junto com eles foram embora todos os arquivos dos projetos. Não tínhamos backup? Claro que sim! Mas eram realizados nos próprios computadores da empresa!

Sim, pode me julgar. Sei que é difícil de acreditar, mas não tinha computação em nuvem naquela época. Contextualizando as coisas para você: a informática era tão "avançada", que eu programava em linguagem *assembly*, em uma tela azul de um monitor de 15kg. No roubo dos computadores, pudemos ver que eram ladrões "profissionais", visto que levaram os gabinetes dos computadores, em vez de levarem só os monitores — que, na época, de tão pouco difundidos que eram os PCs, poderiam ser confundidos com televisões. É, meu amigo, para o nosso desespero, os monitores de tubo ficaram, e nossos projetos foram embora.

Na ETE, eu fazia layout de placa de circuito impresso no papel, usando caneta nanquim. A justificativa do professor? *"Vai que na empresa que vocês vão trabalhar não tem computador!"*

Depois do roubo, levamos vários meses até que conseguíssemos desenvolver novamente os produtos. Eu me lembro da ingrata tarefa de ressuscitar o esquema elétrico dos produtos, enfiando um fio em cada terminal das placas virgens, virando-as infinitas vezes para rabiscar as ligações em um papel.

Antes de ganhar dinheiro nos negócios, perdi bastante. Por algumas vezes, quase falimos. Eu costumava refinar demais o desenvolvimento, em vez de lançar os produtos e ir melhorando aos poucos. Também me aventurei em mercados em que a empresa não tinha expertise, e muito dinheiro foi embora nisso também.

O maior sonho que eu tinha era expor meus produtos na feira Exposec, que era a mais relevante do setor. Até que, um dia, depois de economizar por um ano, conseguimos bancar um stand de 3x3 metros nessa feira.

A montadora padrão dos stands, que estava inclusa no preço (e a única que eu conseguia pagar), não cumpriu o contrato, e ficamos sem energia elétrica. Um dos momentos que mais me marcou foi o meu sentimento naquele dia: enquanto a feira começava, lá estava eu sentado na frente do stand escuro, chorando como uma criança.

Mas a empresa cresceu. De poucos funcionários, passou a contar com mais de cem colaboradores em sua unidade de negócio. Pagar um stand bem maior, com montagem personalizada, já não era mais um problema. Participamos de diversas Exposecs.

Já não cabia a mim a função de desenvolver os produtos. Agora a empresa contava com profissionais melhores do que eu, dentro de uma competente equipe de engenharia. Talvez a nossa maior conquista tenha sido quando desenvolvemos o primeiro Registrador de Ponto Eletrônico do Brasil. Nesta altura, a RWTECH já contava com centenas de revendedores em todo o Brasil, com dezenas de milhares de clientes finais.

Quando nada mais faz sentido

O ano de 2015 foi o mais importante da minha vida. Do lado profissional, as coisas estavam péssimas. Se por um lado a empresa passava por um momento financeiro delicado, eu poderia me dar por satisfeito por estarmos funcionando: cerca de 1,8 milhão de empresas fecharam as portas no Brasil naquele ano.[7]

Meu papel como responsável pela engenharia da empresa não mais fazia sentido: era momento de destruição, não de construção. Definitivamente, era o caso de contenção de danos ou de virar estatística nas falências.

Você percebe que não é mais digno de administrar a sua empresa quando chega para trabalhar de manhã já contando as horas para o final do dia. Como incentivar e injetar ânimo na sua equipe se esses sentimentos não sobram em você? Não acredito em qualquer tipo de liderança que não seja pelo exemplo.

Cada ciclo de demissões que tínhamos que fazer era sinônimo de noites em claro. Para mim, esse é o pior momento na vida de um empreendedor, quando você é obrigado a mandar gente competente embora.

Minha relação com meu pai e meu irmão estava muito ruim, reflexo do próprio momento difícil da empresa. Para quem nunca empreendeu em família (por quinze anos!), é bem fácil evocar o Modo Fausto Silva e dizer *"ah, é só você separar o pessoal do profissional"*. Se existe tal interruptor mágico, ele não me foi apresentado: discussões em casa viravam problemas na empresa, e vice-versa. Somos seres humanos, afinal. Em retrospectiva, posso dizer que há um conforto enorme na confiança de ter um parente próximo como sócio. Mas empresa nenhuma, por dinheiro nenhum no mundo, paga o preço da paz e da união dentro de casa.

Eu estava preso em uma armadilha que eu mesmo havia criado. Depois de quinze anos, como abandonar um sonho e se demitir da própria empresa?

Algo muito excepcional precisaria acontecer na minha vida para que eu pudesse mudar essa situação. E foi justamente o que a vida me trouxe, a dádiva mais extraordinária que ela pode proporcionar a um homem: *ser pai*.

Abandonando um sonho

Embora tenha sido planejado e aguardado por nós com todo o amor do mundo, o nascimento do meu primeiro filho, Enzo, foi uma pancada na minha fuça. Eu me lembro de uma entrevista do apresentador Luciano Huck, logo após ter sobrevivido a uma queda de avião com sua família. Quando perguntado sobre qual o sentimento dele após o acontecimento, respondeu algo assim: *"Cara, é igual ser pai. Eu posso te contar como é, mas você só entende realmente se **viver** essa situação."*

O avião da minha vida deu um duplo twist carpado e aterrissou com uma asa só e sem combustível! Mas lá estava eu, moribundo, mas vivo. *Morri, mas passava bem.*

A vida vai passando, e a gente se acostuma. Por exemplo: quantos casais vivem infelizes por décadas por não terem coragem de se separar? Quantos tesouros não foram encontrados simplesmente porque a pessoa não quis desistir de continuar cavando no local errado?

Admito que eu estava na mesma situação. Infeliz, sentado na mesma cadeira da empresa. Estas palavras não chegariam a você se não fosse pelo nascimento do meu filho.

Você tenta se preparar, monta um quartinho personalizado, cria uma enorme expectativa para a chegada do herdeiro... E nada acontece como você pensou — nem mesmo a rotina com o bebê acontece no quarto dele. É o *seu* quarto que vira um cenário apocalíptico zumbi.

Meu filho nasceu em uma cidade vizinha. Na volta, dirigindo pela rodovia, tive que ligar para um amigo, no viva-voz do carro, para que pudesse ficar menos desatento com a estrada. Ainda assim, não me lembro do caminho que fiz da maternidade até a minha casa.

Não sei como o hospital liberou a alta médica, porque a minha mulher simplesmente não tinha leite. Na primeira noite, o moleque chorava tanto, que tive que sair para comprar leite de fórmula. Era uma noite terrivelmente fria, e o atendente da única farmácia 24 horas daqui dormia como se não houvesse amanhã. Depois de 38,5 apertadas na campainha (a *meia apertada* foi quando o atendente apareceu, com cara de bunda), finalmente levei o leite para a casa.

Mas não funcionou muito bem. No outro dia, meu filho estava tão fraco, que dormia mais do que o atendente da farmácia. Só que não tinha campainha (nem banho) que acordasse o menino. Nem consigo descrever a horror dessa situação. Graças a Deus, depois de horas de aflição, o menino resolveu acordar.

Eu me lembro do meu pai fazendo uma visita, bem tarde da noite.

Com a minha esposa operada e supercansada, lá estava eu na cadeira de amamentação. Com uma mão, dando a mamadeira para o Enzo. Com o outro, tomando uma cerveja (eu, não o bebê).

Figura 2 — A vida ensina a ser grato. Por Ricardo Amaral.

Meu pai me perguntou: "*E aí, como é esse negócio de ser pai?*" Uma pequena amostra grátis de alguns dias do amor e do trabalho que eu tive como pai foi suficiente para responder a ele: "Só tenho uma coisa para dizer para você, pai. **Muito obrigado** por tudo o que você fez por mim!"

(Caiu um cisco no meu olho aqui, espera um pouquinho para eu me recompor...)

Pronto.

Mas o que tem a ver meu filho com a minha saída da empresa? Como diria um professor que tive, "*Não se assome nem se apoquente*". Calma que eu chego lá!

Foi em um dia, brincando com ele, quando já estava engatinhando, que tudo mudou. Pressionado pela situação da empresa e das noites insones, meu corpo teve um piripaque. A visão ficou turva, o coração parecia a bateria da Mangueira, querendo sair pela boca para desfilar pela (Santa Rita do) Sapucaí. Não entendo nada de psiquiatria, nem procurei um profissional na época — o que hoje me parece ter sido um grande erro. Mas eu chutaria que tive o que hoje se chama de Síndrome de Burnout.

O esgotamento era tanto, que o recado do meu corpo estava muito claro: *ou você para, ou eu paro você*. Eu precisaria mudar urgentemente aquela situação, abandonar a empresa que criei. E teria que ser **no dia seguinte**.

Para quem já estava passando meses sem dormir, acho que você pode ter uma ideia de como foi animada aquela noite dentro da minha, já "pouco" ansiosa caixa craniana.

Que tipo de proposta de saída eu poderia fazer ao meu irmão? Eu não podia dizer simplesmente "quero a minha parte". É evidente que empresa nenhuma tem no caixa o dinheiro equivalente a 50% do que ela vale.

E mesmo se tivesse, eu conseguia me colocar "*calçando os sapatos*" do meu irmão: como pode o seu sócio abandonar o negócio, levando dinheiro da empresa e ainda deixando o dobro do trabalho para trás?

Não era justo e nem mesmo exequível. Não rolaria. Então o meu plano de saída foi o seguinte: eu queria continuar recebendo apenas o salário do dono, o pró-labore. Quem tem empresa sabe que não se recebe muita grana por mês, o maior patrimônio do empresário é a própria empresa, o *equity*. No fim do ano, se a empresa der lucro, aí, sim, recompensa-se o período de vacas magras.

Pela primeira vez em muito tempo, eu pude reconhecer a grandeza do meu irmão, que vinha sendo ofuscada pela extenuante rotina que tínhamos na empresa. Ele me disse: "*Você é louco! A empresa não vale só isso!*" Eu respondi a ele que não estava vendendo a empresa, mas, sim, **comprando a minha liberdade**.

Hoje, meu relacionamento com a minha família não poderia estar melhor. A sacralidade da instituição foi preservada. Quando nos encontramos, é somente para nos divertir e jogar conversa fora, exatamente como uma família deve ser.

E a RWTECH se recuperou daqueles tempos e segue firme e forte até os dias de hoje.

Minha Vida Nova

E agora, o que eu faria da minha vida? Puxando pela memória, não me lembro dessa indefinição um dia ter sido importante. Acho que o alívio de não ter de voltar para a empresa era suficiente para eu acreditar que dias melhores estariam por vir.

Comecei a me interessar por investimentos quando percebi que os produtos dos bancos eram bons, mas quase sempre, somente para os bancos.

Mesmo com volumes interessantes de dinheiro, do caixa da empresa, conseguíamos a "fantástica" remuneração de 80% do CDI. Caso não tenha entendido a ironia das minhas aspas aqui, não se preocupe, falaremos bastante deste assunto mais adiante. Por ora, basta entender que é um retorno bem ruim para qualquer coisa que se queira chamar de "investimento".

Esse entendimento de que os produtos bancários eram quase todos ruins foi um impulso para que eu buscasse mais informações para os meus próprios investimentos. Mas nem sempre foi assim.

Quando comecei a empresa, eu achava que cheque especial era um dinheiro meu, já que os bancos, "coincidentemente", somavam esse valor com o meu saldo. Sim, um **empréstimo** caríssimo, somado com **renda**. Um verdadeiro desserviço de Educação Financeira, que privilegia, claro, somente aos bancos.

E como eu pagava direitinho o cheque especial, todos os meses... Eu tinha até cadeira VIP e tapete vermelho no bancão. Usar o produto que mais dá dinheiro para o banco e ainda pagar em dia? É ou não é para glorificar de pé?

Minha primeira aula de Educação Financeira veio do meu pai. Foi ele quem me explicou o quão caro e sem sentido significa uma vida além das minhas possibilidades.

Do cheque especial até a independência financeira foram muitos degraus. Mas, por acreditar que qualquer um pode chegar lá, resolvi contar esta história.

Comecei criando um blog chamado **Minha Vida Nova**, com o objetivo de escrever sobre investimentos e empreendedorismo. Passei também pelo *Dinheirama*, onde tive a honra de conhecer pessoas que tanto me inspiram, como **Conrado Navarro**, **Giovanni Coutinho** e **Renato De Vuono**.

Mas *algo de errado não estava certo*. Durante os dois primeiros anos, era evidente para mim que *escrever* sobre finanças não seria a melhor maneira de amplificar a minha mensagem sobre Educação Financeira. Não seria assim que eu poderia ser ouvido de forma a impactar a vida do maior número de pessoas possível.

Tenho algumas teses para isso, começando pelo hábito da leitura ser muito pouco difundido no Brasil, infelizmente. E também existe um problema de audiência: geralmente, as mulheres leem mais do que os homens,[8] mas se interessam menos por finanças pessoais (pelo menos no *Dinheiro Com Você*, 83% são homens). O que é uma pena, porque costumo dizer que não conheci nenhuma casa com problemas financeiros em que uma mulher é quem administra as contas do lar.

Porém, mais importante do que o público-alvo, vem a questão da *forma* como o conteúdo é passado. Tenho certeza de que, se perguntarmos na rua, a maioria das pessoas dirá que dinheiro é um assunto mais chato do que propaganda política.

Também, pudera. Os conteúdos de Educação Financeira são apresentados assim: "*O que é a Selic? A Selic, blá blá blá*" (*e lá se vai mais um caboclo que dormiu*). Quem pode se interessar por algo assim? Todos deveríamos saber o que é a Selic (falaremos dela sem causar dor, eu garanto!). Mas as pessoas ficam com uma noção de que aquilo não impacta o dia a dia delas, não há uma conexão, e que também estão prestes a se sentir dentro do horror de uma sala de aula. Quem gosta de ficar sentado e ouvir uma pessoa falar indefinida e infinitamente sobre um assunto que, de tão chato, parece não servir para nada? Fala aí, quem nunca matou aula para jogar truco (*ou fui só eu*)?

Ao aprender, o desejo das pessoas é: "*O que isso importa na minha vida?*" Ou melhor: "*Como você pode me explicar isso sem que eu precise de um pós-doutorado em 'economês'?*"

Meu sentimento era o mesmo na época das aulas de História do colégio. Pergunta de prova: "*O que aconteceu em 1808?*" Eu pensava: "*Dane-se 1808! O que isso muda na minha vida? Tem jeito de você me ensinar isso sem que eu tenha que decorar o caderno e ocupar um espaço no meu já bagunçado HD cerebral, mas que será devidamente esvaziado na próxima semana?*" De fato, *eu sei lá o que aconteceu em 1808!*

Assim, sempre acreditei que simplesmente odiava História. Até que, depois de mais velho, enquanto eu assistia a alguns documentários na televisão... Com tantos detalhes, curiosidades, acontecimentos fantásticos que não estavam nos livros da escola, eu me peguei pensando: *Epa! Não sou eu que não gosto de História. Eu não gostava da maneira que me ensinavam!*

O mesmo vale para o tema **dinheiro**. Muitas pessoas acham que ele é sujo, atribuindo a ele uma série de crenças e mitos sem o menor sentido. Em função dessas falácias, não existe o hábito de se discutir sobre dinheiro em casa, ficando-se à mercê das consequências, como os juros que destroem a renda da família.

Neste ponto, veio a ideia da Educação Financeira com a "isca" do humor. Em março de 2017, nasce o **Dinheiro Com Você**. Claro que é muito difícil acertar a dose da graça (já errei muito, ou ficando muito sério, ou no outro espectro, me tornando o tiozão do pavê), e nem todo mundo gosta.

Mas penso que a missão está sendo muito bem executada, prova disso é que tenho a honra de ter você aqui! Descobri que não é preciso ser chato para falar de coisa séria — até porque tem muita gente que fala sério e é uma piada.

Meu objetivo é fazer com que você aprenda sem o gosto amargo de se sentir amarrado e inerte como em uma cadeira de sala de aula.

E que jornada, amigo! Daqueles primeiros vídeos gravados em casa até uma sede própria para a equipe do Dinheiro Com Você. Do cara que até 2015 não tinha nem rede social para aquela figura que você pode ver nos vídeos do canal. Da audiência de apenas alguns amigos a até milhões de pessoas que já viram essa minha cara feia aqui... Tudo foi um longo processo, resultado de muito trabalho, dedicação, carinho com o meu público e vontade de melhorar sempre! Com a renda que obtenho dos negócios, somados aos frutos dos meus investimentos, alcancei a minha *independência financeira*. Significa que o meu resultado financeiro mensal é superior ao meu custo de vida.

Aqui vai algo interessante: uma tradução que escuto muito de independência financeira é "não precisar trabalhar".

Por ironia do destino, hoje eu trabalho muito mais do que na época da empresa. Mas sabe o que é? *Não parece trabalho*. A minha entrega é enorme, mas é imensamente recompensador poder ajudar outras pessoas no caminho de uma boa educação financeira. Ler os comentários de pessoas que tiveram a vida financeira transformada, pela inspiração do meu trabalho, é algo incrivelmente gratificante. Além disso, *recebo dinheiro* para realizar este trabalho (não conte para ninguém, mas eu faria de graça!). Os japoneses descrevem esse encontro com o propósito de vida como *Ikigai*.[9] É a minha razão de existir, motivo que me faz acordar todos os dias.

Na jornada financeira, cada pessoa se encontra em um determinado degrau. Não serei o maior responsável pela sua subida. Tal como um nutricionista não emagrece ninguém, não tenho a pretensão de ser o protagonista da sua riqueza, mas, sim, de te orientar nesse caminho da prosperidade financeira, para que você mesmo colha os frutos de suas boas escolhas com o seu dinheiro, para que o dinheiro traga tranquilidade e conforto para você e sua família em todas as esferas em que ele pode atuar.

Só depende de você. Vamos juntos?

Figura 3 — A dura jornada financeira. Por Ricardo Amaral.

2

O QUE VOCÊ APRENDEU ERRADO SOBRE DINHEIRO

Dinheiro é a coisa menos importante dentre as mais importantes: família, saúde, amigos e propósito de vida.

A maioria das pessoas ainda não entendeu qual o *significado do dinheiro* na vida. E eu já lhe digo uma coisa: você não ficará rico, ou pelo menos terá uma relação mais saudável com o dinheiro, sem ao menos entender como esse negócio funciona.

"*Eu não falo sobre dinheiro porque eu não tenho.*" Quantas vezes já ouvimos (ou até mesmo proferimos) essa frase? Se foi dita por você, a partir daqui, prometa uma coisa para mim: nunca mais isso sairá da sua boca.

Ora, quem é que deve se preocupar mais com o dinheiro: os ricos, que já o têm, ou *justamente os pobres*? Seria a mesma coisa que uma pessoa que precisa emagrecer dizer que não fala sobre vida saudável porque não está em forma hoje, e justamente por essa recusa, nunca conseguirá fazer as pazes com a balança.

Aliás, fico impressionado com a analogia do dinheiro com alimentação. Acumular dinheiro e não engordar envolvem recusas, postergar prazeres. Em prol de um futuro melhor, você não gastará todo o seu dinheiro hoje. Como também não dá para se entregar a todos os prazeres alimentícios que atualmente temos condições de comprar — graças ao progresso e às facilidades da vida moderna, doenças relacionadas à obesidade atualmente matam mais do que a fome no mundo.[10]

Dinheiro e alimentação são coisas que dão a você total liberdade *no começo*. Você pode (mas não deveria) se empanturrar de comida, e o seu corpo não levantará uma bandeirinha amarela dizendo "*Pô, pega leve no torresmo aí, Zé!*"

Dinheiro também funciona assim, não há nada que te alerte sobre o perigo dos juros das dívidas. Tudo funciona bem, até que para de funcionar. Aquela liberdade que você tinha, comendo ou gastando demais, era efêmera, ilusória. Quando já é tarde demais, não há muito a ser feito.

Não dá para chegar no cardiologista, com as veias todas entupidas, e pedir uma série de exercícios abdominais. Neste ponto, só cirurgia pode *tentar* resolver — o que traz uma série de riscos. E se ainda por cima você não tiver dinheiro ou plano de saúde, dependerá da sorte de ser bem atendido no SUS.

Como também não dá para estar devendo no cheque especial, com seus juros de corar agiotas, e procurar por um aplicativo de controle de gastos.

Em ambos os casos, era para essas medidas simples terem sido implementadas *antes*, quando as coisas iam bem. Na emergência hospitalar ou na financeira, não existe solução indolor, e, para ser sincero contigo, às vezes não há nada que possa resolver.

No campo financeiro, a *causa mortis* atende pelo nome de ***dívida***. Todo este livro tem o objetivo de fazer com que ***você seja um recebedor de juros, e não um pagador***. As pessoas têm de pagar a você pelo uso do seu dinheiro, não você usar o dinheiro dos outros. Na primeira opção, o dinheiro trabalha para você. Na segunda, você trabalha todos os meses para tentar pagar as contas.

Guarde esta frase com você:

> **Não existe investimento no mundo capaz de render a mesma quantidade de juros que você é obrigado a pagar quando está devendo!**

Quando você vive uma vida além das suas possibilidades, precisa de dinheiro emprestado. Empréstimos, parcelamento no cartão de crédito, carnê da loja... Lembra-se de que falamos que acumular dinheiro é postergar um prazer, ou seja, deixar de consumir *agora* para ter mais no futuro?

Quando você se endivida, está indo na contramão da prosperidade financeira: você está usando o dinheiro dos outros para consumir *hoje* algo que você não tem condições de pagar e às vezes nem de manter.

Riqueza não tem a ver com aparências. "*Olha o carrão do vizinho, Neide! Deve estar podre de rico!*" Atire a primeira moeda quem nunca mediu a riqueza de alguém pela superficialidade que os olhos podem ver. Vai ver esse cara está todo quebrado, se endividou para comprar um carro do qual mal tem condições de pagar o licenciamento, o IPVA e o pacote todo da desgraceira sem fim. Tudo para impressionar pessoas que nem gostam dele. Qual o sentido disso? Você age assim na sua vida também? *Se sua resposta for "sim", é hora de mudar.* Você precisa acumular patrimônio, não vitórias. Já parou para pensar quantas fortunas já foram destruídas pelo ego, pela vaidade? Deixar de querer impressionar os outros é o primeiro passo para viver em paz com o seu dinheiro.

Este exemplo do carro elucida bem o conceito do bom uso do dinheiro: o carro é algo feito para dar conforto a você e sua família. Mas é um *passivo*, ou seja, só tira dinheiro do seu bolso (a não ser que você seja um motorista): impostos, multas e manutenção. Sem contar a depreciação: um veículo já sai da concessionária valendo, no mínimo, 10% a menos. Seja novo ou usado, o valor do carro só cai, ano após ano.

Significa então que ninguém deveria ter carro próprio? Não! Dinheiro bem gasto é o que lhe traz **paz**: se você paga o carro com seus esforços e tem condições de mantê-lo com folga, o conforto e a segurança do carro (se forem parâmetros valorizados por você) justificam o dinheiro gasto nele.

Ou, no máximo, que você parcele o mínimo possível, se esforçando para dar uma entrada maior. Isso faz que os juros diminuam e você não tenha que pagar por dois carros para ter o equivalente a meio carro lá na frente, quando terminar de pagar, como resultado dos anos de desvalorização.

Usar o dinheiro dos outros implica que você precisará ter um aumento da sua produtividade (ou na economia dentro de casa) proporcional aos juros da dívida. Explico melhor: se você assume uma dívida com juros de 100% ao ano (existem muitas com juros bem acima disso), implica que ela dobra de tamanho a cada 12 meses. Assumir que seu trabalho duplicará a sua remuneração a cada ano ou mesmo que você pode economizar nessa proporção seria, como eu poderia dizer... contar com o ovo no *fiofó* da galinha (e que ela duplicaria a quantidade de ovos botados ano após ano, baseado apenas em minha fé na postura do ovíparo).

Compare esses 100% de juros ao ano das dívidas com a famosa rentabilidade buscada pelos investidores, de 1% ao mês. Dedicarei mais espaço para falar de dívidas um pouco mais adiante neste livro. Mas como este assunto é o mais importante de toda a Educação Financeira, não havia como começarmos sem fazer esta provocação a você:

> **Durma e acorde, todos os dias, pensando em como acabar com as suas dívidas.**

A corda puxa muito mais contra você do que você pode revidar. Solte um pouco a corda e corra o risco de nunca mais conseguir puxá-la de volta.

O que você pode fazer para se livrar totalmente das dívidas? Vender um bem? Trabalhar mais, fazer renda extra?

Quanto custa a paz e a tranquilidade de dormir bem, sem ter um credor te cobrando, te enchendo o saco? Como você pode pensar em algo diferente para a sua família, sua estabilidade financeira, seus novos negócios, se existe esse demônio roubando a sua paz?

Imagina que você pense em um dia empreender, em montar o seu próprio negócio. Afinal, as maiores fortunas do mundo estão nas mãos dos empreendedores. Me diz uma coisa: como você tirará do papel a ideia de um novo negócio se você tem dívidas? Você se endividará ainda mais? Aumentará o tamanho da cova financeira?

Meu *Amigo Dinheirudo*, não há paz com dívidas. A não ser que você não esteja nem aí para nada, o que seria no mínimo curioso, pois não estaria lendo este livro. Você quer e vai mudar a sua realidade financeira, tenho certeza disso!

A primeira mudança, portanto, vem da *eliminação das dívidas.* Mais importante ainda: não as deixar, *nunca mais*, reaparecer na sua vida.

Mas creio também que falta bastante às pessoas a capacidade de dar ao dinheiro o seu devido valor. Nem a mais, nem a menos. Uma relação de respeito, até porque, como vimos, não dá para deixá-lo fora de controle. Ou você domina o seu dinheiro ou as dívidas dominam você. É por isso também que dizem que o *dinheiro não leva desaforo para casa*, ou que o *dinheiro é um ótimo servo, mas um péssimo patrão*.

Falar sobre dinheiro é o primeiro ponto. Já reparou como o tema é um tabu? Quase ninguém pensa, estuda ou fala sobre dinheiro em casa.

Você dá um duro danado, acorda cedo, trabalha pra caramba. E por que o dinheiro, que é o fruto do seu trabalho, não tem a mesma atenção dentro da sua vida?

Falar sobre dinheiro em casa envolve humildade. Reconhecer os defeitos, relembrar um passado que pode não ter sido nada glorioso, como uma infância cheia de privações, cauterizar a ferida de uma vida eventualmente incompatível com os ganhos mensais.

É bem raro encontrar a transparência e a cumplicidade entre todos os membros da família, para que haja um devido controle do dinheiro que entra e que sai, todos os meses. A vida financeira da maioria das pessoas é como uma caixa d'água, em que mal se sabe a quantidade de água que entra. Mas ninguém quer analisar os vazamentos na caixa ou se o consumo de água está dentro da racionalidade. Como esperar resultados diferentes, se agimos sempre da mesma maneira? *Dizem que esta frase é do Einstein, mas qualquer coisa pode ser atribuída a ele para ficar mais chique, já que ele não está mais aqui para se defender.*

Agir assim faz com que a **corrida dos ratos** seja infinita na sua vida. Ou seja, o trabalho é duro e exaustivo, mas suficiente apenas para pagar as contas do mês. Beirando o limite, na beira do precipício, é muito fácil dar um passo à frente e não dar conta das despesas do mês. Com os imprevistos (que de tão certos na vida, nem deveriam ser considerados assim) chega o endividamento. E com as dívidas, você não sai da gaiola. **Ninguém pode ser livre com dívidas**.

Você não nasceu só para pagar boletos. Merece que o seu trabalho resulte em conforto, qualidade de vida e segurança para você e sua família. Caso contrário, como você um dia poderá se aposentar? Chegará uma hora em que não seremos mais capazes ou produtivos, e nossa mente e nosso corpo precisarão descansar.

E como você ficará nessa situação? Precisará depender de favores de parentes ou da benevolência dos seus filhos? É muito triste pensar que, embora tratemos muito bem os nossos filhos, a recíproca pode não nos ser apresentada na nossa velhice, pois o amor que temos por eles pode ser diferente do que sentimos pelos nossos pais.

Ou você conta com o governo para se aposentar? Sim, eu sei que pagamos a previdência pública e que devemos lutar para que seja dado um bom uso a ela. Mas você prefere fazer a sua parte, ou confiar que um governo, qualquer que seja, será capaz de devolver nossos impostos à altura do que pagamos? O direito acaba quando os recursos acabam: os governos são péssimos em administrar o nosso dinheiro (dinheiro público é o *caceta*; é **nosso** dinheiro!).

Penso que minha visão libertária casa muito bem com uma boa Educação Financeira: não conte com a ajuda de nenhum governo. Eles só existem para criar condições de se perpetuar no poder e ganhar mais dinheiro. O mais longe que enxergam é a próxima eleição. Onde já se viu um país pobre como o nosso sustentar a nobreza dos nossos governadores e presidentes morando em palácios? Se eles são os reis, acho que já sei *quem somos* os bobos da corte.

A relação de dependência que os governos criam com os mais pobres beneficia muito mais a eles — afinal, qual Estado não quer ser maior, mais assistencialista e, portanto, que mais pessoas dependam da sua existência?

A parte mais cruel é a péssima qualidade da educação pública, sobretudo no nível primário. Aliás, é incrível que o ~~dinheiro público~~ nosso dinheiro seja usado para manter universidades em que praticamente só os ricos são os alunos.

Um ensino público e gratuito poderia ser o verdadeiro promotor de igualdade social, em que pelo menos todos teriam, minimamente que seja, oportunidades de ascensão profissional. Mas qual governo quer que as pessoas sejam educadas, inteligentes e exigentes, para quem não bastaria apenas o pão e o futebol?

Consideremos também que os investimentos em educação trazem resultados somente décadas depois, tempo muito superior aos quatro anos do mandato de um governante. Qual político quer gastar em algo que não é táctil ou vistoso, e o pior, para que eventualmente o seu opositor colha os louros? Que nada. No entra e sai dos governos, os projetos anteriores são jogados no lixo, já que não são bandeira do governo corrente. E nessa, milhões do nosso dinheiro vão para o ralo, nossos alunos são um dos piores do mundo, professores são mal remunerados, e nossas escolas estão caindo aos pedaços.

Mas, enfim, você que está tendo a oportunidade de ler este livro é um privilegiado: sabe que precisa buscar mais conhecimento e já conseguiu furar a bolha da pobreza mental.

Nenhum governante mudará, e é prudente que você não dependa deles. Aliás, não dependa de ninguém. Nem de governo, nem de patrão... Mesmo que o seu passado financeiro tenha sido um desastre, ou se hoje a sua situação é vulnerável, isso já **não importa**! Cabe somente a você mudar o seu destino por meio de uma boa Educação Financeira. Seja o protagonista da sua vida, inclusive a financeira. Os méritos dos acertos e a culpa dos seus erros cabem somente a você.

Não estou apelando para motivação barata. Entender como o dinheiro funciona fará toda a diferença na sua vida. E não tem como mudar esse jogo se você não tiver essa postura ativa de assumir a responsabilidade e o controle da sua vida financeira.

Esses dias, encontrei um amigo, com duas faculdades nas costas, mas que não conseguia emprego. Perguntei a ele sobre a situação, e a resposta foi esta: *"Ninguém me dá uma oportunidade!"* É o tipo de vitimismo que não adianta nada na vida. Na maioria das vezes, a responsabilidade é nossa. Mesmo quando se trata de uma situação que a vida nos impôs, de que adianta reclamar?

Outra coisa na frase que me preocupa: a palavra *oportunidade*. Se você acredita nesse termo, em qualquer aspecto que envolva dinheiro, sinto dizer, amigo, você *não entendeu* como o dinheiro funciona.

Emprego não é oportunidade, é uma relação de troca de serviços: você realiza uma tarefa, e alguém paga você por isso. A tal oportunidade não falta aos bons profissionais ou para aqueles para cujas tarefas não se encontram trabalhadores disponíveis. Na RWTECH eu tive um funcionário que me disse que nunca precisou procurar emprego na vida, eram as empresas que corriam atrás dele. Não era exibicionismo, era um fato: ele era realmente um desenvolvedor excepcional.

Seu patrão não lhe paga bem porque sua cara é mais bonita. Nem mesmo o tal *tempo de serviço* justificaria um aumento de salário. Não é assim que funciona. Oportunidade não existe nem nos investimentos. Se uma coisa é tão boa quanto lhe oferecem, por que é dado a você a chance de usufruir dela? Você é o escolhido, o alecrim dourado?

Muitos espertões se fingem de bestas justamente para enganar bestas que se acham espertões por meio das tais "oportunidades".

Não subestime o dinheiro

O dinheiro pode não ser a coisa mais importante da sua vida, mas a falta dele pode trazer *sérios* problemas para dentro da sua casa: desde problemas psicológicos a divórcios, ocasião em que o elogio "meu bem" é tristemente substituído pelo plural "meus bens". *Sad but true*.

Dinheiro não é o destino, não deveria ser o objetivo da vida de ninguém, mas sim o conforto, a tranquilidade e a paz. Muitas vezes, nem é preciso ser rico para conseguir essas bênçãos, é preciso apenas não faltar dinheiro.

Em uma analogia interessante, dinheiro pode não ser o seu carro, que permite ir a qualquer lugar, desbravar novos mundos. Mas, sim, dinheiro é como a gasolina do seu veículo. Sem ela, acabou, você virou *ex-dinheirudo*. *Game over*, você não vai para lugar nenhum, acabou a brincadeira.

Dinheiro é energia, o fruto do meu trabalho que uso para recompensar outras pessoas por realizar algum serviço que eu valorize.

Alexandre Versignassi, no livro *Crash*,[11] o define assim:

> "Dinheiro é um mecanismo engenhoso: permite que a manicure compre pão sem ter de fazer as unhas do padeiro."

Não é bom demais da conta esse negócio de dinheiro? Um fluxo de energias, de trabalhos acumulados, girando entre as pessoas. Se eu gastar demais, ficarei sem energias e não mais conseguirei pagar outras pessoas pelos serviços delas. Preciso estocar energia, na forma de dinheiro, para os imprevistos, as dores de barriga que a vida costuma nos trazer.

Não caia nas armadilhas dos ditos populares sobre dinheiro. "*Dinheiro não traz felicidade*" e "*tamanho não é documento*" foram frases ditas pelo mesmo sujeito, pobre e mal dotado.

Claro que estamos falando de **felicidade financeira** aqui. Eu me refiro a tudo o que o dinheiro pode comprar, como conforto material, lazer, viagens, segurança física e psicológica de ter dinheiro guardado. Mas dinheiro não compra amigos e relacionamentos de verdade (não estou falando de sexo e falsas amizades; essas o dinheiro compra).

Outra coisa que me preocupa são os ditos populares que demonizam o dinheiro. "*O dinheiro é a raiz de todos os males*" é uma frase descaradamente mal interpretada de 1 Timóteo 6:10, que diz:

> "Pois *o amor ao dinheiro* é a raiz de todos os males. Algumas pessoas, por cobiçarem o dinheiro, desviaram-se da fé e se atormentaram com muitos sofrimentos."

Nisso eu também acredito: *se o dinheiro é o seu Deus, sua vida é um inferno*. Dinheiro não se ama, mas se respeita, administra e multiplica. Se o dinheiro for tudo na sua vida, tudo vale: desde virar um criminoso até viver uma vida miserável com dinheiro, trabalhando a vida toda em um emprego que se odeia.

Convenhamos também, né, meu amigo: se dinheiro fosse pecado, nem a minha e nem a sua igreja o aceitariam. Respeito bastante a sua fé, mas penso que um bom ato de generosidade é doar para as pessoas mais próximas a você que estejam, de fato, precisando. Ajudar o próximo que esteja bem próximo, tentar mudar a realidade que podemos.

Não superestime o dinheiro

Não seja um sovina, um avarento, aquele cara que atravessa o Atlântico segurando um Sonrisal na mão.

Tudo o que você precisa é ter dinheiro para cobrir todos os seus gastos mensais e, avançando na sua vida financeira, sobrar dinheiro para investir. Aliás, o ideal é que você pense ao contrário: separe o dinheiro para as contas do mês e para investir, para *só depois gastar* o que sobrou. Se você ganha um salário mínimo ou próximo disso, aí não se fala de investir mesmo, a luta é por sobrevivência. Mas, obviamente, você não vai se acomodar em viver assim, vai? Em breve falaremos sobre como ganhar mais dinheiro.

Mas se você já cumpriu os deveres do mês e tem a honra de também ter separado dinheiro para investir... com o dinheiro que sobrou, *vá viver a vida*! Não sei você, mas não conheço ninguém que ficou rico cortando o cafezinho. Se ficasse, seria com 80 anos, passando a vida inteira sem tomar café ou uma cervejinha. Para você, vale a pena viver uma vida inteira como pobre (no sentido de não gastar nada) para morrer como um rico? Para mim, não! Aliás, não é raro que aconteçam brigas entre os herdeiros, destruindo famílias inteiras, quando alguém morre deixando fortunas para trás.

Mas voltando ao *viva la vida*, claro que estamos falando de bom senso por aqui, né? Se você ganha um salário mínimo e toma um café expresso por dia, talvez gaste mais de 10% do salário em cafeína. Aí não, né, *champs*?

Agora, ver gente rica economizando dinheiro de pinga, deixando de comprar um produto para bater perna e perder tempo comprando em outro lugar... Chega a me *doer fundo* essas coisas.

Deixe de contar centavos, foque o macro, não o micro. É melhor gastar dinheiro para comprar paz do que ter a paz comprometida por causa do dinheiro. Assuma que o ativo mais precioso da sua vida é o ***tempo***. Diferente de dinheiro, que pode ser guardado e investido, o tempo só pode ser bem gasto. Tempo bem gasto é aquele que você usa para ganhar mais dinheiro, para ler, estudar, se aprimorar, cuidar da sua saúde e da sua família. Todo o resto ou é perda de tempo ou é opcional: você pode escolher se quer doar o seu tempo ou não.

Desligue a mente para pequenos gastos irrisórios, como balas, esmolas, pequenas tarifas. Pare de arrumar briga por coisas pequenas, o seu tempo e a sua paz não valem o preço! Nenhum dinheiro do mundo compra a sua paz, porque a falta dela pode comprometer a sua saúde física. Nos casos extremos, nem o maior milionário do mundo pode comprar a saúde de volta, quando pode não existir tratamento médico disponível ou a tempo — como em um infarto, derrame ou qualquer distúrbio psicológico causado por se viver uma vida sem paz.

> **Tenha a vida controlada, com o dinheiro das contas do mês já separado, e desfrute da liberdade de viver a vida sem muitas privações.**

Isso envolve gastar. Você precisa aproveitar a vida, viajar, ter um pouco de lazer e conforto. É justo e muitas vezes traz o revigoramento mental necessário para que você seja mais produtivo no trabalho e, portanto, consiga ganhar mais dinheiro.

Não brigue com família por dinheiro. Se alguém que você ama precisar de grana emprestada, dê o dinheiro, dentro das suas possibilidades. Emprestar fará com que haja uma relação de dívida dentro da família ou com seu amigo. Em última instância, você perde o dinheiro e o amigo. Doar, ao menos uma parte do que a pessoa lhe pediu, pode evitar essa situação. O ideal é que você ajude essa pessoa com a Educação Financeira que você aprender neste livro (quem sabe dando de presente um exemplar a ela?).

Não tem como vencer o tabu do tema dinheiro sem conversa dentro de casa, sem estudar sobre como ganhar, economizar e investir bem o seu dinheiro. Esses são os três pilares da Educação Financeira, que você começará a dominar quando terminar de ler este livro.

As armadilhas do dinheiro

Quanto mais estudo sobre Economia Comportamental, mais fascinado eu fico pelo assunto. Como nós adoramos enganar a nós mesmos quando justificamos, em nossa mente, uma falsa racionalidade para uma compra!

Tirar dinheiro de nossa carteira costuma doer, então pelo menos que fiquemos com a consciência em paz, não é mesmo? *"Fiz um ótimo negócio!"* ou *"Eu mereço!"* Quem nunca, hein?

Acontece que você não é tão racional quanto pensa ser. Assumo, eu também não sou. Sim, educadores financeiros fazem cagada também, *ô se fazem*! O que salva é que tenho um bom plano, que me protege das curvas impostas no caminho. Aliás, esse é um desafio para você também, e não precisa ser um especialista em finanças: ter um planejamento financeiro é fundamental, porque, se houver algum desvio de rota, você conserta. Na grande maioria dos dias, você navegará em direção aos seus objetivos, não com seu o barco financeiro à deriva. Lembra do protagonismo financeiro? É você quem tem que decidir qual o caminho da sua vida. Para quem não sabe aonde quer chegar, qualquer caminho serve, já dizia o gato para a Alice no País das Maravilhas.

O grande desafio desta parte do livro é fazer com que você pense:

> Qual a sua motivação em comprar?
> Quais situações o levam a coçar o bolso?

Do auge de sua sabedoria, os gregos tinham escrito, no Templo de Apolo em Delfos, a célebre frase **"Conhece-te a ti mesmo"**. Não existe nenhum aprendizado mais valioso no mundo do que você se conhecer. A vida fica mais leve, você deixa de ser apenas reativo, tira a sua vida do modo piloto automático.

Como um bom *nerd*, tenho uma queda por aparelhos eletrônicos. É muito interessante quando eu me pego andando em São Paulo, nessas lojas de informática que mais me parecem parques de diversão para adultos. A oportunidade de estar ali, presente, cria um senso de necessidade de se comprar um item, que até então não me tinha feito nenhuma falta. *"Já que estou aqui, não posso deixar de levar este adaptador protocolo XPTO para o KYZ! Devo precisar disso em algum momento, vou comprar!"*

Para usar uma palavra da moda, **ressignificando** este ato da compra, revejo minha decisão e não levo o produto. *"Ah, se eu realmente precisar, eu compro depois pela internet"*, penso eu, já com os pés no chão e o bolso em ordem. Acontece que, em 99% dos casos, não comprei o produto posteriormente em uma loja online. Ou seja, a justificativa de comprar no ato para aproveitar a tal oportunidade era um mero afago ao meu desejo de justificar uma compra que não era necessária.

Nosso cérebro foi projetado para uma época em que tudo era mais simples. Brigar ou correr. Comer demais, incluindo coisas gordurosas e calóricas, é uma delícia! Afinal, em 99,99% de nossa existência neste planeta, comida era algo que não estava disponível a toda hora. Como nômades, precisávamos de muita energia: um espetinho gorduroso de bisão deveria cair muito bem!

Mas quem poderia imaginar que estar aqui, sentado, mexendo os dedos para digitar estas palavras, seria uma profissão? Até hoje tem gente que acha que, para ganhar dinheiro, tem que escorrer o suor na testa. Mas falaremos disso no capítulo sobre **Como Ganhar Mais Dinheiro.**

Mas voltemos ao mamífero extinto. Além da energia para caçar um bisão, era necessário coragem também. Imagina o quão perigoso seria *deitar* um bichão desses "na unha"? O jeito era comer ali mesmo, afinal, a comida apodreceria poucos dias depois.

Sim, nosso cérebro não está acostumado ao advento da geladeira. Precisamos de uma atualização de *firmware* para o nosso cérebro — *alô, divindades, abrimos um ticket de suporte aqui.*

Sexo também é assim. Somos gratificados pelos hormônios liberados no ato sexual em nome do instinto da procriação. Só falta combinar com as regras sociais que não dá para sair acasalando com todo mundo por aí (para o lamento de muitos). Aliás, nem dentro de casa dá para se empolgar: criar um filho, do nascimento até a faculdade, pode custar de R$60 mil (famílias da classe D) a R$5 milhões (famílias da classe A+).[12]

Esse modo *carpe diem* do nosso cérebro vale para o dinheiro também, claro. Opa! Promoção, liquidação? Oportunidade, ora bolas, vamos aproveitar!

A primeira maneira de não entrar nesse jogo do gasto por impulso é postergar a compra. **Espere pelo menos alguns dias**. Nenhum produto é tão valioso quanto o seu dinheiro — se fosse, o vendedor não venderia, ficaria com ele. Não sei quem falou isso, mas é lindamente verdadeiro: *É muito melhor perder uma oportunidade do que perder dinheiro.*

Nesses dias em que você colocar o seu dinheiro em quarentena, para reflexão, pense se realmente você *precisa* daquele item. Se ainda não é o seu caso, tenho certeza de que um dia você poderá *comprar sem precisar*. Afinal, não acredito que nosso destino seja viver apenas com o mínimo necessário. Não acredito que estamos neste planetinha apenas para sobreviver, mas, sim, para viver em plenitude.

Acontece que, chegar no ponto de comprar sem a real necessidade, apenas porque você "merece" ou simplesmente deseja um determinado item, envolve um grau de controle financeiro que poucos têm neste momento. E quando essa maturidade financeira chegar para você, pode ser que nem queira tanto assim os itens de que você não precisa, justamente porque aprendeu a dar ao dinheiro o seu verdadeiro valor.

Veja que não estamos falando aqui de meritocracia. Não estou dizendo que você merece ou não — aliás, esse é um argumento muito forte que os vendedores de itens caros costumam usar, oferecendo um belo de um motivo para justificar o dinheiro vazando do seu bolso. *"Leva, você merece!"*

Não é fácil trabalhar duro e ganhar pouco dinheiro. Mas enriquecer é mais um processo de trabalhar de maneira *inteligente* do que suar a camisa, literalmente falando.

Do que tenho certeza que você não merece é de ficar preso dentro da bola de neve das dívidas, que cresce a cada dia e não permite que você fuja e consiga subir ao topo da montanha.

Então, até que a sua vida esteja organizada e planejada, é ideal que você consuma realmente só o que precisa. Seguindo com o divã da sua decisão de compra, mesmo precisando, é necessário refletir se realmente você tem condições de comprar *e manter* aquele produto ou serviço sem prejudicar a saúde financeira da sua família. Uma vez respondidas e resolvidas essas questões, só então você deveria voltar àquela loja e fazer a sua compra consciente. Dá muito mais trabalho e não é tão divertido como comprar na hora, durante um passeio de fim de semana no shopping, mas se a ideia é se divertir ou curtir fortes emoções, basta que você pratique algum esporte ou assista à TV Senado. Bem mais seguro para o seu dinheiro.

Emoções são intimamente ligadas às finanças. Nas minhas palestras, costumo dizer que, se o dinheiro pudesse nos falar alguma coisa, certamente seria: *"Ei, amigão! Que culpa tenho eu dos seus problemas?"*

Figura 4 — Quem você quer enganar? Por Ricardo Amaral.

Está feliz? Bora comemorar no shopping! Ficou tristinho? Partiu barzinho. Ou comemorar no bar e descontar a tristeza nas compras, dá na mesma, o que vale é ter um motivo para torrar a bufunfa.

Dinheiro muito mais bem gasto seria se você pagasse um psicólogo para se conhecer melhor. Infelizmente, muitas pessoas ainda acreditam em uma ideia besta de que só malucos procuram psicólogos ou psiquiatras.

> **Maluco é viver uma vida toda sem se conhecer, sendo reativo, colocando a culpa nos outros ou dependendo de opinião alheia para ser feliz.**

Aliás, meu amigo, *felicidade*... O que te deixa feliz? Você pode ter muitas respostas, mas o que importa aqui para a gente é que não seja *somente comprar*. Felicidade tem que morar dentro de você, não fora. Até porque, quando você compra, aquele desejo de possuir já não existe mais. Logo, seu cérebro (louco por substâncias químicas que deem um barato, e compras são uma das drogas mais fortes) retroalimentará novas possibilidades de compras, porque é isso que você *acha* que te faz feliz. Na verdade, esse é um ciclo sem fim da infelicidade.

Figura 5 — O Ciclo da Infelicidade. Por William Ribeiro.

Acontece que dinheiro é um negócio finito, até para Mike Tyson ou tantos outros. Afirma-se que o ator hollywoodiano Johnny Depp teria torrado *todos* os US$650 milhões que ganhou durante a sua carreira.[13] Então não pense você que, se tivesse ganhado na Mega-Sena, o seu jogo financeiro seria diferente. Aliás, o destino da maioria dos sortudos é o mesmo: voltar para a pobreza. São dois os problemas aqui: *planejar de menos* e *desejar demais*.

Você começa a voltar a sua mente para o que realmente importa quando você pratica o conceito da *suficiência* dentro da sua vida. Não estou dizendo para você ser um conformado com a pobreza (se for o seu caso), muito longe disso. Você pode e merece ter muito mais. Estou falando de *gratidão*, de agradecer por tudo o que cerca a sua vida: sua saúde, sua família, pelo prato de arroz com feijão na sua mesa. A bênção da barriguinha cheia dos meus filhos me enche de lágrimas aqui, escrevendo isso para você.

Não confunda *conformidade* com *conformismo*. O passado pode não ter sido aquela maravilha, mas mudar o futuro cabe somente a mim. Também é comum misturar os termos *ânsia* com *ganância*. É fundamental que você se esforce todos os dias para que tenha mais sucesso. Mas quando você *não* faz *só* pelo dinheiro, você se destaca e acaba ganhando mais dinheiro — por mais paradoxal que isso possa parecer!

Pare de reclamar e seja grato pelo que tem *hoje*. Minha provocação aqui é preparar a sua mente para quando você for rico, para que você se mantenha assim. Afinal, quem não sabe lidar com pouco dinheiro certamente não será capaz de administrar sabiamente uma fortuna.

Quando falo para as pessoas que sou financeiramente independente, automaticamente vem na cabeça delas uma abundância de dinheiro. Mas independência financeira é um *saldo*, uma diferença entre o quanto se ganha (por meio da renda passiva dos meus investimentos) com relação aos meus gastos mensais.

Confessando um segredo para você: isso só é possível para mim porque mantenho meu *custo de vida baixo*. Não faço extravagância nenhuma com o meu dinheiro. Já viajei por vários países, tenho conforto para a minha família, mas não tenho luxos. O dinheiro é um suporte; o que mais importa para mim é que todos estejamos saudáveis, seguros e em harmonia aqui dentro de casa. Não preciso gastar mais para ser mais feliz, e esse é um processo que precisou de tempo para ser bem construído na minha cabeça.

Não se esqueça do que realmente importa, não deixe o dinheiro mandar na sua vida. Seja grato e veja a sua vida começar a mudar. Felicidade vai muito além do dinheiro. Não estamos falando aqui de não gastar, mas de gastar conscientemente. Ter consciência financeira significa não comprar por impulso, não gastar mais do que se ganha.

Como outras pessoas fazem você gastar dinheiro

Vamos voltar um pouco à questão do cérebro e da energia gasta para se tomar decisões. Todos os dias, você tem inúmeras decisões a tomar, desde qual roupa vestir, passando por qual desculpa dar para aquele seu colega chato que insiste em lhe fazer uma visita.

Imagine se você tivesse que ser 100% racional em todas essas decisões? Seu cérebro entraria em curto-circuito. Na emergência, sequer dá tempo de pensar, então precisamos de atalhos que simplifiquem o problema e, portanto, agilizem a nossa tomada de decisão.

Acontece que isso pode funcionar na maioria das vezes, mas não em todas. É mais vantajoso correr na direção da multidão e não contra ela, o que não significa presumir que o primeiro que começou a correr e desencadeou uma verdadeira São Silvestre ladeira abaixo tinha plena consciência de que o perigo realmente vinha de cima.

Esses atalhos são automações cerebrais chamadas de **gatilhos mentais**. São importantes ferramentas evolucionárias que nos levaram a chegar até aqui, mas também funcionam como poderosas artimanhas para que outras pessoas e empresas tirem dinheiro do seu bolso.

Eu poderia gastar capítulos inteiros questionando a ética dos vendedores no uso indiscriminado dos gatilhos mentais. A questão é: *de que importa*?

Meu único ponto de interesse é que *você* tome decisões mais acertadas quando for comprar. O mundo não mudará porque não gostamos da abordagem de alguns vendedores. Mas você, sim, deve assumir as rédeas financeiras da sua vida.

Escassez

Vamos explorar a sua dor por não poder contar com um produto caso perca uma "oportunidade". Lembrei-me de um caso que aconteceu comigo. *Eu já te contei que educadores financeiros também tomam más decisões sobre o dinheiro?*

Em uma viagem que fiz para Las Vegas, resolvi entrar em uma loja da Apple. O que estava na moda eram os tablets, tipo de aparelho que já não tinha utilidade para mim, mas que exercia um fascínio absurdo nas pessoas. Steve Jobs era um danado de um gênio!

Na Apple Store, fiquei encantado com a cordialidade do vendedor. Em qualquer outra loja, já teria rolado o tradicional "*E aí, vamos fechar*?", porque todo bom vendedor sabe que, se deixar o cliente pensar muito, ele descobre que a oferta não é tão boa assim. Mas não é o caso da Apple, que parece mais interessada com a experiência da marca.

Sem pressa nenhuma de efetivar a venda, o vendedor me mostrava minuciosamente cada detalhe do produto. Até que eu fraquejei. "*Vou levar*", disse o William consumista e reativo.

Aí então o vendedor me responde "Não tem!". *Como assim não tem?* O cara levou 45 minutos me explicando um produto que está **indisponível** para venda?

O vendedor me explica: "*Funciona assim: você precisa voltar aqui na terça-feira que vem, quando vem o caminhão e nossos estoques são repostos. Mas nem sempre o volume é suficiente, então, se você desejar, coloco seu nome aqui na lista.*"

Deste episódio, eu pude tirar algumas lições. Como esse senso de perder uma "oportunidade" (afinal, não viajo sempre para os Estados Unidos) faz a gente perder dinheiro! Quase que eu compro o danado do tablet! E também como é criada, pelos vendedores, uma atmosfera, por vezes até artificial, de escassez de um determinado produto, a fim de valorizá-lo. E faz todo o sentido, pois tudo o que é abundante não tem valor, desde uma farta oferta de mão de obra para uma determinada função até mesmo o **dinheiro** em si (se não fosse, bastaria imprimir mais grana para qualquer governante acabar com a pobreza em seu país).

Por último, uma dica para os vendedores com essa minha experiência de compra: *não force a barra demais*. A história de entrar na fila para comprar um produto, forçando o cliente a *brigar no tapa* para adquirir a mercadoria, não funciona para mim — embora pareça ser eficiente para os fãs da marca.

No caso de grandes marcas como a Apple, a escassez foi usada, limitando o estoque e fazendo o cliente esperar. Mas é uma exceção:

para as marcas *mortais*, é mais fácil usarem contra você o artifício da compra por impulso. Para que abra o bolso o mais rápido possível, vale tudo para que você enxergue mais valor na compra. "*Este é o último no estoque*", "*só consigo este preço até amanhã*", "*não posso segurar para você, tem outra pessoa que ficou de comprar*", "*só vale se você comprar agora*" ou "*liquidação*" (mesmo não sendo necessariamente verdadeiros) são apenas algumas formas de acreditarmos que estamos levando um bom negócio para casa.

Mas por que o gatilho da escassez funciona? Robert Cialdini[14] nos dá uma excelente pista: quando algo é raro, significa que muitas pessoas o demandam. E qual a característica de um produto que todos desejam? *Qualidade*!

Os vendedores, claro, sabem muito bem disso: demonstre a raridade de um item, e o cliente irá enxergá-lo como sendo de valor.

A escassez, como todos os gatilhos, tende a simplificar a nossa tomada de decisão. Mas nem sempre estamos fazendo boas escolhas, se não refletirmos sobre a compra.

Ora, do ponto de vista de mercado, sequer faz sentido algo custar pouco, ou não constar em abundância nas prateleiras, se é altamente demandado por um grande número de pessoas. Qual comerciante não quer ganhar dinheiro?

Não misture emoções com dinheiro. Pense e faça escolhas racionais e acertadas na hora da compra.

Reciprocidade e afeição

Sabe quando você ganha um presente e se sente pressionado a retribuir? Ou quando alguém pede um favor e você simplesmente não pode negar porque aquela pessoa já fez muito por você?

A ideia aqui se baseia em um sentimento bastante egoísta: não ser visto como uma pessoa egoísta. Acontece que, se você não dá bola para quem lhe estendeu a mão, uma hora essa mão não vem mais. Também conta o nosso desejo de construir uma boa imagem pessoal, afinal, ninguém gosta de conviver com uma pessoa sanguessuga.

Essa troca de favores e generosidades é bastante saudável, lubrificando as relações pessoais. Os vendedores (para variar) usam esse gatilho para nos fazer gastar mais dinheiro. Aqui vale quase tudo para deixar o peso da retribuição sobre nossos ombros: brindes, presentes, amostras grátis, cartas, cartões de Natal, lembretes no dia do seu aniversário...

Não sei se já aconteceu com você, mas às vezes nos sentimos na obrigação de gastar dinheiro simplesmente para devolver a simpatia ou a prestatividade do vendedor.

Eu já caí nessa. Certa vez, eu precisava comprar uma arruela de borracha para uma torneira ou algo assim (*não caia nessa, eu também não sei porque me meti a encanador*). Pois bem, o vendedor da loja passou meia hora me explicando qual era a peça correta, com ela em mãos. Depois dessa mini pós-graduação em hidráulica, pergunto o preço da peça. **Vinte centavos**. *Sim, o cara gastou* **meia hora** *comigo para fechar uma venda de um quinto de real!*

Disperso que só, o meu cérebro já havia feito uma inspeção visual completa na loja, tão longa a conversa. Eu já havia *fitado* um chuveiro *bacanudo* no outro balcão, do qual naquele momento eu jurava que estava precisando.

Mas não, hoje reconheço que levei o produto simplesmente por gratidão ao lojista simpático. De novo, posso ouvir o meu dinheiro dizendo *"Ei, o que eu tenho a ver com os seus problemas? Quer agradecer, beija o cara na boca, mas me deixa quieto aqui!"*

Certa vez, conheci um vendedor que sempre levava bombons para a equipe de compras do cliente. Todo mundo reconhecia que era um puxa-saquismo descarado, mas, ainda assim, era impressionante como funcionava! Todo mundo tinha uma ótima impressão dele, e, obviamente, os outros vendedores eram preteridos no fechamento dos pedidos. Certamente, eram os bombons mais caros do mundo, perdendo somente para o cafezinho do seu gerente do banco, que também utiliza das mesmas técnicas para lhe oferecer um *fantástico* (só que não) título de capitalização.

Também já recebi lindos cartões de Natal de uma ONG. Eram sem dedicatória, ou seja, eu poderia usá-los para mandar para outras pessoas. Saca só a abordagem: em vez de pedir dinheiro, eles primeiro mandam um presente! *Eu que lute* com o peso de ter que retribuir — adivinha você se eles não recebem muito mais doações com essa abordagem!

Uma saída lógica para que o seu dinheiro não se misture com os sentimentos retributivos é não reagir financeiramente a eles. Se você não estava disposto a gastar, não gaste: ligue, agradeça, recomende, ajude de outra forma. Ou simplesmente ignore os mimos comerciais de quem não gosta de você e apenas lhe agraciou para que você gaste os seus suados *caraminguás*.

Penso que, quanto mais inesperada a gentileza oferecida, mais aberto está o nosso coração (e a nossa carteira). Fica a dica para os vendedores — e o aviso para nós, incautos consumidores.

Aprovação social

Começa com um único ser descolado (e maluco) usando um meio de transporte alternativo. Daqui a pouco, está todo mundo de terno e gravata indo trabalhar de patinete. *Já viu esse filme?*

A modinha do momento é a bike. E não me adiantou somente comprar o veículo movido à tração animal, eu me sinto totalmente fora da turminha porque não tenho a roupinha e os acessórios (embora esteja considerando seriamente a compra unicamente para incumbir ao meu cérebro o dever de ir pedalar. Já já falaremos do gatilho **Compromisso e Coerência**).

O que vale é o sentimento de ser aceito e fazer parte de um grupo. Também é incrível como nos sentimos diferenciados porque somos parte de uma "tribo". Ninguém quer deixar de ser *cool*, né não?

As decisões coletivas e o associativismo a outras pessoas que pensam como nós foram cruciais para os seres humanos. Aliás, para qualquer animal que vive em bandos, como nós, a chance de sobrevivência aumenta muito quando estamos com uma galerinha. Errar individualmente é bem mais custoso (inclusive para o nosso ego) do que todos tomarem o caminho inadequado.

Queremos sempre conhecer o que outras pessoas estão fazendo, comprando, usando ou como estão se comportando. E quanto mais essas pessoas são parecidas conosco, maior é a pressão para que nos moldemos aos seus hábitos.

O caso mais clássico é o do seu vizinho. Quer fazer um teste? Como você se sentiria se tivesse (se já não tem) a casa mais simples, ou o carro mais humilde da rua, ou do seu bairro? Aí lá vai você comprar um carro, uma casa, fazer uma reforma, gastar o seu dinheiro ou se endividar, só para ficar bem na fita com as pessoas que falam mal de você. Tá bom, nem todos os vizinhos são assim, os meus não agem desta forma (*eu nunca vi, ué!*).

E que diferença isso fará na sua vida? Torrar milhares de reais unicamente para ser reconhecido como bem-sucedido? E se você se mudar de casa, repetirá o padrão de comportamento na nova vizinhança? O seu patrimônio sofrerá pelo seu ego? Lembre-se de que o objetivo é ***ser*** rico, e não ***parecer*** rico.

Indo para os vendedores: tem aparecido para mim propagandas na internet dizendo "Você *mora em Minas Gerais? Então você tem que ver isso!*" Ou "*Novo método de emagrecer choca moradores de Santa Rita do Sapucaí*".

Sacou a conexão que os caras tentam fazer? "*O carro mais vendido do Brasil.*" Pô, deve ser bom, afinal, nada vende à toa né? Assim como o restaurante com a maior fila na entrada deve ter a melhor comida!

Também é muito comum os vendedores de pirâmides financeiras e esquemas duvidosos (para ser politicamente correto) ostentarem carrões, vida fácil e de luxo. O negócio fica ainda mais sério quando o *piramideiro* é um conhecido seu, que você sabe que não tinha onde cair morto antes do *esquema egípcio*. Somado a isso, esses caras vestem ternos pomposos, afinal, pessoas importantes usam roupas finas (olha aí mais um gatilho, o da **Autoridade**).

É preciso desligar o piloto automático do cérebro para dissociar a figura do negócio apresentado a você dos supostos resultados milagrosos. Será que o carro não foi alugado? Ou se o infeliz conseguiu mesmo se dar bem na vida (*filho da mãe!*), será que o modelo poderia ser replicado por mim? Falaremos mais sobre as pirâmides adiante, mas uma das características delas é justamente ser insustentável, com efeitos principalmente em quem chegou tarde na festa do dinheiro fácil.

Você sabe que nem tudo o que reluz é ouro. O processo de aprender a lidar bem com o seu dinheiro passa por assumir as consequências das decisões. Sua experiência é única, então só você pode decidir o melhor destino para o seu dinheiro, independente do que os outros estão comprando.

Autoridade

"*Leve-me a seu líder!*", diria um marciano assim que cometesse a insanidade de pousar nesta *bagaça*.

À medida que o **Dinheiro Com Você** crescia, comecei a sentir na pele como funciona o gatilho da autoridade. Conforme minhas palavras e meus direcionamentos começaram a ter mais impacto, eu me perguntava: "*Ué, eu já falava isso desde o começo. O que mudou?*"

O crescimento da base de usuários me confere uma autoridade que funciona até para outras autoridades: recebo e tenho convites aceitos de pessoas antes inatingíveis. Quando foi que este mineiro caipira aqui poderia imaginar que seria convidado a estar em um programa da CNN?

Existe um ciclo virtuoso do crescimento, afinal, se milhões de pessoas já viram os vídeos do canal, não deve ser à toa (*espero que não seja mesmo!*). Deve valer **mesmo** a pena ser inscrito no *Dinheiro Com Você*!

> Se não percebeu, estou dando uma indireta para você se inscrever. Deixe uma hashtag por lá *#NãoNasciParaSerPobre*, e saberei que você veio pelo livro e ficarei muito feliz em lhe responder!

Relutei bastante tempo contra o rótulo de "influenciador digital" que a mim foi conferido. Mas antes uma verdade dura que uma mentira bonitinha. É isso que eu faço mesmo, queira eu ou não: influencio pessoas. Acaba sendo mais uma consequência do meu trabalho do que um objetivo em si, mas esse é exatamente o resultado.

E isso é ao mesmo tempo uma dádiva e um baita peso nas costas, como a Bíblia já dizia:

> "Daqueles a quem foi confiado muito, muito mais será pedido."
>
> LUCAS 12:48

Certamente os amantes de cultura *geek* vão preferir a frase do Tio Ben ao Peter Parker, vulgo Homem-Aranha: "*Com grandes poderes vêm grandes responsabilidades*" (dizem que essa frase é do Voltaire, mas não importa).

Acho que a primeira vez que me dei conta do peso das minhas palavras foi quando percebi que muitas pessoas me perguntavam qual banco digital eu usava. Minha resposta era nesta linha: "*Bom, é tudo gratuito, abre em todos e vê de qual **você** gosta mais.*" Mas não era suficiente, as pessoas queriam saber qual produto *eu* usava!

Recebo mensagens que dizem assim: "*William, o ritual aqui em casa no domingo é ligar o seu vídeo e acender a churrasqueira.*" Eu me tornei de casa mesmo, olha o meu atrevimento — embora, infelizmente, eu não tenha sido convidado para a bebedeira.

As marcas valorizam muito essa proximidade que tenho com o público. E justamente por isso, recebemos as mais diversas (e cabeludas) propostas para anunciar no canal. Negamos a maioria dessas propostas, algumas que financeiramente seriam muito interessantes **para nós**. Mas não adianta: se eu não uso ou não acredito no produto, como falarei dele? É diferente de um ator, que é conhecido por sua interpretação e não tem essa interação direta com o público — o que tem feito muitos deles virem para o mundo da influência digital, a propósito.

Outro fardo na vida de ser visto como um especialista é que as pessoas acham que a gente tem o poder premonitório do futuro. As pessoas acham que eu sei (ou qualquer ser humano na face da Terra) qual ação na bolsa de valores realmente subirá ou cairá. Já tentei algumas vezes, mas, irremediavelmente, minha bola de cristal está quebrada e não serve para nada. Não aceite, **não acredite** quando alguém faz alguma previsão, por mais que tenha vindo de uma pessoa que você admira. No final da história, tudo é apenas chute, e quando dá certo, todo mundo avalia somente o que funcionou — esquecendo as presepadas. Afinal, até relógio parado acerta a hora certa duas vezes ao dia.

Mas a parte que toca a você, meu caro leitor *dinheirudo*, é esta: a cueca do Neymar, infelizmente, não fará você ser mais bem-sucedido com as mulheres (sinto ser eu o portador dessa cruel realidade!). O carrão que a marca anuncia, frequentemente associado a pessoas de sucesso (ou com mulheres também), pode não só **não** lhe conferir tal status, como também trazer **dívidas** por muitos anos. *Entre o carro e a cueca, talvez o primeiro funcione melhor, mas você entendeu, né? Não vamos perder o ponto aqui.*

Quando você me vir falando de um produto ou serviço, isso não deveria ser motivo da sua decisão de compra. O dinheiro é seu, os gostos variam para cada pessoa. Sou bastante criterioso ao escolher os anunciantes do canal, mas isso não impede que você tenha uma experiência totalmente adversa daquela que eu imagino, tristemente.

A gente até pode seguir e valorizar as palavras de uma autoridade em quem confiamos. Mas, novamente, a decisão final, o ônus e o bônus serão sempre nossos. Dizer "*eu comprei por causa de outra pessoa*" é só um jeito psicologicamente confortável de arrumar uma desculpa para colocar o próprio erro na conta dos outros.

Compromisso e coerência

Veja se é o seu caso. Você já tentou de tudo para perder peso ou juntar dinheiro. Já cansou de fazer promessas para você mesmo ("*segunda-feira eu começo!*" soa familiar?). Mas não rolou. A autossabotagem teima em bater à sua porta. Nós somos bons demais em inventar desculpas para nós mesmos, não é?

Existem duas formas de fugir dessa armadilha da enganação própria. Uma delas é criar uma meta, atingível, mas ao mesmo tempo desafiadora, e que você monitore frequentemente os resultados.

Mas se você quiser mesmo garantir que não fugirá da raia, **torne público** esse compromisso. Divulgue os seus objetivos e publique os seus avanços, por exemplo, nas redes sociais. Ou você pode escrever uma carta para as pessoas que você ama e que não deseja decepcionar.

É impressionante o poder de uma promessa pública: você pode até ser bastante tolerante enquanto boicota os seus próprios objetivos, mas tenho certeza de que não quer que outras pessoas lhe julguem como fraco, falho ou mentiroso. Afinal, nessa condição, não daria mais para legendar suas fotos nas redes sociais com mantras como "*Seja a sua melhor versão de si mesmo*", não é?

Queremos que as pessoas nos vejam como íntegros e que nossa palavra tenha valor, algo fundamental para a confiança nas relações pessoais e até nos negócios. Quem gostaria de ter um sócio ou um empregado que não cumpre com a palavra?

A necessidade de se mostrar coerente é tão forte, que temos vistos verdadeiras tragédias com especuladores no mercado financeiro: a reputação de *trader* bem-sucedido é forte demais para suportar uma quebra. Ou mesmo em casa: infelizmente temos relatos de pais de família que perderam tudo o que tinham financeiramente, mas o que não suportaram mesmo foi o peso da quebra da confiança que lhes foi depositada.

Em qualquer caso, sempre é muito importante saber voltar atrás, se arrepender e arcar com as consequências — para aqueles que não são egocêntricos, não há problemas em recomeçar.

Novamente, os vendedores sabem que temos a necessidade de ser coerentes e honrar com nossas palavras. Quão mais habilidoso for o vendedor ao arrancar um "sim" ou fazer o compromisso sair de nossa boca, mais fácil fica para que não desistamos de uma compra.

Não posso recomendar que você mude de ideia e eventualmente dê até prejuízo ao vendedor, por exemplo, quando você pede para ele "reservar" um item pra você. Mas é importante saber identificar quando esse gatilho é usado de maneira deliberada pelos vendedores apenas para nos fazerem sentir mal por não fazermos uma compra.

Dez vezes sem juros!

Você realmente acredita quando vê alguma oferta de parcelamento "sem juros"? Eu lhe mostrarei por que não tem sentido nenhum uma venda parcelada ter o mesmo valor à vista — e por que isso é muito importante para o seu dinheiro. Dá uma olhada nas condições de pagamento desta impressora:

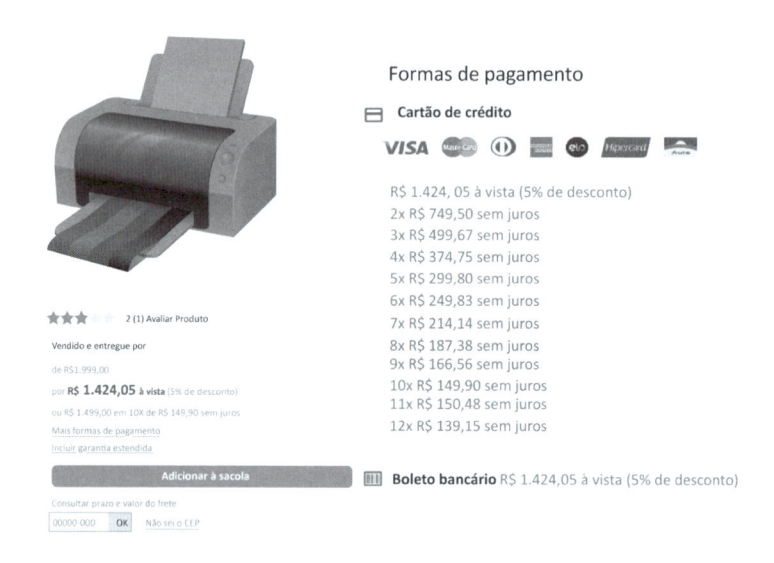

Figura 6 — Sem Juros (pero no mucho). Por William Ribeiro.

Logo de cara dá para ver que o preço à vista do produto é R$1.424,05, justamente o valor pago no boleto ou em uma vez no cartão. Aí vem o *me-engana-que-eu-gosto*: o vendedor fala que R$1.499 (preço *já com os juros*) pode ser dividido em 10 vezes, **sem juros**. Entendeu? *Nem eu*. Ora, se tem desconto à vista, o parcelamento *tem* juros (perdoe-me pelo pleonasmo financeiro do "*parcelamento com juros*")!

Se você gosta de matemática financeira, é só jogar esta fórmula no Excel:

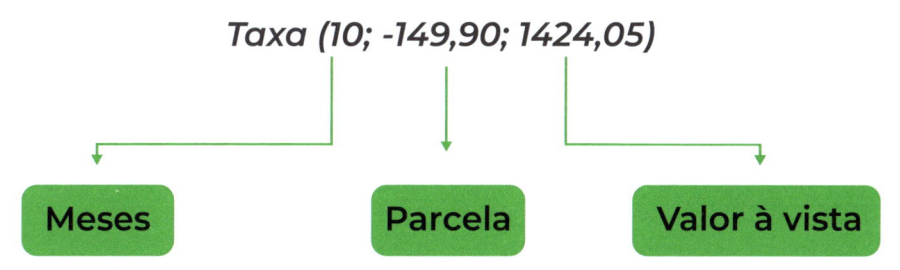

Taxa (10; -149,90; 1424,05)

Meses | Parcela | Valor à vista

Figura 7 — Cálculo da taxa de juros no Excel. Por William Ribeiro.

Como resultado da equação, a gente pode ver que os juros escondidos na história são de aproximadamente 0,94% ao mês. Essa taxa **mensal** *é praticamente a metade da taxa básica* **anual** *da economia do país no momento em que escrevo estas linhas. Posteriormente entraremos em detalhes, mas, por ora, é suficiente que você entenda que esse parcelamento tem juros 6 vezes maiores ao que você ganharia investindo sem riscos, no momento em que escrevo. É mole ou quer mais (juros)?*

Agora pule para as condições do parcelamento em 11 vezes para você ver uma bizarrice: a parcela mensal é mais alta em 11 vezes do que em 10! E se colocarmos na fórmula da taxa, perceberemos que os juros mais que dobraram: foram para 2,59% ao mês!

O resumo da ópera é que, quando você compra à vista, fica com mais dinheiro no bolso. Acontece que a maioria das pessoas não quer esperar, não é? Quem está disposto a guardar o dinheiro para só então fazer a compra com desconto à vista? Resultado? Acaba pagando esse **jurão** aí.

Do ponto de vista racional, os lojistas têm margens e a obrigação financeira de lhe oferecer o desconto à vista. É muito mais inteligente oferecer o desconto para o cliente do que pagar para o banco ou para a maquininha de cartão, concorda (*alô, lojista, chega aqui um minutinho!*)?

Só que esse desconto pode ser negado a você, principalmente se a sua abordagem for errada nas vendas presenciais. Comece perguntando sobre o parcelamento do produto, *para só então* pedir o desconto à vista. Se o lojista for inteligente, você ganhará um justo desconto pelo dinheiro na hora.

Ah, e não tenha medo ou vergonha de pedir desconto à vista! Se você não valorizar o fruto do seu trabalho, que é o dinheiro, ninguém o fará, não é? Afinal, você se planejou para pagar a mercadoria com o seu próprio dinheiro, não é justo que você ganhe uma bonificação?

Existe uma frase atribuída ao Oráculo de Omaha, o maior investidor de todos os tempos, Sr. Warren Buffett, que diz assim:

> "O mercado financeiro foi feito para transferir dinheiro dos impacientes para os pacientes."

Você pode estar se perguntando o que uma compra tem a ver com "*mercado financeiro*". Pois é, eu não fiquei louco, (*ainda*) não. Acontece que, nessa compra, você não está levando apenas a impressora para casa, mas, sim, um **crédito**, um empréstimo. Sim, uma verdadeira venda casada: produto físico + produto financeiro. Muitas lojas oferecem crediário próprio, que frequentemente apresenta margens de lucro superiores à venda dos próprios produtos. *E não é que esse povo pegou gosto pela coisa*? Afinal, ser um banco no Brasil dá mais dinheiro do que comercializar mercadorias.

Então, meu amigo, guarde bem: toda vez que você comprou parcelado, levou um **empréstimo** para casa, com o perigo de não dar conta de pagar no futuro e cair nas garras do **endividamento**.

Mas por que o tal do "*sem juros*" não existe ou não tem sentido? Existem vários motivos. Primeiro, é a chance de você não honrar com o pagamento lá na frente. Então a inadimplência faz parte do custo que pagamos nos financiamentos. Quanto melhor o seu histórico de pagamentos, chamado de *Score de Crédito*, menores são as chances de você dar um *chapéu*. E se o risco de quem empresta diminui, você faz jus ao pagamento de juros menores.

Acontece que, nesses tipos de financiamento, como o do cartão de crédito, não é feita nem mesmo uma consulta à sua *capivara financeira*: eu e você pagamos os mesmos juros que o caloteiro do seu cunhado (*coitado, vai que o cara é gente boa!*). Os juros desses produtos costumam ser altos justamente por isso: como eles são uma média, há o nivelamento por baixo, e os previdentes acabam pagando pelos devedores.

O segundo ponto é o **custo de oportunidade**: embora o lojista lhe permita pagar em parcelas, ele tem contas de curto prazo para pagar, como funcionários, impostos e fornecedores. Ou ele poderia usar o dinheiro para fazer qualquer outra coisa, como investimentos nas lojas ou no mercado financeiro, concorda?

Caso não tenha dinheiro em caixa para honrar com as dívidas do mês, o dono da loja precisa pedir uma **antecipação** de suas vendas parceladas, ou seja, aceitar receber **menos** para que um banco deposite o dinheiro com a brevidade que ele precisa para honrar com as suas dívidas urgentes. No caso do nosso exemplo, a "maquininha" de cartão faz esse trabalho para o lojista, oferecendo condições de antecipação das parcelas devidas pelo cliente.

O último fator que impede o milagre do "sem juros" é que o dinheiro tem valor diferente em tempos diferentes: R$100 hoje não são os mesmos R$100 de amanhã. Quanto mais próximo o dinheiro está do dia de hoje, mais valor ele tem. A gente não pode somar parcelas de meses diferentes, você sabia dessa? Em matemática financeira, 10 parcelas de R$149,90 não é o equivalente a R$1.499,00.

Se nem um familiar empresta dinheiro sem juros a você, não sei por que tanta gente ainda acredita no conto do lojista parcelando sem juros. Aliás, se me permite o desabafo, julgo que esse tipo de comunicação, tão comum no comércio varejista no Brasil, deveria ser terminantemente proibido, pois é descaradamente mentiroso. Em vez de "*sem juros*", o correto seria "em até dez vezes *iguais*". Pode parecer bobagem, mas em um país extremamente carente de educação financeira, ajudaria muito os consumidores a ter a ciência de que comprando à vista sai mais barato.

Os juros funcionam como uma multa: é uma taxa paga pelo direito de usar a grana dos outros. Quem precisa do dinheiro para usar hoje paga juros para quem guardou dinheiro. Simples assim.

O dinheiro no futuro vale menos que o de hoje devido a um inimigo invisível, que destrói o seu dinheiro sem tirar um real da sua carteira: a *inflação*.

Como o governo te deixa mais pobre

Imagina que o governo decida te agraciar com R$1 milhão. Você não: toda a torcida do Corinthians e Flamengo amanheceria milionária. Ora, não é o próprio governo quem imprime as notas? *Custava nada mandar uns caraminguás pra gente, né não*?

Você que está um pouco mais familiarizado com o tema, ou conhece alguns governos que já tentaram bancar esse populismo do dinheiro infinito, sabe bem qual é o resultado: inflação. Os preços não param de subir, o que, mais precisamente falando, é uma consequência direta da grande oferta de moeda. Mas consideremos que inflação é o próprio aumento de preços mesmo, beleza?

Você sabe *exatamente* como esse monstro da inflação é criado e quais os perigos reais para o seu dinheiro?

Voltemos ao mundo fantástico do milhão. Dia após dia, os preços não param de subir! E você pensa: "*Malditos empresários! Não podem ver o povo com grana que já aumentam seus lucros!*" Hum, será mesmo que isso explica tudo?

Vamos avançar no nosso cenário milionário. Conheço gente que, mal o dinheiro tenha caído na conta, o cara já estaria com os dois pés dentro da concessionária para comprar um carro importado. Aliás, *muita* gente faria o mesmo.

Acontece que o dinheiro pode estar abundante, mas os *recursos*, humanos e materiais, não. As fábricas teriam que expandir sua capacidade produtiva, contratando funcionários, aumentando o consumo de energia elétrica, comprando mais maquinário. A própria matéria-prima utilizada nos carros, como o aço e plástico, não tem o fornecimento imediato e ilimitado. Se há uma grande força na demanda, que não esteja acompanhada da capacidade das empresas em fornecer bens e serviços, o resultado é um só: *aumento de preço*.

Então você pode entender a inflação de várias formas. Tudo que é abundante não tem valor, e isso também vale para o dinheiro. Se o governo "imprime" mais dinheiro, ou gasta mais do que arrecada, ele deprecia o valor da moeda. Os R$100 da sua carteira continuam lá, intactos, mas daqui a um tempo, você não consegue mais comprar a mesma quantidade de mercadorias que costumava levar para casa no início.

Saca só o nível do perigo. O governo é o responsável pela emissão da moeda e pelo controle da inflação — que ele próprio gera sempre que gasta indiscriminadamente. E você é *obrigado* a utilizar essa moeda: se você tem um comércio, não tem a prerrogativa de não aceitar os reais, que é uma moeda fiduciária, de **curso forçado**.

Se me permite uma pergunta, caro *dinheirudo*, aí vai: *existe alguma coisa realmente boa para **você** que lhe seja imputado o **dever** de aceitar?* Se tem alguma coisa que eu sou *obrigado* a consentir... Bem... *Vai ver não é tão boa assim para mim, né?*

O perigo do aumento recorrente de preços das mercadorias é um pesadelo não muito distante para nós brasileiros. Eu me lembro muito bem, quando criança, da remarcação de preço nas gôndolas dos supermercados. Mas o caso mais bizarro eram os fiscais do Sarney: nosso então presidente, na maior cara dura, jogou a bomba da inflação no colo dos lojistas. Não importava que os custos das mercadorias para o lojista aumentassem, se ele repassasse o aumento, ele iria **preso**! E o presidente, em rede nacional, convocou a população para fiscalizar os comerciantes *malvadões* que ousassem praticar preços acima da tabela imposta pelo governo.

Como resultado, o que poderíamos imaginar? Penso que ninguém gosta de trabalhar no prejuízo. Então, se você não pode vender pelo menos para empatar com seus custos, você simplesmente não vende. Ainda hoje, em países populistas, gôndolas vazias são o reflexo desses tabelamentos e de descontrole inflacionário, cujo culpado é unicamente uma entidade que atende pelo nome de ***governo***.

O custo da inflação é majoritariamente pago pelos pobres. O rico pode oferecer um dinheiro *por fora* para o lojista aceitar o risco de ser pego vendendo o produto acima da tabela. Ou, em última instância, os ricos podem simplesmente dar um *Hasta la vista, baby* para o nosso *Brasilzão*.

Então, olha só a inversão de responsabilidades: se o governo não zela por manter o poder de compra da moeda, adivinha quem tem que fazer isso? Sim, *você!* E não pense que essa é uma tarefa fácil. Você ganha em reais, então tem que lutar para que eles se multipliquem, pelo menos na proporção da sua desvalorização. Ou seja, a luta é para que a gente não fique, silenciosa e implacavelmente, mais pobre.

O primeiro objetivo que teremos ao investir é justamente este: manter a nossa **reserva de valor** intacta. Porque, se depender do governo brasileiro (mais especificamente do Banco Central, cuja função *seria* justamente preservar o poder de compra da moeda), estamos ferrados.

Repare no gráfico a seguir. Verifiquei qual foi o tamanho da encrenca, entre 1995 e 2020, nos Estados Unidos e no Brasil. Qual foi a inflação em cada um desses países?

Lá na gringa, o dólar teve uma inflação de 70% em 25 anos:[15] US$100 de então valeriam apenas US$58,82 hoje.

E no Brasil? Os gringos têm muito o que aprender conosco quando o assunto é desvalorizar a moeda — e olha que o Real foi a melhor moeda que já tivemos por estas bandas aqui. Cem reais atualmente comprariam o que R$18,85 eram suficientes para comprar em 1995.[16] Ou seja, 430,45% de correção. É mole ou quer mais (inflação)?

Cá entre nós? Lá pelos anos 1995, dava para comprar um Kinder Ovo com uma nota de R$1 (lembra dela?). Por acaso, hoje esse mesmo produto custa R$5,50? Não né? *Uai, então a inflação que o governo nos conta é uma farsa?*

INFLAÇÃO — EUA X BRASIL

Figura 8 — Coitado do nosso Realzito. Por William Ribeiro.

A inflação do governo é uma grande mentira!

Ok, confesso que exagerei (*só um pouquinho*) no título. Mas uma coisa é fato: sabe quando o governo anuncia o quanto ficou a inflação do mês? Vai dizer que você confirma esse valor direitinho enquanto passa as compras mensais no caixa do supermercado? Não parece que tudo aumentou muito mais?

Muita gente costuma dizer exatamente como está no título: "*Como pode a inflação anunciada ser tão baixa, se os preços não param de subir? O governo está mentindo pra gente!*"

Calma lá, *champs*. Reconhecer que governantes não são confiáveis é quase como chover no molhado. Mas certamente o problema aqui é de outra natureza: a inflação do governo é simplesmente diferente da *sua* inflação.

Sim, cada um tem uma inflação diferente! A diferença reside no que você consome, que influencia diretamente na metodologia do cálculo da inflação. Se você tem que medir o quanto os preços subiram em um determinado período, o primeiro problema que vem à tona é este: preços de *quais* produtos? É absolutamente impossível medir o preço de todos, além de não fazer sentido. Vamos pesquisar o quanto os jatos particulares aumentaram de valor mês a mês? O que essa informação tem de relevante para quem sobrevive com um salário mínimo?

Então é absolutamente razoável analisarmos a inflação de uma *cesta de produtos,* formando-se assim um *índice de inflação*, uma média ponderada. Nessa cesta, não apenas é importante a escolha de cada uma das mercadorias e serviços, mas também o *peso* de cada item no orçamento das famílias.

Três índices de inflação estão entre os mais famosos no Brasil:

O *INPC, Índice Nacional de Preços ao Consumidor*, que busca detectar a variação do custo de vida médio de famílias com renda mensal de 1 a 5 salários mínimos. Como podemos presumir, gastos com alimentação (21,5% no momento da escrita deste livro[17]), transportes (20%) e habitação (17%) figuram entre as maiores rubricas de custos para essa classe da população.[18]

O índice de inflação mais famoso certamente é o *IPCA, Índice de Preços ao Consumidor Amplo*. A diferença está na própria palavra **amplo**: mais abrangente que o INPC, o IPCA verifica a variação do custo de vida médio de famílias com renda mensal de 1 a 40 salários mínimos. Justamente por essa amplitude de faixas de renda, o IPCA é considerado o *índice oficial de inflação* pelo governo federal. É desse cara que a gente ouve falar na televisão.

Há até pouco tempo, constava na cesta do IPCA itens como aparelho de DVD, assinatura de jornal, máquina fotográfica e revelação de fotos – *ô saudades dos anos 1980! Quem nunca pagou por 24 fotos e meia dúzia saía queimada não sabe o que é emoção*. Atualmente, consta no IPCA: videogame, antidiabético e óculos de grau. Sinais dos tempos modernos.

O IBGE sai levantando o preço das mercadorias da cesta em 13 áreas urbanas do país, em 30 mil locais. E compara, mês a mês, qual a variação geral do preço das mercadorias (430 mil preços!), chegando naquele índice sobre o qual você ouve na TV.

Justamente por ser o índice oficial, o IPCA é utilizado como remuneração de alguns investimentos que você faz por intermédio do governo (*Títulos Públicos*) ou em algumas instituições privadas (bancos e financeiras). Ou seja, a remuneração (juros) que você receberá pelo seu dinheiro pode estar atrelada a esse índice — mesmo com o consumo da sua família, e consequentemente a sua inflação, podendo ser totalmente distinto do IPCA.

IGP-M, Índice Geral de Preços do Mercado, apurado pela Fundação Getúlio Vargas. É mais utilizado para contratos de aluguel (o que justifica o seu apelido, *inflação do aluguel*), seguros de saúde e reajustes de tarifas públicas.

Por que o governo precisa do nosso dinheiro?

Essa é uma daquelas perguntas que nossos filhos fazem e que passamos vergonha ao tentar responder. Tal como a pergunta *"Pai, por que o céu é azul?"* costuma preceder a nossa resposta padrão: *"Porque sim, ué!"* Depois de adultos, perdemos o interesse em tentar entender o mundo, não é mesmo?

Ora, a pergunta faz todo o sentido: se o próprio governo é quem detém a "impressora" de dinheiro, por que ele é tão faminto pelos nossos impostos? Não bastaria apenas *tacar o pau* e imprimir mais grana?

Sim, bastaria. Mas jogar dinheiro indiscriminadamente na economia, como a gente viu, desvalorizaria a moeda. Pense assim: imagine que o governo resolva fazer de nosso país um verdadeiro canteiro de obras, da noite para o dia. Seria necessário contratar pedreiros, engenheiros, arquitetos, tudo a toque de caixa. Como trabalhadores não dão em árvore, o governo teria que oferecer um bom salário, até para os incentivar a abandonar o setor privado. Logo de cara, a gente já vê um aumento aqui: o do salário do setor de construção.

Mas não para por aí. Aconteceria a mesma coisa com o material de construção. Imagine a demanda por cimento, tijolos, telhas. Tudo isso também não cai do céu. Para produzir mais repentinamente, é muito custoso. Seriam requeridas contratações, horas extras, investimentos em parques fabris, ou seja, mais aumento de preços.

O próprio aumento dos honorários dos trabalhadores faz que o consumo aumente: mais dinheiro no bolso significa mais gastança, demanda por alimentos, vestuários, equipamentos eletrônicos, enfim. E adivinha? Mais preços subindo.

E aqui, meu amigo, acontece um negócio bizarro. Se no começo todo mundo estava *supimpa*, feliz da vida com mais consumo, mais clientes, mais dinheiro no bolso, em pouco tempo, aquela grana extra que estava pingando não é mais capaz de acompanhar o ritmo de crescimento nos preços. De nada adianta eu ter um aumento de 50% nas minhas receitas, se os preços das mercadorias e serviços subirem 70%.

Então a inflação é um efeito do **desequilíbrio** da oferta (limitada) de produtos e serviços frente à sua demanda (muito superior à capacidade produtiva). Crescer muito rápido é perigoso, não faltam casos de países que caíram nessa armadilha da dose errada da oferta monetária. Justamente por causa da inflação (*agora você já pode responder ao seu filho!*), existem leis que limitam a fome dos nossos governantes em gastar dinheiro.

Regular a oferta de dinheiro e, portanto, os preços é tão importante para a economia, que é alvo de medidas específicas do Banco Central que fazem parte da chamada *Política Monetária*.

Então, se o dinheiro usado para os gastos vier dos próprios impostos, não há o perigo de a economia ficar inundada de dinheiro, concorda? Afinal, houve apenas uma recirculação da grana, o dinheiro que *já estava* na economia volta para ela (*com as devidas escalas para encher a cueca dos intermediários pelo caminho, evidentemente*).

Outro jeito de gastar o dinheiro que já estava na economia é por meio dos *Títulos Públicos*, que aqui no Brasil talvez você conheça por meio do programa de investimentos para pessoas físicas chamado Tesouro Direto (falaremos dele mais à frente). Funciona assim: nosso governo estimula que pessoas e empresas (até outros países, na verdade) emprestem dinheiro para ele, em troca de juros. É uma dívida de quem detém o controle da emissão do próprio dinheiro, olha que loucura. Justamente por isso, os títulos públicos são tão seguros.

O governo emite um título, prometendo devolver com juros o dinheiro dos investidores no futuro. Se a oferta é boa, ou seja, se os juros compensam, o mercado se anima e empresta a grana para o governo.

Essa parte do "se os juros compensam" valeria um capítulo à parte, mas resumiremos. Lembra-se de que os juros são uma espécie de **taxa** que se paga para o uso do dinheiro dos outros, e que o valor depende muito do seu histórico de crédito? Então dívidas estatais são como dívidas pessoais: quem está *sujo na rodinha* paga mais juros.

Se você fosse um investidor internacional, preferiria receber 2% ao ano investindo no Brasil ou recebendo **essa mesma taxa** nos títulos públicos norte-americanos? Até o mais ufanista dos brasileiros concordaria que o nosso **risco-país** é muito maior que o norte-americano — e sendo assim, mais risco requer mais juros do que aqueles pagos pela maior economia do mundo.

Então, a própria emissão de títulos públicos serve para **drenar** dinheiro da economia, a grana dos investidores volta para a mão do governo. Menos dinheiro implica melhor controle inflacionário. O efeito contrário também ocorre: quando é necessário estimular a economia, colocar mais dinheiro para rodar, o governo vende os títulos públicos, colocando mais recursos na mão das pessoas e empresas para gastar.

O seu dinheiro não está no banco!

O maior terror do sistema bancário é ver todo mundo correndo para sacar a grana que está vendo em seus extratos. Tudo por uma verdade, digamos, bem inconveniente (e assustadora): o banco **não tem** essa quantia de dinheiro! Sendo um pouquinho mais explícito: o dinheiro que você tem depositado no banco não corresponde às reservas de que ele dispõe. Costuma funcionar bem, até que deixa de funcionar.

O chamado **Sistema de Reservas Fracionárias** permite que os bancos emprestem muito mais dinheiro do que eles conseguem captar.

Funciona assim: vamos supor que você deixou R$10 mil na conta do seu bancão preferido. Em troca, ele promete te pagar R$1.000 de juros no ano, também conhecido como 10% a.a. Beleza!

Só que esses seus R$10 mil não ficam parados. Afinal, os bancos ganham dinheiro muito além das tarifas dos cartões e das contas: eis que surge a oportunidade do **Spread Bancário**. Se por um lado o banco te dá

R$1.000 pelo direito de usar os seus R$10 mil, por outro, ele emprestará esse dinheiro para o seu Zé da padaria, cobrando R$2 mil de juros ao ano, 20%, o equivalente ao dobro (estou sendo bonzinho no exemplo) dos juros pagos a você. O banco fica com a diferença, o *spread* entre o juro pago aos investidores e o recebido pelos empréstimos (também fica com o risco da inadimplência, para ser mais justo).

Só que a brincadeira não para por aí. O seu Zé pegou estes R$10 mil emprestados para comprar uma máquina de fazer pão. Para isso, ele depositou esse valor que pegou emprestado do banco e fez o pagamento, depositando na conta do fabricante de máquinas no próprio... banco!

Veja só: começou com o seu depósito de R$10 mil. Mas o que foi gerado é que esse valor foi para a mão do seu Zé, e o banco ganhou outro depósito de R$10 mil (da conta do fabricante da máquina). Ou seja, R$10 mil geraram R$20 mil em depósitos no banco e mais R$10 mil no mercado. É o verdadeiro milagre da multiplicação de dinheiro!

Não é difícil imaginar que o equilíbrio dessa engenharia é bastante tênue e perigoso. O banco não tem R$20 mil em caixa: o dinheiro "de verdade" seriam aqueles R$10 mil que foram emprestados para o seu Zé — precisamos ter fé, ainda, na adimplência desse nobre padeiro. Então, se você e o fabricante baterem na porta do banco ao mesmo tempo dizendo *"Quero sacar os meus R$10 mil que estou vendo aqui de saldo no meu aplicativo"*, de onde o banco tirará esse valor, se ele não o tem? Ferrou-se assim o esquema de pirâmide invertida das reservas fracionárias, quando vemos que ter apenas uma parte do valor em reservas não foi lá exatamente uma boa ideia.

Quase como em uma profecia autorrealizável, meros rumores de que um banco estaria prestes a quebrar seriam suficientes para que aumentasse esse efeito cascata da corrida aos caixas eletrônicos. Não por acaso, a Lei 7.492/86, em seu artigo terceiro, proíbe expressamente a divulgação de *"informação falsa ou prejudicialmente incompleta sobre instituição financeira"*, sob pena de reclusão de 2 a 6 anos e multa.

No extremo, caso um banco não tenha recursos para cumprir com as suas obrigações, ele se torna insolvente. Nessas condições, não é raro que o governo utilize o nosso dinheiro para salvar o banco — e lá vamos nós bancar a conta dos erros dos nossos governantes novamente.

Então os bancos não só **não têm** em caixa o equivalente à soma dos depósitos, como também **multiplicam** o dinheiro, emprestando-o várias vezes ao mercado.

Esses próprios R$20 mil, da soma do seu dinheiro com o do fabricante, serão novamente emprestados ao mercado (e multiplicados novamente).

Não é difícil deduzir que não dá para esse ciclo se repetir indefinidamente. Afinal, o sistema bancário ficaria extremamente vulnerável, e a economia, inundada de dinheiro.

Para evitar que a farra de criação de dinheiro se torne infinita, o governo impôs o chamado **depósito** *compulsório*: um percentual do dinheiro recebido pelo banco deve, obrigatoriamente, ser depositado em uma conta no Banco Central. Assim limita-se a quantidade de vezes que o banco pode criar dinheiro, do nada, desse modo:

$$M = \frac{1}{C}$$

Por exemplo, se o governo estipula o compulsório (C) em 20%, a gente tem que o *fator multiplicador bancário* (M) é de 5 vezes. Ou seja, para cada R$1.000 que o banco recebe, ele multiplica em forma de crédito ao mercado, por 5, virando R$5 mil na economia!

Além de funcionar como uma espécie de seguro ao ímpeto dos bancos de emprestarem dinheiro indefinidamente, o governo utiliza o compulsório como mais um instrumento de *Política Monetária*. Se o governo quiser estimular a economia, gerando mais crédito na praça, ele pode diminuir o valor do compulsório, o que disponibilizará mais dinheiro para que os bancos emprestem. O inverso também vale: ao aumentar o valor do compulsório, o dinheiro é retirado da economia, o que pode ajudar no controle inflacionário.

Mas o papo aqui é com você mesmo, que tem o seu suado dinheirinho depositado no banco. Muitas pessoas sequer fazem ideia de que o dinheiro delas não está lá, exatamente (física ou eletronicamente) em propriedade, nas reservas do banco.

Quando falarmos dos investimentos aqui no livro, mostraremos algumas estratégias para minimizar esse risco, e você aprenderá a como analisar a saúde financeira de um banco. Mas por ora, me dou por satisfeito se você se lembrar da importância daquele conselho da vovó: nunca deixe todos os ovos na mesma cesta.

3

COMO ECONOMIZAR DINHEIRO

A pobreza escraviza o ser humano. Mas nem todos querem ser livres.

De longe, o tema mais evitado de toda a Educação Financeira é *economizar dinheiro*. Sempre que faço um vídeo sobre isso no canal, é *batata*: garantia de ter poucas visualizações (*para a tristeza do leitinho das crianças aqui*).

Mas eu não julgo. Em muitos casos, acho inclusive que é completamente compreensiva essa recusa inicial ao abordarmos esse tema, afinal, a vida (sobretudo a dos brasileiros) já é muito dura sem se falar em poupar. Em 2018, 60% dos brasileiros tinham renda inferior a um salário mínimo.[19] Como podemos falar em ainda mais privações para quem mal ganha dinheiro para sobreviver?

Acontece que a realidade é implacável: ***não importa o que você ganhe, tem que gastar menos do que recebe***. É evidente que um salário mínimo mal é suficiente para cobrir os gastos mais elementares para se viver com dignidade. Falaremos bastante sobre a dinâmica de **Como Ganhar Mais Dinheiro**, e também sobre como você pode complementar com uma renda extra a grana que entra na sua casa. Mas, por enquanto, consideremos que o salário é esse mesmo aí que você vê no seu holerite.

Nesta altura do livro, creio que você já pode deduzir quais são as consequências de não manter os seus gastos mensais um degrau abaixo do seu ordenado: *dívidas*. Repare que eu não falei empatar, ficar no zero a zero. Seus custos têm que ser *menores* do que os seus ganhos, por dois motivos: qualquer imprevisto pode lhe empurrar para o abismo *nefasto, horrendo, macabro (estou exagerando para assustar mesmo!)* das dívidas. E também não podemos esquecer que é preciso poupar parte do que ganhamos para um futuro incerto — no começo, não tem problema não haver dinheiro para investir, você só precisa ter em mente que uma hora isso precisará mudar.

O que quero que você entenda é que *ganhar pouco* não é justificativa para o descontrole financeiro: infelizmente, a Serasa e o SPC não perdoarão a sua dívida por esse motivo. Poderia ser uma boa desculpa se não tivéssemos tantas pessoas no Brasil que ganham salários realmente baixos, mas que não têm dívidas e vivem uma vida redondinha: simples, mas dentro das suas possibilidades.

Por outro lado, nas diversas histórias que pude acompanhar, já vi casais de médicos com renda familiar na casa das (muitas) dezenas de milhares de reais com gastos totalmente fora do controle.

Compare a situação financeira a seguir. Qual das duas famílias você acha que está mais equilibrada e consciente?

	FAMÍLIA A	FAMÍLIA B
RECEITA MENSAL	R$3.000	R$20.000
DESPESAS MENSAIS	R$2.500	R$20.000 (eles acham)
INVESTIMENTOS	R$500	OI?

Figura 9 — O salário só conta uma parte da história. Por William Ribeiro.

O mais importante aqui é ter a mentalidade do **controle financeiro domiciliar**. Não precisa (e nem deve) ser uma contabilidade complexa; o que importa é você saber o quanto entra e o quanto sai de dinheiro, **todos os meses**, em sua casa.

Sei que quando falo isso, muita gente tem até um *frio na cacunda* só de pensar em mexer nas entranhas financeiras, nas catacumbas do dinheiro da família. Desenterrar um monstro que estava quieto.

A questão é que você fingir que o problema não existe não significa que ele desaparecerá ou que não seja real. É muito pior do que a analogia de *"empurrar a poeira pra baixo do tapete"*, porque, no caso das dívidas, é como se a poeira procriasse lá embaixo, com o risco de nunca mais poder ser varrida para fora.

Esse esforço de controlar o dinheiro é realmente um entrave muito grande no começo de uma vida financeira mais saudável. Envolve dizer *não* a compras, negar pedido dos filhos, recusar convites para festas e confraternizações, abrir mão de conquistas realizadas durante os anos de trabalho.

Realmente não é fácil, requer o heroísmo de se enfrentar o problema, renunciando prazeres e até lutando contra nossos sentimentos de perda. Sim, controlar o dinheiro envolve uma aparente perda de liberdades, e é justamente por isso que odiamos economizar. Mas se você não tinha condições de comprar ou de manter uma vida aquém do seu dinheiro, me diz uma coisa: você **realmente** era livre para usufruir daquele padrão de vida, ou você *excedeu* essa liberdade? Viver além do seu orçamento é estar em uma vida que não é sua, que não lhe pertence (ao menos por enquanto).

Figura 10 — Dívidas: vai arrastar até quando? Por Ricardo Amaral.

Convido você a ver a coisa por outra ótica. Gastar o que não se pode, sem controle, não significa ser livre (até porque não existe liberdade com dívidas). Mas sabe quando seus filhos, seu cônjuge ou você mesmo se vê diante de uma decisão de compra e fica totalmente paralisado? Sabe aquela angústia de não saber *se realmente pode* comprar ou não?

Pois então. Se no começo houve aquele esforço danado para se controlar, definir um orçamento, anotar os gastos, dentro de poucos meses, como mérito pelo seu esforço, você será gratificado com a liberdade *genuína* e racional de saber *se pode ou não gastar*!

Se você já separou e pagou as contas do mês, não tem enrosco: seja *livre* para fazer uma compra consciente! Não é muito mais sustentável uma liberdade que seja realmente proveniente dos seus esforços, e não ancorada nas indecisões, angústias e nas dívidas?

Economizar dinheiro é muito mais uma questão de hábito do que uma ciência ou metodologia. Como qualquer costume, requer algum tempo até que seu cérebro transforme a **mudança** em uma **constância** na sua vida. Começar a economizar ao menos **um pouco** de dinheiro, todos os meses, é muito mais importante do que acreditar que essa quantia seja insignificante. Como dizem os mais velhos, "*O pouco com Deus é bastante*".

Estamos falando de hábito e compromisso: você sabe que aquela alegria das compras, ancorada em um estilo de vida incompatível com sua renda, é insustentável.

A satisfação genuína acontece quando sua família precisa de dinheiro e você tem de onde tirar. Ou quando, com o passar do tempo, você começa a ver as suas economias se multiplicando, por força dos seus aportes e por meio dos juros pagos a você, proporcionados pelos investimentos.

Tudo na vida financeira se resume, portanto, a **economizar**. Mas como fazer para começar a guardar dinheiro?

Vem com o pai.

Desafio das 52 Semanas

O que você faria com R$6.890? Você sabia que pode economizar essa quantia começando com míseros R$5?

Parece discurso de *piramideiro*, mas acredite, é questão de matemática. E se você quer saber a real, o valor aportado em si nem é o mais importante desse desafio. A beleza da coisa é enraizar em você o hábito de economizar, todas as semanas — mais precisamente, durante um ano.

O *Desafio das 52 Semanas* consiste em aumentar os aportes, todas as semanas. Se você quiser começar com R$5, este será o valor economizado na primeira semana. Na segunda, você acrescenta mais cinco contos na história no aporte semanal, economizando mais R$10. Na terceira semana, você separará mais R$15 para serem economizados. E por aí vai. No final das 52 semanas, a *mágica* acontece: R$6.890 reais passaram a existir na sua vida. E com um efeito colateral como *brinde*: um *você consciente e poupador*.

Desafio das 52 Semanas

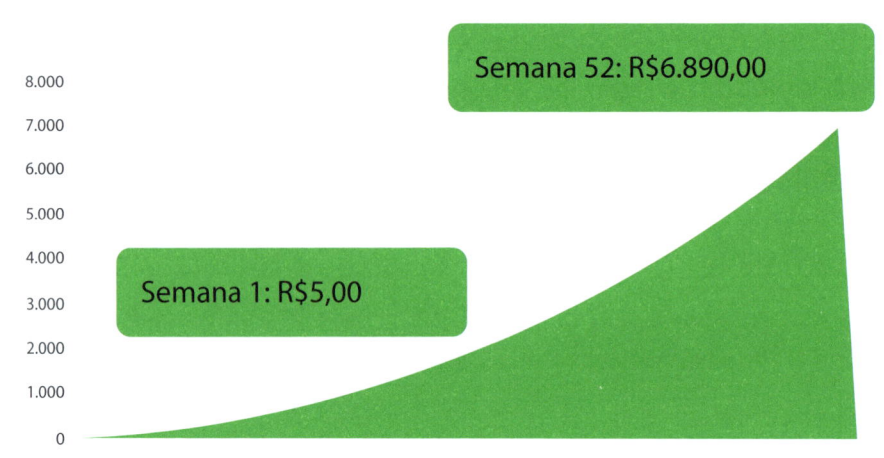

Figura 11 — De R$5 a R$6.890. Parece feitiçaria, mas é só disciplina. Por William Ribeiro.

Claro que, quanto mais o tempo passa, maiores ficam os aportes. Não faz mal, comece pequeno para pegar o hábito de economizar. Lá na frente, você estará cada vez mais comprometido. E, se preciso for, pode até fazer renda extra para continuar cumprindo com o objetivo.

Evidente que é bem mais fácil falar do que fazer. Ainda bem que eu não disse que seria fácil, mas eu cravo para você: economizar e viver uma vida financeira controlada é *simples*. Eu te ajudarei trazendo aqui algumas técnicas e ferramentas para deixar o seu controle financeiro **bom demais da conta**. Mas não sem antes a gente falar, pela última vez aqui no livro (*e na sua vida também, estou na torcida por aqui!*), sobre a maior ameaça financeira na vida de uma pessoa.

O perigo das dívidas

No final do ano de 2019, uma das mais famosas empresas financeiras do Brasil foi condenada por cobrar juros abusivos de empréstimos para um cliente.[20] Tratava-se de um idoso pobre. Detalhe: eram empréstimos *consignados*, em que os riscos para quem empresta são mínimos, já que os valores são debitados direto na fonte.

Em um desses empréstimos, a quantia solicitada, de R$325, transformou-se em uma dívida de R$1.900 em apenas 3 meses. A reportagem fala de 1.415% ao ano, mas a taxa anual equivalente é extremamente superior a isso.

Mas vamos fazer de conta que estamos "só" com 1.415%. Quem não está acostumado com números e matemática financeira não faz ideia do terror escondido por trás dos juros das dívidas desse patamar.

Pensando nisso, criei esta tabela para acompanharmos essa bizarrice bem de perto: em quanto se transformaria, em diferentes períodos e taxas de juros, um mero empréstimo (leia-se: *dívida*) de R$1.000 que você venha a fazer.

TAXA DE JUROS ANUAL	PRAZO			
	1 ano	3 anos	5 anos	10 anos
25%	R$ 1.250	R$ 1.953	R$ 3.052	R$ 9.313
50%	R$ 1.500	R$ 3.375	R$ 7.594	R$ 57.665
100%	R$ 2.000	R$ 8.000	R$ 32.000	R$ 1.024.000
200%	R$ 3.000	R$ 27.000	R$ 243.000	R$ 59.049.000
500%	R$ 6.000	R$ 216.000	R$ 7.776.000	R$ 60.466.176.000
1.415%	R$ 15.150	R$ 3.477.266	R$ 798.110.757	R$ 636.980.780.111.389

Vamos manter no extremo: os juros da última linha, que seriam os 1.415% do empréstimo ao pobre velhinho. Em um ano, R$1.000 emprestados se tornam R$15.150. Passada uma década, a dívida de R$1.000 se torna bem maior que o PIB da Terra em 2017 (R$637 bilhões *versus* R$438 bilhões).[21]

Mas você não precisa ir tão longe com o descalabro dos juros. É bem comum encontrar juros de mais de 100% ao ano nas empresas do gênero. A uma taxa de 200% ao ano, R$1.000 se tornam R$59 milhões em 10 anos. Ou R$7,8 milhões em apenas 5 anos, considerando uma taxa de 500% ao ano.

Sem contar que R$1.000, perto do que você pode estar precisando, pode nem fazer coceguinhas (juro que tenho que me esforçar para escrever assim, porque aqui a gente fala *cosquinha* mesmo, assim como *subaco* e *bisorro*).

E, claro, quanto maior for a quantia de dinheiro que você pedir emprestado ou estiver devendo, maior a chance de fazer com que a bola de neve das suas dívidas fique do tamanho do planeta Terra mesmo.

Para você ter uma base de comparação, o maior investidor de todos os tempos, Warren Buffett, teve uma média de rentabilidade de "apenas" 31% ao ano em seus tempos áureos (1950–1993).[22] Certamente, hoje, nem mesmo o Oráculo de Omaha seria capaz de performar tamanha rentabilidade com um imenso volume de dinheiro sob sua gestão.

Você sacou o tamanho do pepino? Evidente que essas dívidas, com o passar do tempo, se tornam impagáveis. Tem gente que até liga o modo *dane-se*, afinal, dívida "caduca" com cinco anos, né? Hum, será mesmo?

Dívida caduca?

Bom, o que veremos a seguir é o entendimento jurídico nos dias de hoje. Nada impede que isso mude no futuro, ficando totalmente adverso para quem contrair dívidas — portanto, fugindo totalmente do seu controle (se é que existe *algum* controle para os devedores; foi só jeito de expressão mesmo).

A chamada *prescrição das dívidas*, na verdade, não significa que elas deixam de existir. Falaremos agora sobre as dívidas como cartão de crédito e cheque especial, e nem todas funcionam da mesma forma ou têm o mesmo prazo.

Após cinco anos, o seu nome realmente deve sair da lista de devedores dos chamados *birôs de crédito*, sendo o SPC quase que sinônimo de lista dos maus pagadores, embora existam outros.

Depois desses cinco anos, os bancos perdem o direito de propor ação judicial contra o devedor, *caso não tenham feito* (até lá, segure-se na cadeira por aí). E se houver uma ação na justiça contra você, aí não tem essa de prazo: a prescrição é interrompida enquanto durar o processo.

Mas vamos supor que o banco não tenha feito nada na justiça, e cinco anos se passaram. Final feliz, *game over* para a dívida? *Que nada*! Infelizmente, a dívida não morre: o banco pode continuar te aporrinhando a paciência na tentativa de obter o pagamento desses compromissos.

Sem contar uma coisa: imagine ficar cinco anos sem ter um cartão de crédito com limite decente. De repente, nem conta em banco pode *rolar*, já que as empresas podem negar a abertura da conta com base no seu histórico de crédito.

Então, meu amigo, o conselho mais certo que existe é que você acerte as pendências e pague suas dívidas com o banco, juntando dinheiro (ou vendendo algo de valor) para fazer um bom acordo com a instituição financeira. Desta forma, você pode ter a chance de pagar menos pela sua dívida, mediante uma renegociação de valores ou pagamento à vista. Mas não pense que ficará por isso mesmo não. Mesmo com seu nome saindo do SPC, os bancos não esquecem que você, um dia, já deu um calote ou pagou menos (renegociou) do que a dívida previamente compactuada.

É, meu amigo, vida de devedor não é fácil não... Vai vendo aí.

Como consultar a sua capivara financeira

Os bancos têm como saber o seu histórico de pagamento das dívidas, como empréstimos e valor das faturas do seu cartão de crédito. Mais do que isso: fica registrado se você deu *prejuízo* para a instituição, ou seja, se renegociou a dívida, pagando um valor menor do que o combinado. Sabia dessa? Eu te mostrarei como funciona a vulgarmente chamada ***Lista Negativa do Banco Central*** — e como fazer para saber se você está ou não nessa *barca*.

É importante que não se confunda essa lista com aquelas dos birôs de crédito (como SPC, Boa Vista, Quod e Serasa), que, apesar de diferentes, podem ser acessadas por um banco no momento da abertura ou da liberação de um cartão, por exemplo.

Todas as operações de crédito que você efetuar (como empréstimos e faturas de cartões de crédito) são registradas em uma lista chamada de SCR — ***Sistema de Informações de Crédito***, do Banco Central (BC). Embora mantida pelo BC, a alimentação e a responsabilidade pelos dados dessa lista são das próprias instituições financeiras.

Essa listagem serve para que os bancos e as financeiras tenham mais segurança ao oferecer dinheiro emprestado, dado que o SCR acaba refletindo a sua *capivara financeira*. Puxei a minha, que, apesar de limpa, é bem gordinha: são 21 páginas com ***todos*** os valores das minhas faturas de cartão de crédito — nos últimos 5 anos! Repare que dá para ver também os valores ***vencidos*** e o ***prejuízo*** que você gerou para o banco (e, graças à *Nossa Senhora da Coerência*, este educador financeiro aqui não tem nada para constar).

BANCO CENTRAL DO BRASIL | **SCR - Sistema de Informação de Crédito**
Relatório de Informações Detalhadas

Página 1 de 21
Data emissão: 07/09/2020 16:16
Emitido por:

Cliente: - WILLIAM RIBEIRO　　**Data-base inicial:**07/2015　　**Data-base final:**07/2020

As informações do relatório solicitado possuem defasagem mínima de 20 dias e NÃO REPRESENTAM o valor atualizado de eventuais dívidas junto às instituições financeiras.
O valor apresentado para operações de crédito com atraso superior a 60 dias não contempla encargos contratuais calculados além desse período.

Data-Base	A Vencer	Vencido	Prejuízo	Carteira Crédito	Repasses Interfinanceiros	Coobrigações	Responsabilidade Total	Crédito a Liberar	Limite de Crédito	Risco Indireto	Coobrigação Recebida	Risco Total

Figura 12 — A sua capivara está limpinha? Adaptado do SCR (Banco Central).

Curioso também é ver o ***limite de crédito*** que cada banco me oferece, incluindo aqui o cartão de crédito e também o limite do cheque especial. Dá para ver o quanto desse valor eu utilizei e o ***Risco Total***, em reais, que ofereço ao banco.

Em tese, só você poderia consultar essa lista. Acontece que os bancos requerem o seu consentimento para *fucinhar* a sua capivara e, assim, ficar sabendo dos seus segredos financeiros mais íntimos. Quer dizer, nem tanto: quando uma instituição financeira consulta o seu SCR, é exibido somente o valor total (agregado) dos empréstimos, separado por faixa de vencimento.[23] Além disso, somente o histórico dos últimos 24 meses será disponibilizado — o que não impede que os bancos mantenham registros internos com prazo maior, formando, assim, um *backup* com informações mais amplas sobre o seu histórico de crédito.

Quer mexer mais na sua vida financeira pregressa? E se soubesse em qual instituição financeira (como bancos e corretoras) você já teve conta aberta — e ainda pode ter, mesmo sem ter se dado conta disso?

Eu me refiro ao **CCS, Cadastro de Clientes do Sistema Financeiro.** Essa lista traz todas as instituições, desde 1º/1/2001, com quem você já teve um relacionamento financeiro. Penso que o meu caso é um pouco promíscuo, dado que me relacionei *com a geral*: são muitas instituições, incluindo uma conta aberta na Caixa Econômica Federal desde 2001, que eu não faço a menor ideia do porquê ela existe e ainda está ativa.

Tanto o CCS como o SCR estão disponíveis para você por meio da plataforma *Registrato* do Banco Central. Ah, nele também tem todo o seu **registro de câmbio**, então dá para verificar se a instituição que você usou para comprar moeda estrangeira (como no caso de investimento no exterior) está cumprindo com o seu dever de registrar no Banco Central.

Há uma pequena burocracia para você conseguir se cadastrar no Registrato, incluindo a validação do acesso por meio de seu banco. Mas alguma segurança deve existir mesmo, afinal, você não iria querer ver a sua *capivara dando sopa* por aí, né?

Mas comigo você não perde, meu amigo! Fiz um roteiro mostrando o passo a passo para você se cadastrar e consultar os seus registros financeiros no Registrato — que inclui também as suas informações de câmbio, caso tenha realizado.

Para ver o passo a passo, é só ler este QR Code com o seu celular.

Figura 13 — Dá uma olhada na sua capivara.
Gerado em the-qrcode-generator.com.

Como mudar a vida financeira da sua família

Ok, a esta altura do livro, acredito que já te convenci da importância de não ter dívidas. Mas como *começar* essa mudança?

O passo mais importante é justamente o primeiro, aquele momento em que você se compromete a se dedicar mais ao assunto **dinheiro** dentro da sua casa.

Se você mora sozinho, meus parabéns! E meus pêsames também, afinal, se por um lado o controle só depende de você, por outro, não há ninguém em quem colocar a culpa em caso de insucesso. *Deu ruim*.

Mas *o bicho pega* mesmo é quando falamos de dinheiro *em família*. Como conseguir a compreensão — e, mais importante, a colaboração — de todos os envolvidos em prol de uma vida financeira mais sustentável?

Frequentemente o negócio começa errado antes de se juntar as escovas de dentes. Vejo muitos casais que começam a vida financeira juntos, sem os devidos "combinados": como será feita a divisão do dinheiro dentro do lar que está se formando? Quem pagará qual conta e em que proporção?

Se durante os anos de namoro reinava o famoso "deixa que eu pago", como será feito com as despesas fixas do novo lar?

Esteja você pensando em morar junto ou se já é casado, o segredo aqui é não confundir *individualidade* com *individualismo*. Depois de feitas as divisões para pagamento das despesas e investimentos, acho fundamental que cada um tenha uma parte do dinheiro livre para gastar *como quiser*, sem dar satisfação ao cônjuge.

Muito diferente dessa individualidade é o egoísmo financeiro, o individualismo: quando uma pessoa esconde dinheiro, omite receitas ou dívidas da outra, configurando-se assim uma *traição financeira*.

Veja então, meu querido amigo leitor, que o buraco aqui é mais embaixo. Claro que há coisas para as quais acertos, planejamentos e combinados bastam. Mas para falar de dinheiro e para você manter tudo de uma maneira saudável, é necessário que haja *amor* e *cumplicidade* dentro de casa. Quando se ama, um casal faz sacrifícios e prospera em conjunto. Mas se o que mantém o casal junto é o próprio dinheiro, evidentemente não há um propósito maior em se fazer as coisas darem certo. Neste caso, reduzir o padrão de vida será muito mais perigoso do que em uma casa onde o amor transcende as finanças.

Existe uma palavra-chave para fazer com que todos colaborem no processo de viver um degrau abaixo da renda familiar total. *Envolvimento* de todos. É impressionante como funciona! Não basta apenas fazer o cônjuge estar presente no acompanhamento das despesas. *Todos* têm de ser envolvidos, incluindo as crianças, que podem acompanhar o processo de compras no supermercado, participar das decisões e no orçamento.

Existem dois motivos que justificam esse envolvimento que você deve fazer com a sua família. O primeiro deles é que será necessário fazer sacrifícios, e todos precisam encarar esse processo unidos, em prol de um futuro financeiro melhor para toda a família. É preciso enxergar esse processo como um remédio ou uma vacina: pode ser bem amargo e dolorido, mas é para uma melhor saúde financeira de todos.

O segundo motivo, e tão importante quanto o primeiro, é incutir em todos o sentimento de fazer parte da **solução**, e não do **problema**. Você até pode estar na dianteira do orçamento familiar, mas lembre-se de que o maior atributo de um verdadeiro líder é o **exemplo**. De nada adianta cobrar o seu filho no chuveiro se você se esquece da vida ao se banhar.

Você não deve ser o rei, aquele que fala com os demais somente para dar bronca ou reclamar quando se gasta demais. O desafio é de todos, assim como as conquistas, devendo ser comemoradas em conjunto. Dependendo do caso, todos podem usufruir do dinheiro acumulado, por exemplo, por meio de uma viagem em família, quando tudo sair como planejado.

Tenho exemplos muito legais desse envolvimento financeiro para compartilhar com você. O primeiro é de um amigo. Ele ensinou o filho dele a calcular o custo de se andar de carro. Com o preço da gasolina e autonomia do veículo, começou a contar, junto com o filho, quanto custa se deslocar motorizado de um local para o outro. Nessa história, além de ensinar matemática para o filho, ele ganhou momentos de bicicleta com ele, guardando o dinheiro da *gasosa* para um objetivo em comum. Trocou um veículo que usa dinheiro e acumula gordura no corpo (carro) por outro que é movido a gordura e economiza dinheiro (bike). Mais saúde e dinheiro no bolso! *Que tal?*

O outro exemplo vem da minha casa mesmo. Sou abençoado por poder contar com a minha esposa em tempo integral na criação dos meus filhos. Se tenho condições de escrever estas palavras para você, é por conta do sacrifício da Talita com os pequenos e a nossa casa.

Mas, por conta disso, só podemos contar com as minhas receitas para a manutenção da casa. Além do dinheiro para os gastos pessoais da minha esposa, repasso a ela também o dinheiro das compras do mês, *somados* os dois valores. Assim, se ela economizar no mercado, pode gastar o excedente, sem que ao menos eu precise ficar sabendo. Ela tem essa recompensa por pesquisar e economizar nas compras, e nossa família ganha em controle financeiro.

Esses são apenas alguns exemplos. Exercite a criatividade para que todos na sua casa se sintam engajados e comprometidos com o orçamento doméstico. Afinal, é um objetivo de todos, não só seu.

Cartão de crédito: herói ou vilão?

Antes mesmo de avaliarmos a sua situação financeira e identificarmos os pontos de melhoria, é preciso ter uma discussão muito séria por aqui. Chega mais, o assunto é **cartão de crédito**. De longe, *a maior fonte de endividamento e descontrole financeiro* por parte das famílias.

Quando tinha de falar de Educação Financeira para as crianças, a primeira recomendação que eu costumava dar era para que o uso do cartão de crédito fosse evitado, porque o seu conceito e sua utilização são de difícil assimilação para crianças. Eu não poderia estar mais errado: os **adultos** também **não sabem** usar o cartão de crédito.

Mas antes de você meter a tesoura no seu cartão, vamos analisar o que esse troço tem de bom. Atualmente existe uma grande oferta de cartões de crédito sem anuidade, e, dentre aqueles que a cobram, certos cartões têm programas de fidelidade que justificam as tarifas cobradas.

Esta é a primeira vantagem: ganhar pontos ao comprar, podendo resgatar presentes como uma *linda* frigideira (contém ironia) ou comprar viagens com desconto. Alguns cartões oferecem programas de *cashback*, o que pode permitir que você receba um percentual das suas compras na forma de descontos na fatura ou até mesmo com a possibilidade de sacar a grana, em alguns casos.

Obviamente, tais vantagens compensam, desde que você não gaste a mais para acumular pontos ou até mesmo para se encaixar na faixa de gasto mensal que isenta do pagamento das taxas.

Existe também uma vantagem financeira em usar o cartão de crédito. Suponha que seu cartão tenha o fechamento no dia 20, para pagamento no dia 5 de cada mês. Se você comprar logo após o fechamento da fatura, você só vai pagar por essa compra aproximadamente 45 dias *depois*. Lembra que falamos que o dinheiro tem valor diferente no tempo? Nesse caso, o beneficiado é você.

E ainda tem o lance das tão queridas e perigosas *parcelinhas*. Se o lojista insiste em lhe oferecer um parcelamento sem juros, você pode fazer duas coisas: recomendar este livro ao nobre cidadão, como também parcelar no maior número possível de vezes, desde que sem acréscimo. Alguns cartões permitem que você faça a antecipação das parcelas, ganhando um desconto no pagamento. E também, desde que você faça o seu controle financeiro adequadamente, usar o dinheiro dos outros (é isso que é o cartão de crédito, afinal) para pagar as suas contas faz todo o sentido, do ponto de vista matemático da coisa.

Mas aqui realmente é onde mora o primeiro problema: o **controle**. Afinal, como já dizia o ditado polonês, *de parcelinha em parcelinha vem o boletão*. Some-se a isso o uso de diversos cartões de crédito dentro de casa, e pronto: às vezes fica até humanamente impossível fazer o controle. Sinceramente, eu mesmo não conseguiria (considerando que prezo pela minha sanidade mental) controlar os gastos de mais de três cartões de crédito diferentes ao longo do mês, a não ser que seja usado um cartão para cada categoria de gasto.

Outra bizarrice é a luta das pessoas por limites cada vez mais altos no cartão. Claro que existem os casos em que os bancos, na luta pelo crescimento da base de clientes, concedem um cartão para qualquer pessoa com limites inferiores a uma compra rápida no mercado. Aí realmente não serve para nada.

> **Mas o que falta para as pessoas saberem que o limite do cartão não faz parte da renda, ou seja, *não* é dinheiro delas?**

O último problema com o cartão de crédito, e que contribui para ser a maior fonte de endividamento das famílias, é este: ***gastar no cartão engana o seu cérebro***. Com notas físicas, a dor ao gastar é maior. Instintivamente, associamos o nosso dinheiro na carteira com o nosso trabalho. Aliás, deveria ser sempre assim: ao comprar, avalie sempre ***quantas horas do seu serviço*** são necessárias para adquirir aquele bem. Você passará a dar mais valor ao suor da sua testa, à sua luta para conseguir fazer aquele dinheiro.

Mas com o cartão é diferente: você não vê a grana sair da sua carteira *(só toma aquele susto quando chega a fatura, fala a verdade)*! De fato, acontece justamente o contrário: gastamos ***mais*** quando vemos os logotipos das bandeiras de cartão! Robert Cialdini[14] elenca algumas pesquisas muito interessantes. As pessoas gastavam 29% a mais por itens de um catálogo de vendas quando estavam em uma sala com logomarcas da Mastercard.

Em outro estudo, comparou-se o percentual de doações para a caridade entre dois grupos de pessoas. Dentre aquelas que estavam em um recinto com logomarcas da Mastercard, 87% das pessoas faziam a doação. Na sala sem esse truque, apenas 33% das pessoas doavam.

Em outra pesquisa, foi demonstrado que os clientes de restaurante davam mais gorjeta quando suas contas vinham acompanhadas da logomarca da bandeira de cartão. Detalhe importante: o percentual das gorjetas aumentava com essa técnica mesmo quando o cliente pagava a conta ***em dinheiro vivo***.

Ainda que os lojistas tenham que arcar com as taxas das maquininhas, parece que faz todo o sentido que os vendedores estimulem o uso dos cartões pelos clientes. E se é bom para o lojista, você já sacou a ideia né: não é nada legal para *você*, meu amigo.

Facilidade e estímulo para gastar como se não houvesse amanhã. Adicione umas pitadas de tortura com as pessoas tendo vários cartões (cada um em uma data de vencimento), possibilidade de pagar o mínimo do cartão ou não conseguir pagar e se afundar em uma das maiores dívidas de todo o mercado financeiro. Pronto, eis a receita infalível para o *descontrole financeiro*.

E aqui vem a parte que lhe toca, meu amigo (*todo este textão aqui eu coloquei para preparar o terreno para o que vem agora*). Se você não consegue controlar as coisas dentro da sua casa, o inimigo pode ter nome e sobrenome: *cartão de crédito*. Mas você não está sozinho. Esse negócio é realmente **terrível** de usar com moderação e de se controlar também.

Se o chapéu serviu aí, e você realmente deseja mudar a sua vida financeira de uma vez por todas, esteja pronto para o sacrifício financeiro supremo: *rasgue o seu cartão de crédito*.

Nessas de escutar histórias sobre o controle financeiro das pessoas, o que mais me surpreende (é muito bonitinho de se ver) é o controle do dinheiro por muitos aposentados. Como eles não estão nessa nossa *vibe* do dinheiro digital, eles pegam as notas e separam em envelopinhos, cada um devidamente destinado ao pagamento de uma conta: aluguel, supermercado… O dinheiro fica "carimbado", destinado para cada rubrica. Não só funciona como é muito legal de se ver!

Se está muito difícil fazer o seu controle digital (e emocional) com o cartão de crédito, essa pode ser uma solução, drástica, porém *definitiva*: deixe de usar o cartão e pague com dinheiro. De quebra, você ganha a facilidade de controle, desconto por pagar à vista, e sente a "dor" de ver o dinheiro saindo da sua carteira, de modo a sempre pensar duas vezes antes de comprar besteira.

Como tudo na vida, o cartão de crédito tem vantagens e desvantagens. É um *trade-off*, não dá para pensar só nos "prós". De nada adiantam a praticidade no uso, os pontos no programa de fidelidade e a divisão em parcelas (que evidentemente serão somadas na fatura mensal e que podem ultrapassar a sua renda) se você não der conta de fazer o pagamento integral da fatura.

De tão importante que é, o uso consciente do cartão merece a sua análise antes mesmo de colocarmos a mão na massa, de avaliarmos as suas contas e detectarmos onde você pode melhorar.

Doeu essa de cortar o cartão, né? Controlar dói. Mas as dívidas asfixiam e matam.

Anamnese financeira: dissecando as contas da sua casa

Muitas pessoas decidem que precisam de um melhor controle financeiro quando nunca sobra dinheiro ou quando já estão endividadas. E já partem logo para o ataque: *partiu* economizar!

O espírito de mudança é extremamente bem-vindo. Mas há um problema aqui: a real **efetividade** desse controle financeiro, se você não sabe ao menos para onde o dinheiro está indo. Você pode ter um sentimento muito ruim de frustração se cortar onde não deve: deixar de consumir um cafezinho pode ser desanimador e inócuo frente aos juros pagos mensalmente em uma dívida, por exemplo.

Em alguns casos, as pessoas não sabem nem o quanto ganham. A situação piora se você tem um negócio próprio e não separa as despesas da empresa dos gastos da sua casa. Além de poder ter problemas de contabilidade na sua empresa, é simplesmente impossível controlar as finanças se você coloca o dinheiro da firma direto no seu bolso para gastar. É fundamental que os controles do CNPJ sejam **separados** dos seus gastos pessoais, sob o risco de você não saber sequer se o seu negócio dá lucro.

Sabe quando você está com uma dor e vai ao médico? A dor é apenas um sintoma, um instrumento muito valioso para que seja diagnosticada uma doença. E o que as pessoas fazem? Tomam um remédio para matar o sintoma!

O correto é analisar os sintomas para que se tenha um panorama geral da situação. Então o trabalho do médico é conduzir uma entrevista com o paciente, chamada de **anamnese**, visando obter indícios que sinalizem a probabilidade de uma doença.

Analogamente para o nosso dinheiro, antes de sair cortando os gastos, faremos uma análise da situação. Nosso objetivo é saber exatamente a condição atual das nossas finanças. Um retrato da situação, doa a quem doer. Não tem como mentir para a caneta. Ou para o aplicativo, para a planilha do Excel, você decide. Não há uma receita de bolo. Tem gente que gosta de coisas mais tecnológicas, e há pessoas que funcionam melhor com um caderninho na mão. Seja como for, não se iluda: o responsável por fazer a mudança na sua vida financeira será você, não a ferramenta. Use aquela com que você se identificar melhor.

Quando as pessoas me perguntam qual o melhor aplicativo para economizar dinheiro, parece que de fato querem dizer *"Economize-me dinheiro!"* Aplicativo nenhum te impedirá de comprar nada, é apenas uma ferramenta de controle.

E cuidado com a disciplina: você gastará em lugares, horários e situações diversas (*às vezes até bêbado na balada*). Como fará a transcrição desses gastos é tarefa à qual você precisa se habituar e com a qual se comprometer.

Se você gosta de tecnologia, já existem aplicativos que fazem a contabilidade automática das suas finanças, conforme você gasta no cartão ou entra dinheiro na sua conta. Acredito que em breve haverá muitas novas opções neste sentido, com o advento do *Open Banking* no Brasil, que facilitará o compartilhamento dos dados financeiros entre instituições financeiras e *fintechs*.

No começo não tem muito o que ser planejado ou cortado, precisamos ver o *tamanho do buraco* primeiro. É importante que você registre todos os seus ganhos e gastos, receitas e despesas, durante todo o mês. Na verdade, o ideal é que você repita essa tarefa por mais de um mês, porque podem existir despesas e receitas não recorrentes nesse período. Com mais tempo de monitoramento, você tem um espelho mais fiel da situação geral das contas da sua casa.

Esse será o retrato atual da sua vida financeira. Se você ainda não faz esse controle, é bem provável que seja surpreendido com o resultado. "*Não é possível que eu gaste tanto com lanches e balada*" não me soaria nem um pouco estranho, se você viesse me contar.

Passado esse período de monitoramento, já temos um bom panorama da situação. Você já está pronto para agir.

> **Está pronto para assumir o controle da sua vida financeira? Chega mais!**

Como fazer um orçamento doméstico

Se você conseguiu passar um mês (ou mais) anotando todas as suas despesas, meus parabéns! Agora que você tem tudo na mão, estamos prontos para definir um novo rumo financeiro para sua vida.

Vamos lá. Você pode categorizar as suas despesas nas três rubricas a seguir:

- **Gastos essenciais:** aqui está o que você gasta, todos os meses, para se alimentar, gastos com moradia (aluguel), transporte, saúde, higiene, impostos, seguros. E as contas da casa, como água, luz, telefone e internet.

- **Gastos pessoais:** envolvem os desembolsos relacionados com o seu estilo de vida, como lazer, entretenimento, vestuário, viagens.
- **Gastos financeiros:** esta é a parte do seu dinheiro destinada a pagar as dívidas ou, idealmente falando, para investir no seu futuro.

Mas como equilibrar essas três esferas dentro do orçamento familiar? Já conto para você, mas não antes de um lembrete: *cartão de crédito não é categoria*, é um *meio de pagamento*, viu? O que vale é o que está dentro da sua fatura, cada gasto, não vale juntar em uma rubrica chamada "*cartão*".

Mas, beleza, vamos às divisões da grana. Eu diria que é importante não superar 50% do seu orçamento com os *gastos essenciais*. Se for o seu caso, talvez seja preciso rever o seu padrão de vida. Dá para economizar nas contas do lar, revisando os planos de internet e telefone da casa, demorando menos no chuveiro. Seja criativo para revisar seus gastos, por exemplo, evitando comer fora, dividindo o transporte com um amigo do trabalho... Se a conta ainda não fechar, não tem jeito, é preciso diminuir o valor do aluguel.

A respeito dos *gastos pessoais*, embora não possamos chamá-los todos de supérfluos, é onde geralmente dá para cortar ou fazer escolhas inteligentes. Substituir a academia de ginástica por exercícios ao ar livre, substituir a TV a cabo pelo YouTube (*tenho um canal bom para te indicar*), deixar de ir ao cinema ou ao shopping, substituindo por momentos de diversão pessoal com os filhos, e por aí vai.

Por último, mas não menos importante: os *gastos financeiros*. É fundamental que seu orçamento não seja comprometido em mais de 30% com o pagamento das dívidas (já é um limite bem alto, inclusive). Uma vez que você se livre da praga das dívidas, será a hora de virar o jogo. Aqui vai entrar o percentual que *você vai se pagar*, ou seja, o seu *investimento*.

Faça então uma análise dos seus gastos e estabeleça uma meta de economia para o próximo mês, para que as suas despesas sejam compatíveis com as suas receitas.

Uma maneira usual de se dividir o dinheiro entre essas rubricas que acabamos de ver é a **Regra 50x30x20**: 50% do dinheiro vai para os gastos essenciais; 30%, para os financeiros; e 20% para os gastos pessoais.

Figura 14 — Para onde está indo o seu dinheiro. Conceito popularizado pela senadora americana Elizabeth Warren. Por William Ribeiro.

Veja que não é algo escrito em pedra, mas sim uma *sugestão* para você começar — e, a partir daí, ir ajustando conforme suas necessidades e possibilidades.

No começo da vida financeira, é bem comum não sobrar dinheiro para investir. Discipline-se apenas para não estourar o orçamento com o pagamento das dívidas e dê um jeito de se livrar delas o quanto antes.

Mas, com o tempo, você virará o jogo. Uma vez que não há mais dívidas, programe-se para ter *pelo menos* 10% investidos, todo santo mês. Com o passar do tempo, considerando que sua vida profissional evoluirá e seus ganhos também, será possível investir mais dinheiro todos os meses.

> É fundamental, porém, que os seus hábitos de consumo não cresçam proporcionalmente toda vez que você tiver aumento de salário ou de renda. Caso contrário, nunca sobrará dinheiro para investir, e seu futuro estará nas mãos do governo ou de favores de parentes.

Estabeleça o controle e o corte nas despesas com sabedoria, moderação, mas com pulso firme. Se as condições financeiras exigirem, haja com a robustez necessária, mas não sem contar com o apoio e envolvimento da sua família, como já falamos.

Mas não aperte a corda demais, se as suas condições de renda permitirem. Se você já está com as contas do mês em ordem, se já separou dinheiro para os gastos financeiros, é importante que haja liberdade para ter algum prazer na vida ao gastar, como viagens, passeios e gastos em geral. Como já dizia a minha avó, com moderação, tudo pode (desde que as suas condições sustentem, eu acrescentaria).

É preciso viver em plenitude, aproveitar o dia de hoje, mas sem esquecer que o amanhã, o futuro da nossa família, merece todo o cuidado e zelo necessários.

Durma tranquilo em um colchão financeiro

O primeiro semestre de 2017 foi o pior da minha vida. Se, por um lado, o **Dinheiro Com Você** começava, por outro me faltava o bem mais indispensável e valioso de todos: a *saúde*. Foram quatro meses com a dor mais inimaginável que eu poderia sentir. Quando tudo se resume a sentir dor, você simplesmente perde a vontade de viver — confesso que era exatamente assim que eu me sentia.

Se você tiver que xingar uma pessoa, esqueça os palavrões. Diga "**hérnia de disco**", que é bem pior, dado que nem seu inimigo mereceria 2 centímetros de disco encravado no seu nervo ciático.

Perdi a conta de quantas vezes acordei a minha esposa de madrugada com o barulho do secador de cabelo que eu (inutilmente) colocava nas costas, na vã tentativa de aliviar um pouco o meu sofrimento.

Eu já tinha tentado de tudo: terapia, fisioterapia, osteopatia, simpatia... Nada resolveria se não fosse por meio de outra rima: *cirurgia*.

Acontece que, na minha região, para conseguir uma simples consulta com um bom especialista, o tempo estava estimado em três meses! Eu já não conseguia nem andar direito, as pernas formigavam. Lição de vida para agradecermos às coisas mais simples da vida: nem de carro eu andava, porque afundar o pé no pedal ou simplesmente abaixar para entrar no carro gerava uma dor enorme.

Foi então que consegui uma consulta com um especialista no Hospital Albert Einstein, em São Paulo. Constatada a real necessidade da cirurgia, marcamos para eu entrar na faca uma semana depois.

No caminho de carro para São Paulo, tive que ir com o banco do passageiro deitado (*sim, sei que não pode, mas era o que estava tendo para o momento*). E a cada vinte minutos, pausa no acostamento para levantar, esticar e estralar a coluna.

Cheguei um dia antes da cirurgia e fui dormir em um hotel. Depois de inúmeras tentativas de dormir com muita dor, finalmente peguei no sono. De nada adiantou: fui acordado com o alarme de incêndio do hotel, causado por algum infeliz que resolveu fumar dentro do quarto.

Enfim, eis que é chegado o dia da cirurgia. As doses de Tramadol (um analgésico bem forte) já não faziam efeito nenhum, e eu implorava ao médico, no leito do hospital, para aumentar a dose. Nada feito, eu tinha que esperar algumas horas para entrar na faca mesmo.

Depois dessas horas, que pareceram meses, era chegado o momento. No caminho para a cirurgia, depois de levar uma injeção tão dolorosa quanto a hérnia, um sorriso teimava em aparecer em meu rosto. Minha mãe, que me acompanhava, achava que eu estava fazendo graça. Ela não entendia o quanto eu estava feliz pela perspectiva de me livrar daquela dor.

Depois do procedimento, o médico me tranquilizou, dizendo que tudo havia corrido bem, mas fazia questão de entender que raios era um tal de **Bitcoin** de que eu não parava de falar, grogue pelo efeito da anestesia.

Conclusão, meu amigo: graças a Deus e ao hospital, eu nunca mais senti essa dor. Honestamente falando, nem a dor da cirurgia eu senti. O médico "*tirou com a mão*", como se diz por aqui.

Mas por que eu resolvi te contar essa história aqui? Primeiro para deixar escrito um lembrete para que eu mesmo (e por extensão você, claro) nunca me permitir ser sedentário. As preocupações são muitas, o trabalho é extenuante e a rotina de trabalho muitas vezes nos faz ficar sentados o dia todo. Mas sem a sua saúde, não há investimento, não há longo prazo, não há nada.

E tão importante quanto ter saúde é ter meios, recursos para os imprevistos da vida. Você pode estar pensando que essa cirurgia no Einstein não foi barata. Infelizmente, você está certo, e para a tristeza do meu bolso, o meu plano de saúde não cobria. Mas pense comigo: *tem dinheiro mais bem gasto na vida do que com a sua própria saúde?*

Pouquíssimos brasileiros têm uma reserva para emergências. Realmente não é fácil: requer uma disciplina para economizar dinheiro mês após mês. *Mas quanto custa a tranquilidade de estar protegido, caso algo de errado aconteça na sua vida?* Eu me refiro não só à saúde: despesas extraordinárias na sua casa, receitas que deixam de entrar (como ser mandado embora ou, como autônomo, as vendas não acontecerem como o planejado). Não adianta, a única certeza que nós temos na vida é que alguma coisa acontecerá de modo diferente do planejado. *A incerteza é a certeza.*

Na verdade, essa reserva tem valor até quando **não** usada: o conforto psicológico de saber que, se algo der errado, você terá de onde tirar. É essa paz de espírito que permite que você possa assumir investimentos mais arrojados, sejam eles financeiros (na Bolsa de Valores, por exemplo) ou empreendimentos. Certamente eu não estaria aqui se não tivesse contado com um colchão financeiro, pois, afinal, foram quase dois anos até que o *Dinheiro Com Você* gerasse algum *cascalho* para mim.

Olha que interessante: quando você tem uma reserva, não precisa fazer *só* pelo dinheiro. Você tem a liberdade de fazer as coisas do seu jeito, no tempo adequado, esperando as sementes do seu negócio germinarem ao seu necessário tempo. Do outro lado, quando você começa um negócio ou investimento já precisando daquela grana, a ampulheta está correndo contra você: acabou o tempo, se foi todo o dinheiro, adeus sonho.

Não subestime a necessidade da reserva de emergência, **você precisa ter algum dinheiro guardado**. Na realidade, você precisará de muito mais. Lembra-se de que precisa acumular dinheiro ao longo da vida para a aposentadoria?

Mas não se desespere, esse é só o primeiro e importante passo: ter no mínimo seis meses de salário guardado. Por exemplo, se você ganha R$2 mil, deverá acumular R$12 mil reais para os tempos difíceis. É bem mais fácil na teoria do que na prática. Imagine a dificuldade de chegar nesse valor. Mas será que não vale a pena fazer algum sacrifício, como renda extra, vender um bem, para ter essa tranquilidade de dormir em um confortável colchão financeiro?

Dependendo das particularidades do seu ofício, pode ser que você precise de bem mais de seis meses de reservas. Tenho um amigo que exercia uma função tão específica, embarcado nos navios da Petrobras, que nem eu sei dizer exatamente o que ele fazia lá. Tinha um ótimo salário, até que veio a crise e ele foi mandado embora. Evidente que esse meu amigo não conseguiu se realocar em outra empresa para exercer a mesma especialidade que realizava para a Petrobras. Para casos assim, talvez um ano de reserva de emergência não seja uma má ideia.

Se você tem mais do que o suficiente para as emergências, ainda assim vale a pena ter disponibilidades imediatas em quantidades maiores. Trata-se do que se chama de *reserva de oportunidade*: uma quantia de dinheiro que pode servir para negócios de ocasião ou investimentos de prazo escalonado. Se somarmos a nossa reserva de emergência com a de oportunidade, teremos o nosso *colchão financeiro*. A analogia funciona tanto para o conforto de se "dormir sobre dinheiro" como também para o hábito antigo de se guardar (e retirar a qualquer momento) o dinheiro no colchão. Claro que não precisamos e nem devemos guardar muito dinheiro em casa, mas a ideia é essa aí.

Para você, quanto custa o seu sono? *Partiu* acabar com as dívidas e fazer o seu colchão financeiro?

Mas se você está aí se perguntando *"Mas que dinheiro, William? Que dinheiro?"*, o próximo capítulo é para você.

4

COMO GANHAR MAIS DINHEIRO

Trabalhar mais não é a forma mais inteligente de se ganhar mais.

Quem já foi a alguma palestra minha sabe que eu costumo fazer uma brincadeira quando entramos no assunto de se ganhar mais dinheiro. "*Quem aqui acha que ganha mal?*", pergunto eu para a plateia quase sempre calada (*mais ainda quando a palestra é corporativa e o chefe está por perto*).

Mas geralmente a minha pegadinha dá certo: sempre tem alguém que se arrisca a morder a isca do palestrante. Às vezes até tem uma *galera* que levanta a mão, em um épico e comovente momento de revolta do salário baixo.

Em resposta a esse pobre cidadão de baixa renda que levantou a mão, eu devolvo outra pergunta (*responda mentalmente você aí também*):

> **Se você fosse trabalhar em *outra* empresa, exercendo o *mesmo* cargo atual, você acha que ganharia *mais* ou *menos* dinheiro?**

Se a pessoa diz que ganharia menos, acabo de provar que ela não ganha mal. *Xeque-mate*.

Por outro lado, se recebesse mais em outra empresa, podemos dizer que essa pessoa só ganha mal porque assim decidiu. Claro que existem inúmeras circunstâncias que nos prendem a um emprego, como o medo de arriscar, a comodidade e a localização da empresa. Ainda assim, se há alguém disposto a nos dar mais dinheiro e não aceitamos, o ônus da decisão acaba sendo unicamente nosso.

O dilema da pegadinha da palestra acontece quando a ~~vítima~~ pessoa diz que ganharia a mesma coisa se fosse exercer a mesma função em outra empresa. Digamos que seja um salário mínimo. Definitivamente, podemos então dizer que ela ganha mal, certo? Acredite ou não, está *errado*.

Não é a *pessoa* que está ganhando pouco, é o seu *cargo* que é mal remunerado. Pode parecer a mesma coisa, mas não é. Inclusive, entender esse raciocínio fará com que sua mente saia do modo *vitimista* (afinal, não é uma questão de foro pessoal) para uma lógica mercadológica da coisa. Sim, emprego também é remunerado como qualquer **mercadoria**: se existe uma grande oferta no mercado, a remuneração é menor. Por outro lado, se a função exercida pela pessoa é bastante valorizada e com poucos profissionais disponíveis, é evidente que ela receberá mais dinheiro.

Antes de entrar na parte que lhe cabe, vamos entender o jogo, mas do outro lado da mesa: o do empreendedor, que registra a carteira dos funcionários.

Imagine que tenhamos um empresário de bom coração, que resolva pagar o dobro do salário para seus funcionários com relação ao que pagam os seus concorrentes. Na maioria dos casos, um negócio não tem margem para absorver esses custos de mão de obra: no limite, a empresa pode até quebrar por se tornar menos competitiva do que seus concorrentes. Existem exceções, negócios com margens maiores, mas foquemos a maioria: onde existir uma oportunidade de se ganhar dinheiro, geralmente haverá *várias* empresas lutando para explorar aquelas oportunidades. Aquelas que forem mais eficientes em atender às demandas dos consumidores, mantendo seus custos sob controle, sairão vencedoras — consideremos que, na maioria dos negócios, os custos de mão de obra, incluindo aqueles para cumprir a legislação trabalhista, estão entre os mais significativos.

Agora olhemos para o outro lado: o que faz o patrão abrir o bolso? Em quais circunstâncias um empreendedor remunera mais um funcionário? Se pudermos resumir, o motivo é o mesmo que faz o próprio patrão ser bem-sucedido: a habilidade em gerar mais *valor* para as pessoas.

E a razão principal de se ganhar mais dinheiro reside em uma característica fundamental, em qualquer mercadoria, serviço ou habilidade profissional: a *raridade*.

Raridade: o segredo das pessoas que têm dinheiro

Pablo Picasso foi um espetacular artista espanhol, cofundador do movimento chamado de cubismo. Para você ter uma ideia, apenas uma de suas obras, "Mulheres de Argel", foi leiloada por quase US$180 milhões na Casa Christie's, de Nova York, em 2015. De fato, Picasso emplacou diversas outras obras que constam entre as mais valiosas de todo o mundo.[24] Quando faleceu, em 1973, o artista não deixou testamento, mas sim 45 mil obras como legado.[25]

Talvez até mais importante que a genialidade do artista, impressa por meio de suas obras, esteja esse negócio aqui:

Figura 15 — A grande obra do mestre Picasso. Favor não confundir.

Fonte: https://commons.wikimedia.org/wiki/File:Picasso_signature.svg#/media/File:Picasso_signature.svg

Reza a lenda que o próprio pintor havia reconhecido, em uma entrevista, que, após a sua fama, as pessoas compravam seus quadros não pela beleza de suas pinturas, mas sim pela rubrica contida nelas. Sua assinatura na obra refletia o endosso de se tratar de uma legítima pintura feita pelas mãos do mestre Picasso.

O valor que estava contido em sua própria assinatura era tanto, que adivinhe você o que acontecia com os cheques que Picasso emitia. Sim, *não eram descontados*! Como o "autógrafo" tinha um valor muito superior ao da face do cheque, as pessoas preferiam vendê-lo ou manter para si como um ativo, em vez de descontá-lo no banco. Como se não bastasse o patrimônio acumulado, até quando desejava gastar, o artista não conseguia ver seu saldo bancário diminuindo. *Não é incrível*?

Escolhi um exemplo máximo para ilustrar a principal característica responsável por fazer uma pessoa ser *dinheiruda*: a **raridade**. É evidente que é praticamente impossível sermos tão geniais quanto Picasso. Mas, parafraseando o próprio artista, podemos dizer:

> "Tudo o que você puder imaginar é real."

Como ganhar mais dinheiro?

Vamos começar com uma pergunta mais simples (mas não simplória): *afinal, como se ganha dinheiro?* Parece mais uma daquelas perguntas embaraçosas dos nossos filhos, né?

Felizmente, aqui a tarefa não é tão complexa assim. Veja se você já pensou desta forma: as pessoas e as empresas ganham dinheiro **resolvendo problemas** de outras pessoas e de outras empresas. E a proporção com que ganham dinheiro depende da raridade do profissional ou da companhia, como acabamos de ver. Só que não basta ser raro. É preciso estar em um mercado em que ser *individualmente* diferenciado é um fator decisivo.

Vejamos alguns exemplos. Tenho a honra de contar ao amigo aí do outro lado do livro que sou neto de um pedreiro, que inclusive trabalhou na reforma da igreja matriz da minha cidade (hoje Santuário de Santa Rita de Cássia). Imaginemos que meu avô tivesse sido o melhor pedreiro da região. Seria razoável pensarmos que ele receberia, digamos, o dobro do que recebe um pedreiro "comum" (no máximo)? Nessa profissão existe um claro limite entre a *produtividade* de um trabalhador excepcional e a de um mediano. Além de ser humanamente impossível levantar um muro dez vezes mais rápido, talvez o dono da obra prefira até pagar menos (e em suaves e espaçadas prestações) para outro trabalhador menos produtivo.

Outra lição que tiro dessa história é que o suor na testa não significa, necessariamente, mais dinheiro no bolso. Evidente que qualquer profissão requer esforço e dedicação, mas raramente as funções de trabalhos *manuais*, sobretudo aqueles *repetitivos*, estarão entre aquelas mais remuneradas pelo mercado atualmente.

Veja bem, meu amigo: todo trabalho é digno e nobre. Sou muito honrado pelo suor do meu avô. Tenho muita gratidão por todos meus antepassados. Minha bisavó veio de Gênova para o Brasil em 1897, depois de 29 dias de viagem de navio. Tão duras eram as condições, que seu irmão faleceu durante o trajeto e foi jogado para descansar no Oceano Atlântico mesmo. *Já parou para pensar no quanto devemos ser gratos aos esforços dos que nos precederam?*

O meu ponto aqui é apenas levar o amigo a refletir sobre o **valor da sua hora de trabalho**. Ganhar mais dinheiro passa não só por dar duro no trabalho, mas também por buscar aperfeiçoamento profissional para que o nosso trabalho se torne mais raro. Trabalhar de maneira mais inteligente.

Cuidado com a sua profissão

Como fazer, então, para aumentar o valor do nosso trabalho — e, consequentemente, a nossa remuneração?

A solução passa por estar atento às tendências de mercado, procurar ler mais livros, estudar, fazer cursos, intercâmbios, aprender um novo idioma.

Investir nos *relacionamentos profissionais* e estar em contato com outras pessoas que podem abrir portas para você, o famoso ***networking***. As pessoas definitivamente não sabem do poder dessa rede de relacionamentos. Em um vídeo recente do canal, refleti sobre o tema. Atualmente, todos os integrantes do time do ***Dinheiro Com Você*** ou já tinham trabalhado anteriormente comigo ou foram indicados por alguém de minha confiança. O risco de errar na contratação é enorme, e (no meu caso, inconscientemente) procuramos atalhos para aumentar a probabilidade de acertar na decisão. Fale com as pessoas, mostre o que está fazendo. Ofereça "amostras grátis" do seu trabalho, em vez de ficar empurrando currículo goela abaixo de quem nem vai ler. Existem inúmeras vantagens nessa abordagem, você mostrou **proatividade** e competência, podendo ter em troca duas coisas que raramente um currículo lhe traria: a *atenção* da pessoa do lado de lá e uma contratação para uma vaga que eventualmente nem sequer existia! *Faz sentido ou não?*

Mas voltemos à necessidade primordial de você procurar evoluir profissionalmente, todos os dias. Tudo isso vai muito além de se ganhar mais dinheiro: garantirá que você não seja passado para trás, substituído por um robô. Se você acha que isso é um exagero, vai um alerta para você:

> Se o seu trabalho consiste em fazer a mesma coisa, todos os dias, você tem grandes chances de não ter um emprego em um futuro próximo.

O negócio é tão perigoso (e real), que já se fala em uma Renda Básica Universal, para que as pessoas cujos cargos se tornarão obsoletos e fatalmente perderão os seus empregos tenham uma vida minimamente digna que seja.

Quando a gente fala assim, parece que vêm à mente aqueles trabalhos de linha de montagem, né? Tipo no filme *Tempos Modernos*, de Charlie Chaplin, lembra? E falar de "robô" remete a um humanoide ou a um braço mecânico, e como não os vemos com tanta frequência por aí, negligenciamos as suas reais ameaças aos nossos empregos.

Outro jeito de não dar bola para o assunto é categorizá-lo como mais algum daqueles exercícios de futurologia, em que alguns engraçadinhos brincam de adivinhar o futuro — e, inevitavelmente, um ou outro acaba acertando.

Mas o buraco é muito mais embaixo, e esse problema *já está acontecendo*. A automação e a inteligência artificial estão vindo como um rolo compressor sobre milhões de empregos, desde os mais óbvios, como linhas de montagem de veículos e postos de atendimento ao cliente, chegando a funções até então ditas inerentemente como "humanas": carteiro, motorista (até piloto de avião, na verdade), agricultor, atendentes, recepcionista, anestesista, contador, analista financeiro... Esse movimento de automatização foi incrivelmente acelerado pela ocasião da pandemia do coronavírus de 2020, em que as pessoas tiveram que praticar o distanciamento social e trabalhar de suas casas.

Se você trabalha em alguma dessas funções que vimos há pouco, não se desespere. Mas também *não se acomode*, qualquer que seja a sua profissão. É meio clichê dizer que o mundo está mudando a uma velocidade nunca antes vista na história da humanidade. Mas é também verdade que, no meio do furacão, não nos damos conta e podemos ficar para trás.

Até os costumes e valores mudam. Até há pouco tempo, estar empregado por décadas em uma mesma empresa era sinal de sucesso, não é? Essa tradição é contemporânea à indispensabilidade dos cursos de datilografia para o ingresso no mercado de trabalho (*os mais antigos, como eu, se lembrarão*).

Acontece que, na maioria dos casos assim, há uma *estagnação profissional*, a pessoa deixa de procurar evoluir em seus conhecimentos e habilidades. Não é que a pessoa aprimorou sua capacidade ao longo dos anos dentro dos cargos, das responsabilidades e dos níveis hierárquicos dentro da empresa. Costumeiramente, ela ficou fazendo a mesmíssima coisa por lá, por décadas e décadas a fio.

Essa parte da estagnação valeria um livro inteiro, de tão importante que é. Não tem problema se o seu cargo é mal remunerado, se você trabalha em um trabalho manual e com tarefas repetitivas. Cada um de nós está em uma fase da vida profissional, está tudo certo. O problema é você fazer isso *para sempre*. Permita-me deixar isso mais claro: *você vai ficar sem emprego no futuro!* É melhor começar a mudar o seu destino profissional hoje, quando tudo está bem, do que não ter opções de renda (e chance de reagir a tempo) muito em breve.

Do outro lado, o Fórum Econômico Mundial elencou[26] os chamados "Empregos do Futuro", que incluem desde cuidados com a saúde humana (certamente preferiremos outro humano conosco, nos tocando e cuidando da nossa saúde, à frieza das máquinas), assim como profissionais de dados e inteligência artificial, programação, economia verde, gestão de pessoas, desenvolvimento de produtos, vendas, marketing e geração de conteúdo.

Ou seja, meu amigo: ***alerta vermelho***!

> Se você não precisa pensar ou ser criativo para exercer o seu trabalho, uma máquina será (ou já é) mais barata e eficiente do que você!

Trabalhar por amor ou amar o trabalho?

O nosso próximo dilema é *onde* trabalhar para se ganhar mais dinheiro? Em que profissão ou mercado atuar?

Muito se tem *glamourizado* o mantra do "*trabalhe no que você ama*", e posso dizer que tenho a honra de ter encontrado um propósito genuíno de vida no meu trabalho. Mas a vida não costuma ser tão *fofinha* assim. Fui mudar de profissão e descobrir o que eu realmente gostava de fazer somente depois de quinze anos de vida profissional. Aliás, trabalhei muitos anos sem nem ao menos me dar conta do que não gostava. *Afinal, como poderia ser concebível alguém não gostar de ter o próprio negócio*?

Mas vamos facilitar as coisas. Se por um lado é difícil vislumbrar qual a sua verdadeira vocação, existe uma descoberta bem mais óbvia (e igualmente valorosa): saber do que ***não se gosta*** de fazer.

Aqui na minha cidade, muitas pessoas que cursam a escola técnica já emendam a faculdade de Telecomunicações na sequência dos estudos. Eu estava indo pelo mesmo caminho. Mas, para a minha sorte, tive a matéria de *Teleco* ainda na ETE. E ela me foi incrivelmente útil: para saber que eu simplesmente *detesto* essa *bodega*. Imagina se eu deixasse para descobrir isso, digamos, no meio do curso de Engenharia? Sempre é possível mudar, mas o custo e os riscos aumentam conforme postergamos essa decisão.

É realmente trivial e gritante quando nos deparamos com algo que realmente detestamos. Mas aqui vai um *porém* e alerta para as gerações mais novas, que acabam sendo mais responsivas e imediatistas: o único jeito de saber do que você realmente mais gosta é **explorando as possibilidades**.

Não me refiro a insistir em algo que te embrulhe o estômago. Mas é simplesmente impossível chegar ao seu amor profissional se você não dá uma chance, se desiste na primeira amargura que o ofício te oferece.

O mundo não é um conto de fadas, e toda área do conhecimento tem cargos diversos para se explorar (é possível amar e odiar duas funções diferentes dentro da *mesma* área)! E vamos combinar, né, meu amigo: dias ruins fazem parte de qualquer ofício. Existem clientes e patrões que são um pé no saco, dias em que nada dá certo...

Se você tem a dádiva de Deus de ter nascido com um dom, seja muito grato a Ele. Tem gente que realmente parece que "*nasceu para aquilo*", né? Tipo um cantor talentoso, um artista plástico... Infelizmente, eu (e a maioria das pessoas) não vim com um carimbo ou manual de instruções dizendo no que sou bom em fazer. Tristemente, não tive essa sorte.

Eu não tinha ideia sobre em que poderia trabalhar. Gosto de ler e escrever, de conversar com as pessoas, mas tinha facilidade com matemática e programação. *Já viu um bicho mais doido?* Meu medo era nunca dar em nada na vida, sabe? Ser tipo um pato. Nada, voa e anda, mas não faz nada com excelência.

O negócio então é se descobrir, vivenciar experiências e dar tempo para ver no que dá. Não é fácil, dá trabalho. Mas, falando por experiência própria, não há nada mais prazeroso do que ter um propósito de vida em suas atividades diárias.

Não me refiro a mudar o mundo ou descobrir a cura para a aids. Assim fica difícil, não se cobre demais. Tudo se resume em procurar *ser feliz* no que se faz, encontrar um propósito, em vez de trabalhar *apenas* pelo dinheiro. Você pode encontrar satisfação profissional ao gerar valor para seus clientes, seu patrão, ter prazer no próprio ato de construir o seu trabalho — e, claro, ter orgulho de um trabalho bem-feito lá na frente, quando finalizá-lo.

Porque senão, meu amigo.... Imagine cinquenta anos de trabalho, toda semana rezando para chegar no "*sextou*". Isso se você aguentar chegar até lá...

Dois dias de prazer para cinco de tortura, mais de 70% da sua vida na desolação? Aí, mesmo com dinheiro no bolso, a vida fica miserável (no sentido mais extenso da palavra).

Ok, é fantástico quando você ama o que faz, mas isso não basta para o seu sucesso profissional. *Viu como é realmente difícil ganhar dinheiro?*

Porque, se você faz o que ama, mas não ganha dinheiro com isso, pode aprender até a *desgostar* da *parada*, ou ser *obrigado* a trabalhar naquilo de que você *não* gosta só por causa do *cascalho*.

Evidente que quem ama o que faz se supera, entrega, por meio de seu trabalho, algo que pouquíssimos profissionais estariam dispostos a fazer. Mas o mercado vive em uma realidade às vezes alheia a isso, impulsionado basicamente pelas forças de oferta e demanda.

Exemplifico: de nada adianta você ser o dentista mais sensacional de todos, aquele que remove os dentes com o maior primor do universo cósmico... se existem dez outros odontólogos por metro quadrado na sua cidade, configurando um verdadeiro leilão reverso de preço para a extração dentária. Como esse procedimento costuma ser muito barato, você não pode dedicar muito mais tempo a essa tarefa do que seus concorrentes, caso contrário, a sua hora de trabalho ficará muito cara, e você incorrerá em dois perigos: ou aumenta o preço (podendo não ser competitivo e ficar sem clientes) ou ficará sem dinheiro no bolso, mesmo cobrando igual aos outros, mas gastando o dobro do tempo. Veja, então, que tão eficiente quanto trabalhar no que se gosta é atuar em um *mercado que dá dinheiro* para você.

Não sei se arrancar dentes não dá dinheiro, efetivamente, em todo lugar, mas muitos dentistas têm procurado se diferenciar oferecendo tratamentos estéticos — afinal, as pessoas parecem se importar mais (*leia aqui **gastar mais dinheiro**!*) com as aparências do que com a saúde.

Empreender ou não empreender, eis a questão!

Se você for procurar na lista dos mais ricos da revista *Forbes*, não encontrará nenhum funcionário por lá. São todos grandes empresários. As pessoas mais ricas que conheço também têm o seu próprio negócio.

Poderíamos cravar, então, que não há riqueza com carteira assinada? Felizmente, não é bem assim. Mas eu diria que o seu talento ou a especificidade da sua função precisa ser **muito maior** do que as habilidades necessárias para um empresário comum.

Existem muitos funcionários que ganham muito dinheiro, como grandes executivos, jogadores de futebol, artistas de TV. Eu diria que essas pessoas são extraordinárias, excepcionais naquilo que fazem.

Do outro lado, talvez possamos dizer que você não precisa ser tão brilhante assim para ter sucesso em um pequeno negócio. Também, pudera: ao contrário de um funcionário, um empreendedor aloca o seu trabalho e *também* o seu suado dinheiro para fazer a economia girar, criando empregos e gerando impostos. Financeiramente falando, o **risco** de criar e se gerir um negócio é muito maior do que o de estar empregado.

E é nesse ponto que quero chegar: a maior chance que você pode ter de ficar rico é, de fato, empreendendo. Mas isso não se configura na sua *única* chance de ficar rico. É totalmente possível a construção de riqueza trabalhando para alguém, só costuma demorar mais tempo.

E é justamente nesse acelerador de tempo na construção de riqueza que mora o maior perigo do empreendedorismo: definitivamente, os riscos **não são** adequados a **todas** as pessoas.

Existe um verdadeiro fascínio sobre o "*charme*" de se empreender. Não me refiro à nobreza e ao mérito da função. Em nome do lucro, os empresários são os *únicos* responsáveis por toda a pujança da economia de um país. Afinal, nunca ouvi falar que governos produzam PIB algum, somente burocracia.

Do que poucos costumam falar é das **dificuldades** e do enorme risco de se empreender, sobretudo no Brasil. Em economias prósperas pelo mundo, o que se vê é o total estímulo dos entes públicos ao setor privado, de tão óbvia que é a sua relação de dependência dos tributos e empregos que são gerados pelas empresas.

Por aqui, em *terras bananais*, o jogo é outro, meu amigo! A sociedade demoniza o empresário, embora lute por empregos gerados pelo empresário *malvadão, olha que coisa*. O governo destrói a riqueza dos empresários e dos trabalhadores por meio da alta carga tributária, da burocracia e da orgia das leis tributárias, trabalhistas e tantas outras que sufocam o empresário de boa índole — afinal, aqueles que não cumprem a lei continuam impunes.

Falemos a verdade: *o sonho de muita gente é meter o pé na bunda do chefe mala sem alça, né? É o seu também?* Trabalhar por conta própria, em seu negócio, sem dor de cabeça. *Será?*

Bom, que tem um monte de patrões intragáveis e tóxicos por aí, disso não temos dúvidas. Mas não pense você que um cliente terá mais trato do que seu antigo chefe. O seu patrão não pode (*ou não deveria*) ofendê-lo, assediá-lo, dizer palavrões, exceder o seu limite. Mas quando *você* é o patrão, infelizmente não pode contar com nenhum tipo de legislação para protegê-lo dos excessos de um cliente.

Também não há força de lei que te obrigue a respeitar (e ganhar por) feriados, trabalhar somente oito horas por dia. Principalmente no começo de um negócio, o empresário costuma trabalhar muito mais do que um funcionário. E está certo mesmo: geralmente a empreitada ainda não dá lucro, às vezes nem tem receita. O jogo de começar um negócio é o de **descoberta**, racionalizar o que o cliente mais gosta e otimizar para que a oferta atenda aos seus anseios.

E como esse ajuste costuma demorar, é fundamental que você troque **dinheiro** pelo seu **tempo**. Começar grande em um negócio que não se domina é receita certa para o fracasso. Se pedir dinheiro emprestado no banco para começar, aí já começa perdendo duas vezes.

Existe uma questão que chamo de "*falsa liberdade*" de ter um negócio próprio: você pode trabalhar onde e quando quiser, mas tem serviço para trinta horas no dia, fácil, fácil. Se dispensar o cliente pé no saco, pode ficar sem dinheiro para as contas do mês. É, meu amigo... Não tem liberdade que resista à força dos boletos.

Depois de alguns negócios criados, cheguei a uma conclusão: iniciar uma empresa é um exercício de *sobrevivência*. O início da jornada no empreendedorismo não tem como objetivo ganhar dinheiro, por mais contraditório que possa parecer. Salvo raras exceções, é bem difícil abrir um negócio e já ficar com o bolso cheio.

O objetivo inicial é o *aprendizado*. Manter-se vivo no jogo até que você e sua empresa *aprendam* a entregar a melhor oferta para o cliente, na extensão do mix de marketing mesmo: preço, produto, praça e promoção. E ficar aprendendo com poucas receitas (ou nenhuma), com contas, fornecedores e funcionários para pagar, você já sabe onde vai dar: uma hora o dinheiro acaba. E não raras vezes, a grana que se vai é aquela que foi economizada *por toda uma vida*. No extremo, é possível perder até mais, deixando muitas dívidas para trás.

Veja bem, não quero desanimar você de empreender, afinal, seria uma hipocrisia da minha parte. Tudo o que tenho na minha vida, em patrimônio financeiro, devo aos meus negócios. Aliás, vai além disso: os ensinamentos mais importantes da minha vida não vieram da faculdade, mas da prática nas minhas empresas.

O que eu não quero é que você se iluda com esse oba-oba de empreender *sem planejamento*. Que você não caia nessa de analisar parcialmente as características de outros empreendedores de sucesso, como ser arrojado, dinâmico, com apetite ao risco... Isso definitivamente não conta a história inteira: implacavelmente, a maioria das pessoas que arrisca demais vai para a vala financeira.

Figura 16 — Cuidado por onde andas. Por Ricardo Amaral.

Todas as pessoas que tentaram escalar o Everest gostavam de correr riscos. Com muita tristeza, esse era exatamente o perfil de vários escaladores que não conseguiram voltar e hoje descansam eternamente na montanha.

Cuidado para não cair no chamado *viés de sobrevivência* do empreendedorismo: não basta olhar só aqueles que venceram em seus próprios negócios e ignorar a imensa maioria dos que saíram derrotados.

Tem uma história *bacanuda* disso aí. Durante a Segunda Guerra Mundial, os engenheiros norte-americanos analisavam os aviões que voltavam a salvo dos combates. Digamos que essa foi a distribuição comum dos tiros recebidos pelos aviões entre aqueles que retornam de combate:

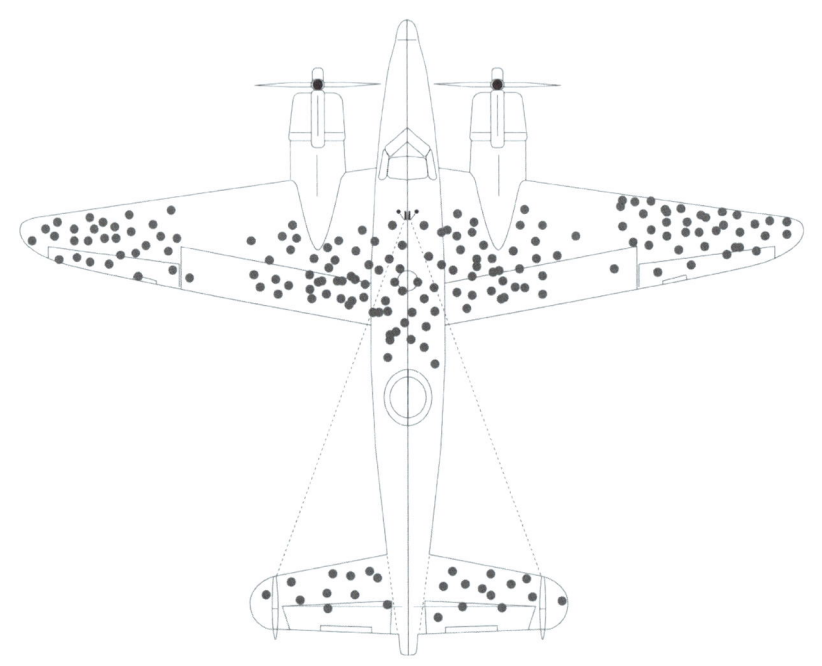

Figura 17 — Alvo voador. Adaptado de McGeddon, via Wikimedia Commons.

Em que áreas do avião você colocaria um reforço extra, de modo a oferecer maior confiança nos voos? Nos pontos em destaque, né?

Óbvio (*que não! Ié, ié*)!

Foi isso que os gringos fizeram, sem sucesso. Na verdade, os pontos pretos se mostraram como sendo as partes *mais fortes* dos aviões, já que estes conseguiram voltar para casa, né? Pensando nisso, o matemático e estatístico Abraham Wald implementou[27] com sucesso um reforço nas áreas em que os aviões que regressavam **não** eram atingidos.

Conclusão psicológica, meu *Amigo Dinheirudo*:

> Faz mais sentido deixar de analisar o que os empresários de sucesso têm em comum para focar em não replicar aquilo em que a imensa maioria que fracassa ERRA ao empreender.

Então, já que a ideia no começo de um negócio é aprender... Aprenda pequeno, erre rápido!

Faça pequenos testes, como no mundo das startups, que são empresas nascentes com grande escalabilidade: crie o seu MVP, sigla para **Produto Mínimo Viável** em inglês. Gaste e desenvolva o mínimo possível, com o único objetivo de **verificar** se o produto tem demanda e atende às dores do seu cliente. Uma vez confirmada a sua hipótese, evolua o seu negócio em passos incrementais. Não dê um passo maior do que a perna, não seja otimista demais nas suas previsões e planos de negócios!

Um erro muito comum que vejo é as pessoas colocarem as suas preferências, os seus desejos e necessidades, na frente daquelas de seus clientes. Sem julgamentos, vamos olhar apenas a questão mercadológica da coisa. Sabe quando a gente encontra na rua uma pessoa vulnerável vendendo amendoins? O que passa na cabeça daquela pessoa: "*O que pode ser mais valioso no mundo do que comida? Claro que as pessoas vão querer!*" Esse vendedor de amendoins não racionaliza que as pessoas na rua, ao contrário dele próprio, podem perfeitamente estar com a barriga cheia.

Lembre-se dos novos cantores sertanejos em suas músicas, que falam de realidades de orçamento e casa apertados. Presumo que isso não seja, digamos, tão condizente assim com a realidade deles. Mas eles estão certos: *você faz o produto para o seu cliente, não para você mesmo!*

Você já deve ter ouvido esta também de algum comerciante: *meu produto é o melhor da região!* Comum também entre os artistas: *esta é a minha arte, não posso mudar por causa dos outros* (mesmo com ninguém comprando, gostando ou que eu esteja fazendo alguma coisa para mudar essa percepção).

> **Quem dita *qualidade* é o *cliente*, não a gente!**

Claro que devemos nos sentir realizados no ofício do nosso trabalho, mas o objetivo final de qualquer negócio é *servir*. Muitas pessoas se esquecem de que essa é a origem da palavra *serviço*. *Ego não enche barriga. CNPJ não tem ego, tem contas a pagar.*

Seja humilde, ouça genuinamente o seu cliente. Valorize o cara que te fornece um *feedback* sincero sobre os seus serviços, porque ele está te dando, na verdade, uma **segunda chance** de acertar! Agradeça a oportunidade de corrigir, pois, geralmente, cliente insatisfeito vai embora e você nem fica sabendo onde errou.

Por fim, para não errar sobre o mercado em que empreender — ou atuar como funcionário —, deixo este diagrama para você pensar:

Figura 18 — Encontre o seu nicho, bicho! Por William Ribeiro.

A interseção dessas três descobertas traz um ótimo foco em que você atuar, e outro *insight* que o mundo das startups nos traz é a ideia de se trabalhar em *nichos*. Não adianta: quem faz de tudo nunca é bom em nada. Por exemplo, nós temos o *mercado* fitness. Abaixo dele, existe o *segmento* de academias. Descendo mais um degrau, temos o *nicho* de academias para mulheres.

Qual a vantagem de se trabalhar assim? *Especialização*. Lembra-se de que falamos que, quanto mais especial, mais raro você ou sua empresa forem, mais ganharão dinheiro? *Bingo*!

Uma academia específica para mulheres é excepcional em oferecer valor a elas. Sabe exatamente os gostos, as necessidades e preferências. Na hora de escolher, é muito provável que elas escolham essa academia específica em detrimento das demais. Exatamente como você prefere ver um cardiologista quando sente uma dor no peito. *Os especialistas são raros e ganham mais!*

Em um negócio próprio ou na escolha de uma profissão, é fundamental analisar *primeiro o mercado*, para só então verificar se tenho uma habilidade ou competência para atuar na área. Geralmente as pessoas fazem o contrário, né? *"Eu gosto ou sou bom nisso. Depois vemos a questão do dinheiro!"*

Não deixe para pensar sobre se a sua profissão dá dinheiro só depois de se formar, até porque pode ser que ela nem exista ao término dos seus estudos. Aliás, será que...

Faculdade vale a pena?

Como a gente falou momentos antes por aqui, uma das coisas mais difíceis de toda uma vida é descobrir uma aptidão, um propósito ou no que você mais gosta de trabalhar. Imagine, então, ser **obrigado** a tomar essa decisão, sem qualquer experiência profissional, aos 18 anos de idade, ao fim do ensino médio.

É cruel. Estudo nenhum é de todo perdido, mas imagine um dentista descobrir que não gosta de dentes cinco anos — e muitos milhares de reais — depois.

Como qualquer questão em Educação Financeira, não há decisão binária aqui, se faculdade vale a pena mesmo ou não. Eu gostaria apenas de pontuar algumas questões para você considerar.

O estudo formal tem inúmeros defeitos. O primeiro deles tem a ver justamente com essa palavra, "formal", de *forma* mesmo. Você será obrigado a se comportar, a não se expressar ou contestar. Serão exigidas as *mesmas* habilidades de todos os alunos, sem nenhum respeito aos talentos e à individualidade de quem (e como essa pessoa) aprende.

Há uma tentativa de transmissão de conhecimento em forma de linha de produção: um único facilitador (o professor) passa o conhecimento "em massa", de uma só vez e de forma homogênea para todos. Algumas vezes, o professor dá a mesma aula há décadas, em total contramão à velocidade de mudança que estamos experimentando. Se quer saber, nem o nosso cérebro é o mesmo da época em que o professor preparou a aula. Eu mesmo quero morrer quando tenho que ficar sentado, sem mexer em nada ou conversar. Minha solidariedade vai aos professores atuais, na tentativa de fazer os alunos ficarem quietos e longe dos telefones celulares.

Aos alunos, é imperativo que cheguem no mesmo horário, que não conversem entre si, que tenham assiduidade e que decorem o conteúdo para passar na prova. Lembra-se de que falamos que o sinônimo de sucesso das gerações anteriores era uma carteira assinada em uma empresa? Pois é, esse é o modelo padrão do aluno que sai da faculdade: perito em obedecer regras, hierarquias. Pensamento crítico, diferenciação e contestação não foram características estimuladas e valorizadas dentro do ambiente de sala de aula.

Portanto, ao sair da faculdade, o aluno *estaria* pronto para ser empregado. Veja que eu usei o termo "estaria", porque o mercado de trabalho não funciona mais no ritmo da sala de aula: ele é dinâmico e exige cada vez mais das habilidades individuais, ao contrário da generalização praticada no meio acadêmico.

Existem professores de empreendedorismo que nunca tiveram uma empresa. Também outros docentes que nunca pisaram em um ambiente empresarial, mas teorizam sobre o mundo real sobre o qual nem sequer têm vivência. Não sei você, mas, para mim, a teoria sem prática é vazia.

Claro que há uma generalização da minha parte aqui, já tive professores fantásticos e existem faculdades que se adaptaram melhor às necessidades do mercado de trabalho, oferecendo aos alunos experiências práticas, imersivas e individuais no decorrer do curso. Mas o cenário padrão é esse aí mesmo que você está vendo.

Veja que ainda não cheguei na conclusão (e nem vou cravar) de que faculdade não vale a pena. Meu objetivo aqui é apenas mostrar para você que, sim, existe um caminho a ser seguido, muitas vezes com absoluto sucesso, mesmo sem ter cursado uma faculdade. Quero dizer a você que não tem dinheiro ou que não pôde prover um ensino superior ao seu filho que não se cobre demais. Para empreender em seu próprio negócio, a faculdade não é premissa básica — em alguns casos extremos, a faculdade pode é mesmo destruir os sentimentos de diferenciação e especialização que a pessoa pode um dia ter construído na vida.

Mas o mundo real vai além do preto e branco. Muitas empresas, infelizmente, ainda exigem o tal diploma universitário e têm programas de cargos e salários atrelados ao ensino formal, em vez de às habilidades e competências. Triste, mas isso está mudando. Para algumas profissões, como na área de saúde, um diploma não só é legalmente exigido, como sempre deve ser requerido para o exercício da profissão.

Mas depois de ter cursado escola técnica, engenharia e um MBA, vejo alguns pontos interessantes que os estudos formais trouxeram para mim. O primeiro deles é a organização dos estudos, com um facilitador (o professor) e a rotina de estudos que nos é demandada, como alunos. Quantas e quantas noites passei em claro estudando, tomando pó de guaraná para permanecer acordado...

Quando entrei para a faculdade de Engenharia, eu já empreendia. Posso te dizer, sem dúvidas, que eu não teria a mesma rotina de estudos por conta própria, considerando a rotina da empresa.

Meu amigo, faculdade pode ou não ser a melhor escolha para você. Mas os *estudos* têm de vir de algum lugar, *ninguém progride sem estudar.* Embora não tenha o monopólio do conhecimento, a faculdade ajuda bastante por deixar o conteúdo "mastigado" em matérias, capítulos... Além do fato de que estudar com uma turma costuma ser mais animador do que virar noites sozinho em casa. Você ajuda e compete com outros alunos, o que contribui muito para manter a motivação e não abandonar os estudos.

Além disso, a faculdade tem o efeito interessante da "aleatoriedade" das matérias e temas envolvidos. E é uma faca de dois (le)gumes. Você pode pensar: "*Para que raios vou usar na vida uma integral, ou calcular a velocidade de colisão das partículas?*" Mas também, neste exato momento, do outro lado da sala, pode estar nascendo um físico ou um professor universitário. Se dependesse da vontade e escolha próprias, talvez esse aluno nunca tivesse tido a iniciativa de estudar esses assuntos, digamos, pretensamente bizarros.

A faculdade de Engenharia costuma ser bastante valorizada por estimular o pensamento crítico e "holístico" dos problemas. Basicamente serve para isso, para resolver problemas. Certa vez, com a cabeça fervendo e o quadro negro cheio de fórmulas, perguntei ao então professor se de fato usaríamos aqueles cálculos malucos na prática. Ele me respondeu assim: "*Usar, usar mesmo... Não vai. Mas pelo menos vocês ficam mais espertos!*" Ele ficou bravo comigo depois que contestei o porquê de não resolvermos alguns Sudokus ou palavras cruzadas, em vez das integrais e derivadas. Certamente seria mais divertido, mas, tal como no mundo antigo, com suas carreiras profissionais de décadas, a ideia seria prontamente cortada na raiz. *Onde é que já se viu trabalhar ou estudar se divertindo?*

As faculdades de Engenharia costumam ser bem generalistas, assim como os cursos de Administração. E este seria o meu conselho para quem realmente deseja fazer uma faculdade e não sabe "*o que vai ser quando crescer*". Acredito que as faculdades de Engenharia e Administração proporcionem um vasto cardápio de profissões nas quais atuar. Até em caso extremo, se não gostar de absolutamente nada, servirão para a sua vida pessoal. Cuidado só para não ser enquadrado (*ficar quadrado mesmo*) ao ser formado (*ficar dentro de uma forma*). O mundo real é muito mais complexo, e as suas possibilidades são muito maiores do que os limites das paredes de uma sala de aula.

5

COMO INVESTIR O SEU DINHEIRO

Como multiplicar seu patrimônio e fazer o dinheiro trabalhar para você.

ATENÇÃO

Este livro foi produzido antes da proposta de Reforma Tributária entregue ao congresso em 2021. Podem ter ocorrido mudanças nas alíquotas de impostos.

ACESSE O QR CODE PARA VERIFICAR AS ATUALIZAÇÕES:

Investir significa postergar o prazer de gastar, e isso em prol de um futuro melhor para você e para sua família. Significa entender que, embora tenhamos que aproveitar o dia de hoje, costumamos viver **bem mais** tempo do que somente o dia de amanhã.

Investir é plantar uma sementinha da árvore de dinheiro e deixá-la germinar e crescer ao seu tempo. Tudo para que você possa colher os frutos em um momento de fome, de impossibilidade de plantar ou colher (seja por uma estiagem ou por você se sentir fisicamente incapacitado mesmo).

O investimento é um ato de *previdência* e sabedoria: o futuro é tão incerto, que não podemos delegar a segurança financeira da nossa família ao luxo de depender de uma única receita, do salário do mês, das maluquices políticas do nosso país ou da aposentadoria do governo — se é que existirá alguma no futuro. Graças aos investimentos, você pode chegar a uma quantia de dinheiro acumulado (digamos, R$1.000.000), em bem menos tempo.

Como eu gosto de fazer, vamos à prática! Digamos que você tenha R$1.000 por mês para investir. Para chegar a R$1.000.000, acumulando dinheiro debaixo do seu colchão, a conta é fácil: são necessários 1.000 meses, também conhecido como 83 anos, para você se tornar um milionário. Se você tiver o dom de estar vivo até lá, outra coisa certamente não terá a mesma sorte: o *poder de compra* da sua moeda. A *inflação* terá destruído quase que a totalidade dessa grana em tanto tempo de depreciação monetária. Esse é um desafio inclusive quando não se deixa o dinheiro parado, ou seja, a inflação é a inimiga a ser batida mesmo quando estamos investindo. Falarei mais disso daqui a pouco.

Mas voltemos ao nosso sonho do milhão. Guardando os mesmos R$1.000 em um investimento com taxa mensal de 0,5% ao mês, você chega aos mesmos R$1.000.000, só que em 30 anos! Sim, meu amigo, o ato de investir lhe proporcionou uma *aceleração de 53 anos* na multiplicação do seu patrimônio!

O gráfico a seguir mostra a diferença de valores acumulados nesses 360 meses. Repare na quantia de dinheiro que é gerada somente pela decisão de não deixá-lo debaixo do colchão do quarto.

Figura 19 — Investimento é um acelerador de tempo! Por William Ribeiro.

A mágica da coisa acontece graças aos chamados *juros compostos*, aquele mesmo conceito que a escola não nos ensinou direito para que serve. Quanto mais dinheiro e tempo você tiver acumulado, maior será o efeito, ou seja, o descolamento entre o valor efetivamente aportado e a mágica dos juros compostos agindo sobre o seu patrimônio.

Ainda sobre o gráfico, repare que até o mês 70 (quase 6 anos após o começo), a diferença entre o valor efetivamente aportado e aquele acumulado por meio dos investimentos era mínima. Teríamos feito aportes que somavam R$70 mil, e o montante acumulado, potencializado pelos investimentos, estaria em "apenas" R$83.566,11. Seis anos investidos para pouco mais de R$13.500 de rendimento.

Mas note o que acontece a partir do próprio mês 70. Conforme o tempo passa, a curva inclina, e o real efeito dos juros compostos começa, de fato, a aparecer. Até que, no final dos 360 meses, em vez de termos R$360 mil, teremos R$1.000.000, graças ao poder dos investimentos.

Esse gráfico é realmente uma aula de finanças pessoais e comportamento. Podemos tirar várias conclusões a partir dele:

- O tempo premia aqueles que são pacientes.
- Você precisa arrumar um jeito de poupar, o quanto mais você conseguir, para potencializar o efeito dos juros compostos. Se você arrumar um jeito de poupar R$2 mil por mês, terá o mesmo milhão, mas em *21 anos*, em vez de em 30. Eu sei que você pode estar pensando que não é fácil ter esse dinheiro sobrando. Por esse mesmo motivo, o capítulo sobre investimento vem *depois* daqueles sobre como ganhar e economizar dinheiro. Se esse é o seu problema atual, concentre-se em tais capítulos!

  Mas se você focar em não se acomodar profissionalmente, é natural que as suas receitas aumentem com o passar do tempo, e você poderá, então, engordar os seus aportes mensais — desde que não fique aumentando seu padrão de vida indefinidamente, claro.

- Você também pode acelerar o crescimento do seu patrimônio aumentando a rentabilidade dos seus investimentos, que arbitramos aqui no exemplo como sendo de 0,5% ao mês. Mas aqui mora o perigo: os *riscos*. Vamos falar deles já já e de como conviver com eles. Mas o fato é: os juros *não estão sob seu controle*. Trabalhar mais, poupar mais, investir em você para que o valor da sua hora de trabalho aumente, isso, sim, é contigo aí, meu amigo.

Dos três pilares da Educação Financeira, investir é o ***menos*** importante. Não estou dizendo que não é necessário, afinal, uma semente (investimento) ruim pode não só não dar frutos, como também não vingar em si própria, virar pó. Escolher bons investimentos é crucial para que haja a multiplicação do seu patrimônio durante o tempo.

Mas de nada adianta pensar em investir quando se ganha um salário mínimo, que mal dá para cobrir as despesas do mês. Tampouco é possível investir um dinheiro que não foi poupado, obviamente.

Contudo, de ***muito longe***, investir é o assunto que mais chama a atenção das pessoas. A cultura do investimento para o longo prazo no Brasil é tão pouco disseminada, que alguns mitos permeiam a mente da maioria da população. Acabaremos com eles agora!

Mito 1: Investir é coisa de gente rica

Não é necessário ser rico para investir. Mas você precisa investir para ficar rico um dia, ou para, no mínimo, preservar o dinheiro que foi acumulado.

Praticamente ***todos*** os tipos de investimento que veremos mais adiante permitem que você invista valores menores do que R$100. Então podemos dizer que falta mais ***conhecimento*** e ***iniciativa*** do que dinheiro para investir, concorda?

Após terminar este livro, muito cuidado quando se tornar um investidor da Bolsa de Valores. Sua família pode achar que você virou tipo um Lobo de Wall Street. Seu cunhado pode vir pedir dinheiro emprestado. Mal sabem eles que você pode ter começado com menos de 100 contos.

Mito 2: Investir te deixará rico

Aqui é que a porca torce o rabo. Um investimento tem o total poder de te enriquecer. Mas, no curto prazo, isso só aconteceria por obra do *acaso* ou baseado em uma *enorme* carga de risco. Mudar de situação financeira de uma hora para outra ocorre com mais frequência para deixar alguém *pobre*, não rico.

O marketing dos cursos de enriquecimento rápido e de algumas corretoras explora o sonho das pessoas de acordarem ricas. *Ah, o canto da sereia do dinheiro rápido, fácil e sem riscos... Tentador demais para ser ignorado, não é?*

Funciona do mesmo jeito que o das pílulas milagrosas de emagrecimento: os comerciantes ganham dinheiro sobre o sonho e desconhecimento das pessoas, mesmo sabendo perfeitamente que não é possível ficar rico ou emagrecer rapidamente — não sem colocar a sua saúde ou seu dinheiro em perigo.

Já vai guardando aí: investimento é para *multiplicar* o dinheiro que você acumulou, no *médio e longo prazo*. Quem colocará comida na sua mesa é outra coisa, saca só.

Mito 3: "Rende tão pouco, que prefiro vender bala no farol"

Algumas pessoas que começam a ter familiaridade com investimentos mais simples acabam por desanimar ao verem a baixa rentabilidade do seu dinheiro. Existem alguns erros nesse tipo de pensamento. O primeiro é a falta de visão de longo prazo (*lembra do último gráfico?*). E tão grave quanto é confundir *investimento* com *trabalho*.

- **Investir** é usar o seu *dinheiro* para gerar mais dinheiro. Na maioria dos casos, é deixá-lo na mão de alguma instituição para que renda juros para você.

- **Trabalhar** é usar o seu *tempo* para gerar mais dinheiro. No curto prazo, *é isso* que alimentará a sua família e engordará o seu patrimônio, *não* os investimentos. Diferentemente do que pode parecer, conseguir um salário mínimo que seja, como renda proveniente dos seus investimentos, é coisa muito longe do trivial. Requer tempo ou uma carga maior de dinheiro investido. Do outro lado, essa é a quantidade de dinheiro que você consegue obter em qualquer profissão no Brasil, não importa o quão simples seja o seu ofício. Também é importante lembrar que, quanto maiores forem os seus aportes (dinheiro do seu *trabalho* que você não gastou), menos tempo levará para os juros compostos agirem e você atingir a sua independência financeira.

> Não tem certo ou errado. Não existe investimento sem trabalho. E, sem investir, você nunca poderá deixar de trabalhar. Sacou?

O último erro do desânimo em investir é não conhecer investimentos mais arrojados por medo dos riscos. Ah, os riscos...

Risco: não sei viver COM ou SEM você!

Existem dois erros embutidos na questão dos riscos: aceitá-los indiscriminadamente ou *evitá-los* dessa mesma forma.

Tudo na vida tem risco, desde assistir séries no sofá da sala (*minha hérnia que o diga*) a pular de paraquedas. A questão é entender os perigos, decidir aceitá-los (ou não) e mitigá-los. Ou seja, se não há como eliminar os riscos, o que faço para me proteger deles?

Se você ficar a todo custo tentando evitar os riscos na sua vida e nos seus investimentos, acabará ***sem nada***. Lembra da questão da acomodação? O maior ameaça ao seu dinheiro está justamente na ***zona de conforto***. E aproveito aqui para trazer alguns conceitos muito importantes do mundo dos investimentos para você entender por que deve correr ***algum*** risco ao investir.

Pensemos então: em muitos casos, investir é ***emprestar*** o seu dinheiro para alguém em troca de juros. *Licença poética aqui, tá? Daqui a pouco veremos investimentos que nem sempre se tratam de meros empréstimos.*

A pessoa ou instituição do lado de lá usará a sua grana para realizar algum empreendimento porque acredita que o retorno que irá receber superará os juros que serão devidos a você — *senão não teria sentido pegar dinheiro contigo, certo?*

Beleza, se você entender esse jogo de forças, captará exatamente por que você deve correr algum risco. Também é possível atestarmos que, se existisse um investimento 100% livre de risco, o retorno seria **zero**.

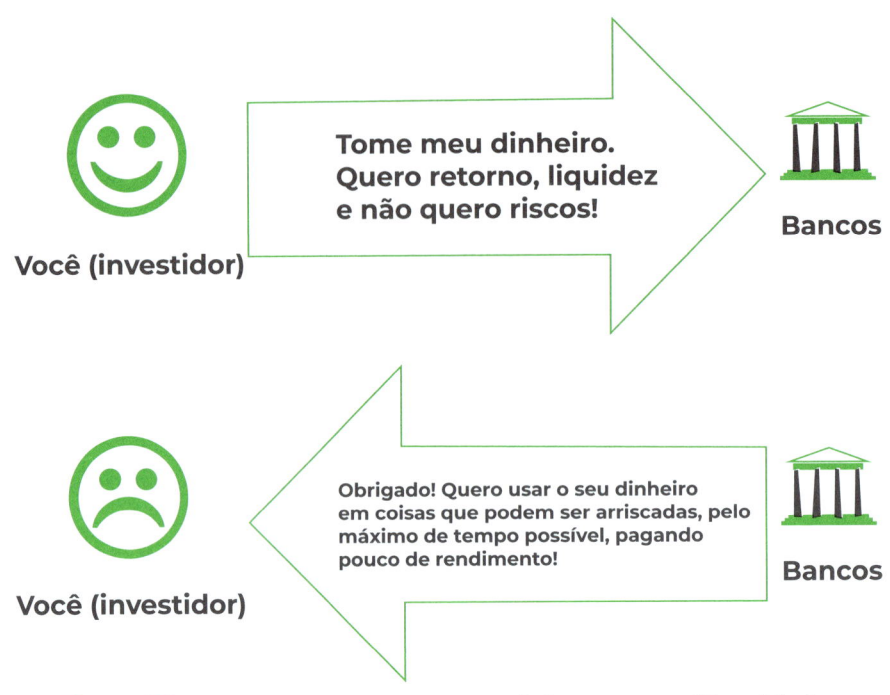

Você (investidor) → Tome meu dinheiro. Quero retorno, liquidez e não quero riscos! → **Bancos**

Você (investidor) ← Obrigado! Quero usar o seu dinheiro em coisas que podem ser arriscadas, pelo máximo de tempo possível, pagando pouco de rendimento! ← **Bancos**

Figura 20 — Você acha que pode ganhar do banco? Por William Ribeiro.

Percebe o *cabo de guerra* que é investir e que você não tem força para puxar a corda só para o seu lado?

Idealmente falando, um banco gostaria de usar a sua grana para o que lhe conviesse. De preferência, até em coisas bem arriscadas mesmo, já que o banco sabe que essa dinâmica pode gerar retornos mais *rechonchudos*. E como o dinheiro utilizado é o ***seu***, cumpre-se aqui a sabedoria popular de que *pimenta no fiofó do dinheiro dos outros é refresco*.

Completando o sonho ideal dos bancos, o mundo perfeito aconteceria se eles pudessem devolver a sua grana com prazo a perder de vista e sem lhe dever nada por isso. *Que lindo!*

Evidente que isso não é do seu interesse, não é mesmo? O mercado costuma chamar esse dilema de **trade off risco-retorno**. Mas como eu sou bem mais *zoeiro* e deveras popularesco, chamo de "*cobertor tomara--que-amanheça*" mesmo: você cobre o pé, descobre a cabeça. Lembrança de mais um dos ensinamentos de vovó: *você não pode ter tudo o que quer*. Cada escolha, uma renúncia.

- Deseja mais retorno? Corra mais riscos! Ninguém te pagará uma grana preta por você deixar o seu dinheiro na poupança.

- Quer contar com o dinheiro na hora que desejar, sem ser penalizado por isso (esse é o conceito de **liquidez**, a propósito. Já ia me esquecendo!)? Receba **menor** rentabilidade, claro, porque o banco não poderá "empacar" o seu dinheiro, por exemplo, em uma construção ou empréstimo de longo prazo a outra pessoa, se souber desse seu desejo de poder reaver a sua grana a qualquer momento.

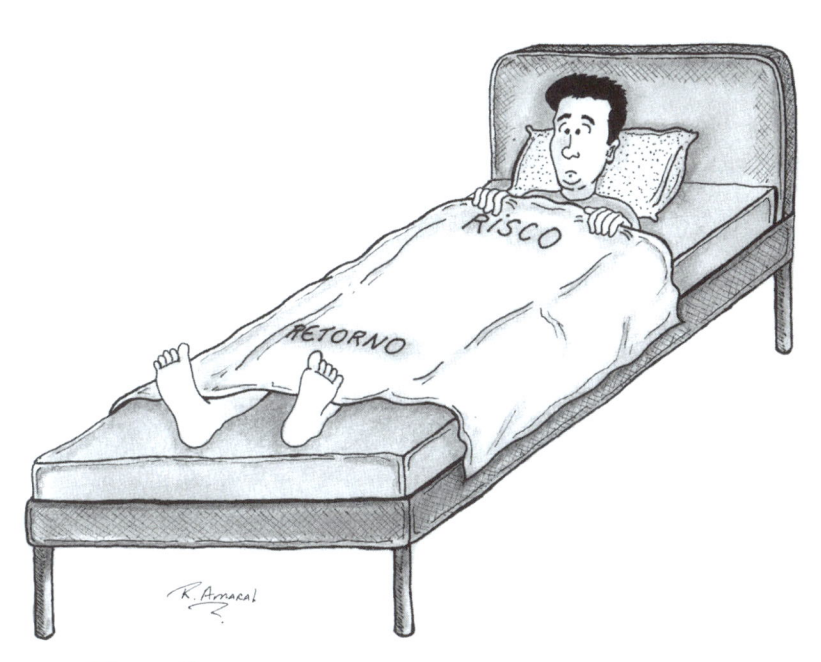

Figura 21 — Não se pode ter tudo na vida. Por Ricardo Amaral.

Sacou a dinâmica? Você precisa de liquidez e baixo risco, afinal, coisas ruins podem acontecer na vida, a qualquer momento. Mas esse tipo de investimento não pode conter **todo** o seu patrimônio, durante todo o tempo. Caso contrário, você não estará exposto aos investimentos que realmente podem impactar o seu dinheiro, e que, obviamente, têm mais riscos ou menos liquidez, c*apisce*?

Mas falar de riscos é juntar um monte de eventos inesperados e totalmente distintos na mesma caixa dos "possíveis prejuízos". Vejamos como funciona cada um deles, para quando falarmos dos investimentos em si, podermos ter condições de analisar a sua aplicação.

Risco de Crédito

Talvez seja o mais fácil de ser entendido: é o risco do calote, do vulgo "*chapéu*". É o risco de você emprestar o dinheiro para alguém e essa pessoa não pagar de volta, ou descumprir o que foi combinado com você. *Quem já emprestou dinheiro para o cunhado sabe bem como é.*

Já aprendemos que não dá para eliminar totalmente um risco, e aqui não é diferente: ninguém é 100% confiável.

Como resolver? Existem mecanismos de avaliação da saúde financeira de quem fica com o seu dinheiro, assim como alguns investimentos têm uma espécie de "seguro" contra perdas.

Risco de Mercado

Esse risco provém de você precisar se desfazer do seu investimento em um momento desfavorável para você, como no caso de uma crise financeira, instabilidades políticas (*ainda bem que no Brasil não tem isso, né?*).

Alguns investimentos simplesmente não sofrem com esse risco, funcionando mais como um contrato, com condições preestabelecidas, cujo cumprimento independe de variáveis mercadológicas e ocorrerá "*haja o que hajar*".

Para outros, no entanto, estamos totalmente dependentes do "humor" do mercado e à mercê das oscilações dos preços. A mitigação desses riscos é mais complexa, veremos mais detalhes *já já* (*fique tranquilo que não é por isso que você não vai investir*).

Risco de liquidez e carência

Dependendo do investimento, você não pode sacar o seu dinheiro *quando quiser* — o credor, que pegou o seu dinheiro, está realizando algum feito com a sua grana. Justamente por isso, pode ser oferecido mais pelo seu dinheiro, pois é o preço pago a você pelo *custo de oportunidade:* você poderia estar fazendo qualquer coisa com o seu dinheiro, mas é premiado por alocar a sua grana para essa pessoa, por um prazo específico de tempo. Desde que você mantenha as *lombrigas* em ordem por aí e aguarde o prazo de vencimento do seu investimento, tudo ocorre como o combinado.

O jeito de lidar com esse risco é bem óbvio: não coloque todo o seu dinheiro em investimentos de longo prazo. Óbvio, mas não trivial. Existem até ricos que eventualmente sofrem crises de liquidez, por exemplo, quando se precisa de dinheiro, mas grande parte do patrimônio está alocado em imóveis. O setor imobiliário é reconhecido como sendo de *baixa liquidez*: se você precisar de dinheiro de uma hora para outra, precisará oferecer um belo de um desconto a fim de atrair algum comprador de ocasião. E, ao contrário dos investimentos do mercado financeiro, você não pode fazer uma saída parcial nos imóveis. Não dá para vender só o quintal e ficar com 10% do dinheiro.

Pois é, riscos entendidos. Mas como fazemos então para *começar* a investir? Finalmente atacaremos o que te impede de iniciar no mundo dos investimentos!

Como perder o medo de investir

Muita gente me pergunta como perder o medo de investir. Acredito que o melhor caminho é investigar de onde vem esse medo, que pode ter duas explicações principais.

Medo do desconhecido

Saiba você que o medo não é um sentimento ruim. Aliás, é fundamental sentir medo. Quando racional, ele nos traz de volta ao nosso perfeito juízo — e isso é fundamental para tudo na vida. Faz ainda mais sentido no mundo dos investimentos, corroborado pelos mandamentos do Oráculo de Omaha:

> **Regra Número 1:** Nunca perca dinheiro.
> **Regra Número 2:** Não esqueça a Regra Número 1.

Na maioria das vezes em que perdi dinheiro, investindo ou empreendendo, foi porque não tive medo o suficiente do *desconhecido*.

Gosto de contar esta história: tenho um amigo que diz que o melhor investimento do mundo é a criação de vacas para vender. Ele compra os bezerros, os alimenta, cria e vende com um percentual de lucro muito maior do que o rendimento da maioria das aplicações financeiras conservadoras.

Em nossas conversas, explico que isso é viável *para ele*. Na minha mão, as pobres vaquinhas morreriam de fome. Não sei nem quanto valem, nem os valores de compra (em muitos empreendimentos como esse, um bom negócio se faz na *compra*, dado que a venda costuma ter valores mais padronizados).

Substitua aqui o mercado de vendas de vacas pelo que você preferir. Recentemente me perguntaram no *Instagram* **@dinheirocomvoce** (*me marca nos seus stories com uma foto deste livro, que eu reposto você*) o que eu achava do mercado de *kitnets*. O raciocínio é o mesmo: se por um lado existem oportunidades em todas as áreas, é cada vez mais difícil ser competitivo e diferenciado. Só ganham dinheiro aqueles que oferecem uma boa proposta de valor e soluções inovadoras — e isso requer, obviamente, muito estudo e conhecimento do mercado.

O medo, então, é crucial para te fazer ficar *fora* dos investimentos que você não conhece. Simplesmente não entre, *não invista* o fruto do seu trabalho em algo que você não domina, não detém as minúcias do negócio.

Ter medo começa a ser prejudicial quando te *impede* de agir, quando há o bloqueio até em relação a começar. Esse sentimento de se sair da zona de conforto, buscando ganhar mais dinheiro, passa por contestar essa angústia interior. E o maior remédio contra o medo atende pelo nome de *conhecimento*.

Para exterminar esse receio, basta estudar e começar aos poucos. Mas dar o primeiro passo é sempre melhor do que ficar tentando enfiar milhões de conhecimentos dentro do seu cérebro, de uma só vez, concorda?

Quer saber algo que você pode fazer, e *agora* mesmo? Abrir uma conta em uma *corretora de valores*. O processo é todo digital, facilitado e gratuito. Só de dar esse primeiro passo, você já estará à frente de milhões de brasileiros que ainda não descobriram que existe um gigante mundo novo e rentável de investimentos além das portas giratórias dos grandes bancos, e os *bancões* sabem disso. Você pode vê-los na praça da sua cidade, assisti-los nos comerciais de TV, ir tomar um café com o seu *gerentão* (embora eu não recomende) e tem a total confiança do mundo para deixar o seu dinheiro com eles. Essa segurança que os bancos nos passam, devidamente sustentada por seus sólidos balanços financeiros, resulta em investimentos que geralmente rendem *muito pouco para nós*. Lembra do "cobertor"? Menos risco resulta em menos retorno.

Pois é, acontece que existem investimentos tão seguros e muito mais rentáveis do que aqueles dos grandes bancos, disponíveis na palma da sua mão. Calma aí que a gente verá quase todos!

Aversão a Perdas

Sempre fomos acostumados a ter taxas de juros altas no Brasil. Como consequência, era comum abrir o extrato do banco e ver o seu dinheiro rendendo, mês após mês. Mal importava que grande parte desse dinheiro servia apenas para repor as desvalorizações monetárias; a inflação sempre foi *mato* por aqui. O que valia mesmo era a sensação de ver os números subindo e a segurança de não se deparar com dígitos decrescentes no saldo bancário.

Veja que, de acordo com o que aprendemos, isso não se sustenta. Segurança *mais* rentabilidade, como pode ser?

De fato, começamos a ser um país economicamente "civilizado" depois que conseguimos domar o monstro da inflação, com méritos para o único plano econômico que deu certo por estas bandas, o nosso Plano Real.

Como resultado de uma moeda mais forte e controle inflacionário, vieram as taxas de juros mais baixas. E aquele "*barato*" que dava em nosso cérebro, de ficar sentado olhando o nosso dinheiro render sem fazermos nada... mingou e evaporou.

E esse é realmente o caminho de qualquer economia desenvolvida no planeta Terra. Se para multiplicar o dinheiro bastasse jogar a grana no banco e ficar acompanhando no sofá, quem seria louco o suficiente para *empreender* — esse sim com uma dose cavalar de riscos? Em todo mundo desenvolvido, o jogo é um só: **não tem almoço grátis**. Quer multiplicar o seu dinheiro? *Ok, bem-vindo ao mundo dos **riscos**!*

Se o Brasil realmente desejar ser um país sério, esse deve ser um caminho sem volta para nós, investidores. E é benéfico para a economia como um todo: imagina se aplicássemos o nosso dinheiro não apenas nos produtos bancários, mas diretamente na "veia da economia real", incentivando o nascimento e a expansão das empresas que aqui atuam? Não custa lembrar: são elas que geram toda a riqueza do país, empregos e impostos.

Então, caro *Amigo Dinheirudo*, se realmente continuamos acreditando que este país dará certo um dia (*morando aqui, não tem outra opção*), vislumbramos este cenário com ainda mais força: para fazer o dinheiro render, todos teremos que **aprender a investir direito**. Conviver com o risco, a exemplo do que fazem muitos milhões de norte-americanos ao investir.

Além do conhecimento dessa dinâmica de risco e retorno, é preciso que você descubra o seu *perfil de investidor*. É uma generalização, mas ainda assim com serventia para que você se conheça e adeque seus investimentos ao seu comportamento pessoal.

- **Conservador**: tem calafrios só de pensar em ver o seu dinheiro oscilando.
- **Moderado**: aceita alguns riscos, equilibrando com investimentos mais seguros.
- **Arrojado**: visando obter mais retorno, conhece e aceita os investimentos mais arrojados.

Tenho várias críticas a este modelo, conhecido como *Suitability* pelo mercado financeiro. Justifico: já vi várias pessoas que se autointitulam "arrojadas" *borrarem a cueca* em uma oscilação mínima e pontual de mercado. Do outro lado, se você for conservador a sua vida inteira, já viu, né? Nada de dinheiro no bolso. Mas não estou recomendando que um cara conservador caia de cabeça em algo arriscado. Afinal, se tira a sua paz, não vale o seu dinheiro.

Se você tem aversão a riscos, pense comigo: será mesmo que, se você vir 1% ou 5% do seu patrimônio oscilar, você deixará de dormir? E se essa for a parcela do dinheiro que você não pretende utilizar em um horizonte próximo de tempo, ainda assim isso tirará o seu sono?

Longe de mim recomendar algo para você. Meu papel é apenas de provocar a reflexão, para que você não arrisque todo o seu patrimônio em algo que de fato não caiba na sua personalidade e no seu estilo de vida. Mas também para que você não fique a vida toda na ilusão de proteger absolutamente *tudo* o que possui — o que é uma falácia total, dado que não existe nada na vida que possamos controlar totalmente, nem a nós mesmos.

Como investir com lucro e paz de espírito

O primeiro passo é acumular dinheiro suficiente para fazer o seu **colchão financeiro**. Não queime etapas: se esse é o dinheiro com o qual você pretende contar para emergências, ele *tem* que ser o mais *urgente*. Economizar mais, *dar um gás* aí, *fazer uns corres* para gerar renda extra, vender um bem de valor. Você que manda! O importante é chegar nesse objetivo o mais breve possível.

Na sequência, você pode conhecer melhor os investimentos de Renda Fixa. Alguns podem render bem mais, como um benefício oferecido a você, quando você está disposto (e financeiramente preparado) para deixar a grana aplicada por um pouco mais de tempo. Mas você só pode fazer isso depois do colchão, concorda?

Investir é uma *jornada*, você vai subindo um degrau de cada vez: acaba com as dívidas, monta o seu colchão financeiro, começa a colocar o seu dinheiro em investimentos de maior prazo. A única pressa é para chegar ao seu colchão financeiro, todo o resto pode esperar.

Pois bem, quando você completar sua reserva financeira, estará apto a correr mais riscos, pois estará bem ancorado com o seu dinheiro em investimentos que não lhe trarão surpresas. Na enorme maioria dos casos, deixar **a maior parte** do seu dinheiro na renda fixa traz uma enorme paz de espírito. Mas essa alocação é bastante individual.

É fato que, pelo menos no começo da jornada do investidor, não é adequado se expor a riscos quando não se tem experiência. Também é verdadeiro que é mais fácil correr riscos no começo da vida profissional, quando eventuais prejuízos contam com mais tempo para serem recuperados ao longo da trajetória nos investimentos e na vida. Ainda assim, sempre vale contestar: se você está no começo de carreira, *será que não vale mais a pena investir em você mesmo para aumentar a sua remuneração*? Deixo a dúvida contigo aí.

Uma vez que você tenha primeiro pensado em **proteger** a maior parte do seu dinheiro, poderemos partir para o incrível mundo da **Renda Variável**, em que os lucros e prejuízos podem ser ilimitados. Quando falarmos dela, você entenderá direitinho a lógica de se investir em algo arriscado sem que o seu sono sofra as consequências. Mas ainda estamos no plano do "*o que pode dar certo*", que inclui esta pergunta aqui:

Afinal, qual é o MELHOR investimento?

Inevitavelmente, todo educador financeiro que se preze recebe esta dúvida, todos os dias de sua vida. Juro para você, até em velório eu já ouvi.

Funciona do mesmo jeito de quando explico para minha mãe que não consigo resolver o problema do *login* do site cuja senha ela esqueceu, mesmo sendo um engenheiro da computação. As pessoas querem respostas prontas, mesmo quando não as temos ou elas não existem.

> "Como pode um especialista em finanças não me indicar o 'melhor investimento'? Ou ele está escondendo e guardando essa informação só para ele, ou ele não é bom coisíssima nenhuma!"

Sei que para muita gente é doído aceitar isso, demora um tempo. *Ao ser humano não foi dado o poder de prever o futuro.* Eu *não sei* qual ação subirá, qual vai cairá — *o analista da sua corretora também não sabe, mas ele não pode dizer isso, porque é pago justamente para fazer recomendações e análises.* Alguns economistas não se cansam de fracassar em prever qual será o valor do dólar no próximo ano, mesmo errando sistematicamente. Quando algum deles acerta, vira a nova *Mãe Dináh* do mercado financeiro. É igual um truque de mágica: funciona e é mostrado uma única vez.

Desconsiderando a minha total ignorância sobre o que o futuro nos reserva, ainda assim a pergunta sobre o "melhor investimento" carece de fundamento. *"William, qual o melhor investimento/onde eu devo investir R$2 mil?"*

Ok, mas qual o seu patrimônio? Dois mil reais é o dinheiro da sua pinga ou do leite das crianças? Qual o seu perfil de investidor? Para quando precisará do dinheiro de volta? Pode correr riscos com ele?

Posso ler nas entrelinhas da pergunta sobre o melhor investimento a real intenção da pessoa: *"Diga-me qual o investimento mais rentável, que não tenha risco!"* Meus lábios não se moverão para dizer isso, mas pode ter certeza de que nessa hora eu estou pensando: *"Ahhh, se eu soubesse!"*

Sua cabeça muda quando você começa a pensar nos investimentos como *ferramentas*. Se eu perguntasse a você "Da sua caixa de ferramentas, qual a sua preferida? Certamente você me *mandaria* um "*Depende!*" Você não fica (ou pelo menos não deveria ficar) procurando por ferramentas para só *depois* inventar no que serão usadas, não é?

A analogia funciona perfeitamente para os investimentos, que são também ferramentas para ajudar a alcançar os seus *objetivos financeiros*. Estes, sim, são o que você deveria buscar prioritariamente. Por exemplo: aposentadoria, estudo dos filhos, uma aquisição (como viagem ou um carro).

O jogo de dar conselhos financeiros é totalmente desproporcional para mim. Se eu me arriscasse a indicar alguma coisa e a pessoa ganhasse dinheiro com isso, talvez eu não recebesse nem um abraço como recompensa. Do outro lado, se a pessoa perder dinheiro, a culpa será 100% minha.

Até para "desindicar" costumo dar uma bela de uma *ensaboada*. A pessoa vem me perguntar se dar *all-in* (entrar de cabeça) em uma ação de uma empresa porcaria na Bolsa é um bom negócio. Como tenho um mínimo de juízo, eu poderia dizer para essa pessoa fugir para as colinas e procurar ajuda psicológica. Mas também não faço isso. Vai que essa joça de ação *bomba* lá no futuro! Essa pessoa vai querer ver o capiroto, mas não desejará me ver nem pintado de Bitcoin na frente dela.

Todo o meu trabalho se baseia em capacitar seus conhecimentos financeiros para que *você* se torne o senhor do seu destino e, em última instância, do seu próprio dinheiro. Então, não posso e não quero indicar nada para você, a não ser que você estude. Aliás, para não deixar a pergunta sem resposta, *esse* é o melhor investimento do mundo: *investir em você*! Nada poderá render mais do que apostar em você mesmo.

Portanto, meu amigo, faça o dever de casa antes de investir. Pense nos seus objetivos e nos prazos que deseja para alcançá-los. Dividi-los em "caixinhas" diferentes pode ajudar muito a montar uma *carteira de investimentos*, um conjunto de ativos que lhe proporcionem o melhor dos mundos de cada um deles: boa rentabilidade, com proteção contra os riscos e possibilidade de liquidez.

A dinâmica dos investimentos: Selic vs. IPCA

Esta é a parte mais importante para que você entenda como funciona a remuneração dos investimentos. Também, por azar, é a mais complexa de se entender, daria facilmente para escrever outro livro só sobre isso. Mas darei uma simplificada *monstra* aqui, ensinando a você somente o que não pode deixar de ser entendido e o lado prático da coisa. Prometo que não vai doer (*embora fosse exatamente o que eu ouvia quando criança antes de uma injeção de quase arrancar o braço fora*).

Mas vamos lá: qual deveria ser a primeira remuneração que você deveria exigir antes de emprestar dinheiro para alguém? Que pelo menos a pessoa te devolva a mesma coisa que pegou emprestada, certo? Mas como já vimos que o dinheiro muda de valor durante o tempo, não adiantaria a pessoa devolver a mesma nota de R$100 que lhe foi conferida. Tem de haver pelo menos uma reposição monetária, ou seja, a pessoa precisa devolver os *cenzão* **mais** a inflação do período.

Já falamos bastante de como a inflação é um monstro na vida de um país. Para combatê-la, o governo tem uma arma bastante poderosa (para o bem e para o mal): chama-se taxa *Selic*. Funciona assim: o Banco Central tem o dever de ser o guardião do poder de compra da moeda. Então, uma vez que é detectada uma pressão inflacionária, o BC aumenta a Selic.

Vamos analisar os efeitos desse aumento. O governo é o pagador mais confiável de uma economia, certo? *Me deu um embrulho no estômago escrever isso, mas é verdade, afinal, é ele quem tem o monopólio do dinheiro, ele é o dono da "máquina de imprimir" reais.*

Beleza! Aumentando a Selic, o governo paga mais juros para você, e eu e os bancos emprestamos dinheiro para ele. Afinal, a taxa Selic é a taxa oferecida como remuneração nos títulos públicos.

Inclusive, existe uma taxa de curto prazo que os bancos utilizam para emprestar dinheiro entre si, para "fechar" seus caixas no fim do dia, que se chama *taxa CDI*, *Certificado de Depósito Interbancário*, ou taxa DI. Os bancos têm grandes depósitos de dinheiro aplicados nos títulos do governo, que acabam funcionando como uma espécie de garantia quando um banco faz empréstimo para outro. Em outras palavras, o risco desse empréstimo de curto prazo entre os bancos é, em última instância, o risco do próprio governo. E se os riscos são iguais, a gente pode considerar, em termos práticos, o CDI e a Selic como sendo *de mesmo valor*.

Quem já está acostumado com alguns **Títulos Privados** (dos bancos e financeiras) já ouviu falar que o CDI é usado para remunerar alguns desses produtos. Então, 100% do CDI, na prática, é uma vez o próprio valor da Selic.

Continuemos vendo o que acontece com a Selic subindo, pensando em um valor bem alto mesmo, para ajudar a ilustrar o nosso pensamento. Se o governo paga uma boa taxa para não fazer nada, bastando aplicar nos títulos públicos, eu pergunto: você empreenderá, correrá riscos? *Claro que não. O sofá é mais quentinho.*

Sem contar que os custos para se tomar empréstimos, para financiar a sua produção, ficarão mais caros, pelo mesmíssimo motivo do aumento da Selic: você oferece mais riscos para o banco do que o governo, obviamente. Quer contar com o dinheiro? Pague uma taxa ao banco maior do que a Selic, oras!

Então, esse efeito de Selic subindo faz com que o dinheiro deixe de rodar com tanta facilidade na economia. Se inflação é sinônimo de muita grana circulando sem o respectivo acompanhamento da capacidade produtiva, o aumento da Selic atua para frear a inflação, já que "drena" esse excesso de dinheiro em circulação. Esse é o objetivo primário do Banco Central ao aumentar a Selic, analisar o cenário inflacionário e definir os futuros rumos dessa taxa. Isso é feito por meio das reuniões periódicas do órgão do BC chamado de *COPOM, Comitê de Política Monetária*.

Só que nem tudo são flores. A Selic é um remédio amargo, afinal, onde já se viu um país próspero com economia "travada", a galera deixando de gastar? Devido à Selic no teto, o PIB do Brasil cai, os impostos despencam, e vão embora os empregos e a renda.

Então, em um cenário ideal, essa condição de Selic alta tem de ser temporária, até que a inflação deixe de ser um problema. Isso é conhecido como **ciclo contracionista** da economia.

Pois bem, consideremos que nosso governo tenha sido eficiente ao combater a inflação. Passado algum tempo, o medo deixou de ser parte do imaginário governista, e a Selic foi **zerada**, para fins extremistas aqui do nosso exemplo. O cenário será totalmente o contrário do anterior: *dinheiro farto na economia!* Afinal, se aplicar seu dinheiro nos títulos públicos ou nos bancos não rende nada, gastar não ficou tão desvantajoso assim. Ou, se você tinha o sonho de ampliar os seus negócios, financiar a casa própria ou comprar alguma coisa a prazo, nunca na história do país os financiamentos estiveram tão baratos! *Partiu gastar*! E a *torrância* de dinheiro gera aumento no PIB, mais empregos, mais renda, impostos. É o **ciclo expansionista** da economia: dá aquela impressão linda de que as coisas estão prosperando como nunca dantes vivenciado por aqui.

Só que uma hora a conta chega. Se o governo gasta demais (o que é bem tentador para se ganhar popularidade, convenhamos) ou as pessoas tiverem acesso a muito dinheiro, mas a oferta de produtos e serviços não acompanhar esse ritmo... Já viu, né: a inflação bate à sua porta novamente. *E lá vamos nós*, como já dizia a bruxa do Pica-Pau.

Criei esta figura para ajudar a entender tudo isso em uma única imagem:

Renda fixa: um cheque na sua mão

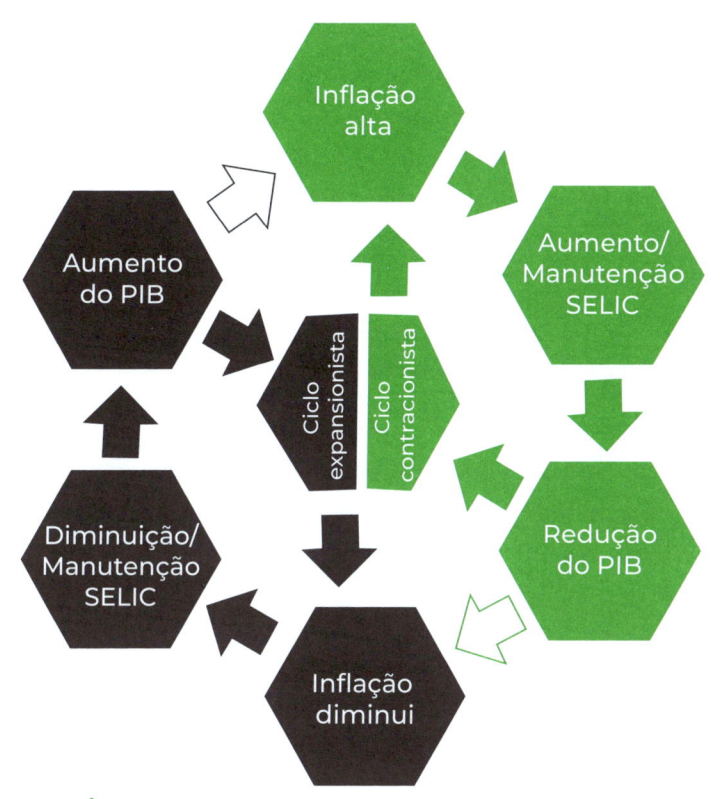

Figura 22 — Ciclos Econômicos. Por William Ribeiro.

Aproveitando que você está *craque* nessa dinâmica de inflação e Selic, emendarei para já vermos aqui uma classe de ativos muito importante para os seus investimentos: a **renda fixa**. Falaremos de vários tipos de investimentos dessa categoria mais adiante. Por ora, nos importa apenas que você saiba como ela funciona.

Você pode entender perfeitamente a renda fixa como um ***empréstimo*** que você concede a alguém. O destino pode ser uma instituição particular, e neste caso são chamados de **Títulos Privados**. Na prática, você emprestará o seu dinheiro para uma empresa, um banco ou uma financeira.

Mas o destino do seu dinheiro também pode ser o governo: neste caso você aplicará nos chamados **Títulos Públicos: Tesouro Direto**.

Para os que já eram vivos na época do uso dos cheques, a renda fixa funciona exatamente como um: a garantia de que você voltará a ver a "cara" do seu dinheiro tem tudo a ver com a reputação de quem assinou o cheque. *Confiança* é tudo quando se fala de economia: quanto menos confiável for a entidade que pega a sua grana, mais juros você exigirá receber para se aventurar nessa empreitada, concorda? Lembra do **Risco de Crédito**? Pois é, ele está totalmente presente nos investimentos de renda fixa. Felizmente, existem formas de avaliar a capacidade de pagamento do emissor do título, diminuindo (mas não eliminando!) o nosso risco de ficar sem receber.

Quando investe na renda fixa, você sabe *exatamente* quanto receberá, na data combinada, pelo direito de o credor utilizar o seu dinheiro. Ou quase isso, veja aí.

Tipos de títulos: prefixado, pós-fixado e misto

O único título de renda fixa que permite que você saiba precisamente, *em reais*, quanto resgatará no dia do seu vencimento é chamado de *título prefixado*.

Imaginemos uma situação. Digamos que eu tenha um cheque de R$1.000, mas "bom para" daqui a cinco anos. Suponhamos também que você se dispõe a comprar *no dia de hoje* esse cheque, mas com um desconto de 10% de juros anuais. Qual seria o valor justo que você deveria me oferecer por esse cheque?

Para os mais curiosos, vamos brincar um pouquinho de matemática financeira — você pode jogar esta fórmula no Excel, se desejar:

VP(0,1;5;;-1000)

O resultado dessa fórmula mostra que o *Valor Presente* (VP), ou seja, o valor do cheque no dia de hoje, é de *R$620,92*. Pois bem, o que importa para você é o seguinte: um título prefixado é um bom ou mau negócio? *Depende*.

Sabe essa taxa de 10% ao ano? Em um título prefixado, depois que você fechou o contrato comigo, não tem como mudar: te pagarei 10%, faça chuva ou faça sol. Mas e se a inflação do período for equivalente a 15% ao ano (*bata na madeira três vezes aí por favor, só para garantir*)?

Você ficou com uma "bomba" na mão: empacou o seu dinheiro por cinco anos, assistindo de camarote o coitado tomando porrada da inflação.

Veja que saber o quanto o seu dinheiro renderá não é, *necessariamente*, bom para você! O que vale, na verdade, é a rentabilidade *real*, ou seja, o quanto o seu dinheiro ganhou da inflação — característica que *não* é proporcionada por um título prefixado. Ele funciona mais como uma aposta sua contra a inflação futura, sobre a qual você não tem nenhum domínio (*nem os economistas que tentam prever o futuro, contando um segredo para você*).

Outro tipo de título disponível para que possamos investir são os *pós-fixados*. E se, em vez de prometer uma rentabilidade fixa, eu te disser que o seu dinheiro será remunerado proporcionalmente a uma taxa? Por exemplo, a Selic ou uma variação do CDI? Bom ou ruim?

Via de regra, o governo arbitra o patamar da Selic para que seja superior à inflação, a fim de pelo menos proporcionar a manutenção do poder de compra do dinheiro. Não é uma regra escrita em pedra, mas é o que faz sentido e costuma valer na prática, na maior parte do tempo.

Desta forma, quando investe o seu dinheiro em um pós-fixado, você está, de certa forma, remunerando o seu dinheiro em uma taxa que costuma superar a inflação. Diferentemente do prefixado, em que você apostou que ganharia da inflação, em um investimento pós-fixado você ganhará exatamente a variação da respectiva taxa no período do investimento. Nesta ótica, um título pós-fixado pode ser considerado *mais seguro* do que um título prefixado. E, assim sendo, é o destino mais adequado para o seu colchão financeiro! Em condições normais, não renderá maravilhas para o seu dinheiro, mas você está ganhando atributos não financeiros como *segurança* e *disponibilidade* imediata — para o colchão financeiro, é ideal que você busque um investimento com liquidez diária ou imediata.

Por último, existem os *títulos mistos*, que combinam a variação dos dois últimos tipos: têm uma parte indexada e outra prefixada no mesmo investimento. Por exemplo, você pode ter um investimento que lhe ofereça a variação do IPCA *mais* 3% ao ano. Desta forma, você "cravou" um valor adicional à inflação do período, funcionando melhor para proteger o seu dinheiro da inflação do que a proteção indireta proporcionada por um título pós-fixado.

Na prática, considere o seguinte: os investimentos pós-fixados, embora possam ser também de longo prazo, costumam oferecer maior *liquidez* do que os demais. Todo título tem um *prazo de vencimento*, sendo essas rentabilidades que comentamos aqui válidas somente se você mantiver o dinheiro até a data combinada. Se precisar vender antes, meu amigo, aí você dependerá disso aqui:

Quem tem medo da marcação a mercado?

Facilitando as coisas para você, que gosta do lado prático da coisa: *não* entre em um investimento cujo prazo não é compatível com o objetivo que você pretende realizar com aquela parte do dinheiro. Se você esperar até a data de vencimento do título (lembra do "bom para" dos cheques pré-datados?), cumprirá o contrato e ganhará exatamente o que lhe foi oferecido.

Mas se você precisar da grana antes... aí você pode ter surpresas, podendo ser boas (rendendo mais do que o combinado com você) ou até prejuízo mesmo — com você podendo sacar, eventualmente, até menos do que colocou!

Isso já é suficiente para você saber o que é a temida **marcação a mercado**, e está liberado para o "recreio" (pode seguir para o próximo tema do livro). Mas, para os curiosos, como eu, vamos explicar um pouco melhor a dinâmica. Lembrando que esse efeito da marcação a mercado acontece somente nos títulos que têm uma parcela dos ganhos prefixada.

Vamos lá (*seu curioso, hehe*)! Lembra do nosso cheque que compramos por R$620,92 e que vence em 5 anos, quando valerá R$1.000, portanto pagando 10% de juros anuais?

Vamos analisar o que acontece com ele durante os anos depois que você o comprou. Imagine que, a cada ano, os títulos disponíveis no mercado variem conforme a linha "taxa corrente" na tabela a seguir.

TAXA CORRENTE	ANOS	VALOR TEÓRICO	VALOR DE MERCADO
10%	0	R$ 620,92	R$ 620,92
30%	1	R$ 683,01	R$ 350,13
5%	2	R$ 751,31	R$ 863,84
3%	3	R$ 826,45	R$ 942,60
20%	4	R$ 909,09	R$ 833,33
-	5	R$ 1.000,00	R$ 1.000,00

No ano 1, a inflação deu uma piorada, e os títulos disponíveis no mercado começaram a pagar 30%. É razoável pensar que o seu título que oferece só 10% tem um valor mercadológico *menor*, certo? Pois é, e a facada foi grande: se desejasse vender nesse prazo, você tiraria **somente R$350,13**! Se quiser comprovar no seu Excel, faça aí quanto valeria seu título, restando quatro anos para o seu vencimento:

VP(0,3;4;;-1000)

Pois é, *o tempo passa, o tempo voa*. No segundo ano, o Brasil deu certo, *olha que coisa*! A inflação deve ter caído, e os títulos prefixados estão atualmente sendo oferecidos no mercado com taxa de 5%. Aí o seu título de 10% *fica bonito na praça*! Se o rendimento fosse proporcional (linha "Valor teórico" da tabela), você estaria ganhando, neste momento, R$751,31. Mas como consequência do efeito da marcação a mercado, você conseguiria **R$863,84**, se desejasse vender antecipadamente! Dá mais do que os 10% ao ano que o credor combinou com você!

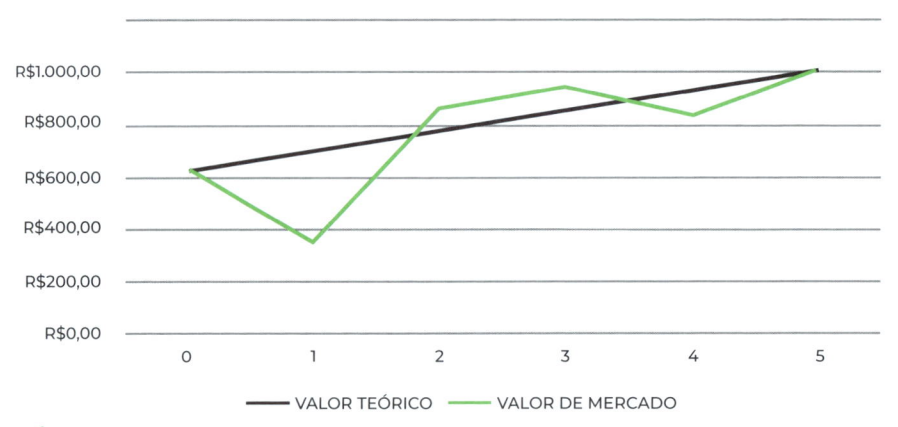

Figura 23 — O final é conhecido, mas o meio é cheio de aventuras! Por William Ribeiro.

Até que, no final dos 5 anos, os R$1.000 estão na sua mão, independente das tormentas que aconteceram para trás.

Esse efeito da marcação a mercado faz com que muitos investidores se arrisquem a especular com esses tipos de títulos. Definitivamente, isso é recomendado apenas para profissionais do mercado financeiro. *Não arrume rolo*: renda fixa é um cheque, fique com o que ela tem de melhor, a *segurança* proporcionada pela *previsibilidade* dos ganhos.

Impostos na renda fixa: enfrentando o Leão

Tem gente que tem calafrios só de ouvir falar em *Imposto de Renda*. Mas o que você prefere: não pagar IR e ter um péssimo rendimento nos seus investimentos, como é o caso da caderneta de poupança? Não tem jeito, meu amigo, o negócio é aprender como o jogo funciona, procurando pagar o menor imposto possível, dentro da legalidade. Quer um nome bonito para isso? Chama-se *elisão fiscal*, guarda essa aí! *Partiu* então exterminar esse medo do Leão de uma vez por todas!

A primeira coisa é não confundir essas três coisas, totalmente distintas:

- **Declaração de Ajuste Anual do Imposto de Renda de Pessoa Física**: existem condições para a obrigatoriedade de entregar, todos os anos, a Declaração do Imposto de Renda. Você pode ser obrigado ou não a declarar, e *não* é necessariamente verdadeiro que, pelo fato de você investir, passa a ser obrigado a declarar. Verifique a orientação da Receita Federal (*dá um Google aí*) a respeito dos critérios de obrigatoriedade da declaração, caso você nunca tenha declarado.
- **Ter que PAGAR impostos**: significa que, sobre os seus rendimentos, incidirão os impostos sobre o seu ganho de capital. Ou seja, se você teve lucro em uma operação, o governo quer dar uma bocada nele. Vamos ver os detalhes das taxas e impostos de cada investimento, mas na renda fixa costuma ser quase que um padrão esses tributos que incidem *somente sobre os seus lucros*:

- *Imposto Sobre Operações Financeiras (IOF)*: basta que você não venda seus investimentos antes de trinta dias para não ser tributado neste imposto. Tudo bem: em prazo tão curto de tempo, você não teria mesmo um rendimento satisfatório, sobretudo na renda fixa.

Tabela regressiva do IOF					
N° de dias	% IOF	N° de dias	% IOF	N° de dias	% IOF
1	97%	11	63%	21	30%
2	93%	12	60%	22	27%
3	90%	13	57%	23	23%
4	87%	14	53%	24	20%
5	83%	15	50%	25	17%
6	80%	16	47%	23	13%
7	77%	17	43%	27	10%
8	73%	18	40%	28	7%
9	70%	19	37%	29	3%
10	67%	20	33%	30	0%

- *Imposto de Renda (IR):* na renda fixa, costuma seguir as alíquotas decrescentes a seguir. Ou seja, quanto mais tempo você deixar o seu dinheiro aplicado, menos IR pagará.

Tabela regressiva do Imposto de Renda	
até 180 dias	22,50%
de 181 a 360 dias	20%
de 361 a 720 dias	17,50%
acima de 720 dias	15%

Ainda no caso específico da renda fixa, essas taxas e os impostos vêm descontados de você, ou seja, *não é você* que tem de:

- **Ser o responsável por apurar e recolher os impostos:** ainda que o IR e o IOF saiam do seu bolso (do rendimento das suas aplicações, melhor dizendo), na renda fixa você não tem o trabalho de calcular, gerar o boleto e pagar. Esses tributos são descontados de você pela corretora, e você recebe o dinheiro dos seus investimentos já "limpinho", líquido de impostos. Em outras palavras, os impostos são recolhidos na fonte.

Títulos Públicos: Tesouro Direto

Bom, agora que você já conhece os tipos de títulos, vamos ver o primeiro e o maior destino dos recursos dentro de uma economia: o caixa do próprio governo que "imprimiu" o dinheiro.

Por mais incrível que possa parecer em um primeiro momento, os títulos públicos, em moeda local, são considerados os investimentos *mais seguros* dentro de uma economia. Como já falamos, o governo tem o monopólio da emissão do dinheiro, então não tem sentido nenhum haver calote em sua própria moeda. Já vimos casos de países decretando moratória, mas se tratavam de dívidas lastreadas em moedas estrangeiras a eles, como o dólar e o euro.

Nesta ótica, colocar o seu dinheiro em títulos do governo *é mais seguro do que deixar o seu dinheiro no banco*, já que o risco do governo é menor do que o de qualquer instituição financeira privada.

E, para uma grata surpresa de muitos, além de mais seguro, os títulos públicos costumam *render mais* do que os investimentos tradicionais do *bancão*!

Os bancos costumam explorar a falta de conhecimento da população, oferecendo aplicações rendendo 80% do CDI para a gente, aplicando o *nosso* próprio dinheiro em títulos que rendem 100% da Selic (do CDI, portanto), ficando com a diferença para eles, o chamado *spread*.

Ou seja, meu amigo, comodidade gera baixa rentabilidade: se você não quer colocar o seu dinheiro para trabalhar, deixa com o banco que ele faz isso por você (ficando com a maior parte da rentabilidade, claro)!

Então, é muito melhor irmos direto à fonte! E isso é possível por meio do *Tesouro Direto*, **Programa do** *Tesouro Nacional* em parceria com a nossa Bolsa, a *B3*. Nele, é possível que nós, investidores pessoas físicas, façamos a compra dos títulos do governo, de forma direta. Quer dizer, direto *pero no mucho*. É preciso[*] que antes você abra uma conta em uma corretora de valores. Mas isso você precisará ter feito de qualquer jeito, certo?

Para você que nunca investiu por meio de uma corretora, o fluxo costuma ser assim: quando quer investir, você transfere o seu dinheiro do seu banco para ela, e passa a ver o seu saldo (em reais) lá na sua

---

[*] Ok, todo bancão tem uma corretora associada. Mas verifique se as taxas cobradas ao investir compensam. A comodidade não deve ser o único atributo a ser analisado na escolha de uma plataforma de investimentos.

conta da corretora de valores. Na sequência, basta escolher em qual produto deseja investir para que o seu dinheiro seja aplicado — o que ocorre, de fato, só algum um tempo depois, no chamado de *prazo de liquidação*, que no Tesouro Direto é de dois dias *úteis* para a compra.

O caminho inverso também ocorre: todo título do Tesouro Direto tem um *vencimento*. Então, nessa data específica (ou quando você desejar vender antecipadamente), o dinheiro aparece no saldo da sua corretora, e você pode transferir de volta para o seu banco. O prazo de liquidação da *venda* no Tesouro Direto é de um dia útil.

Lembrando que até os bancos menores já estão oferecendo soluções completas de investimento, o que em breve deve virtualmente eliminar a diferenciação prática (e necessidades de transferências) entre "banco" e "corretora".

Você pode comprar os títulos do Tesouro Direto por meio da plataforma da sua corretora ou via *Portal do Investidor*, site do próprio programa do Tesouro Direto. Não há diferenças além da interface gráfica. Você pode gostar mais de um ou de outro, mas, em ambos os casos, é necessário abrir a conta na corretora e sinalizar a ela seu interesse pelos Títulos do Tesouro Direto.

No Tesouro Direto, duas coisas são bem diferentes com relação a você que está chegando agora e está acostumado com a caderneta de Poupança.

A primeira delas é o *vencimento* mesmo, que não existe no investimento mais popular do Brasil. E também pelo fato de não ser possível colocar qualquer quantia de dinheiro, como você faz na caderneta.

Para investir em algum título do governo, você compra um título *inteiro* ou qualquer "pedaço" (múltiplo) de 1% desse título (por exemplo, 2% ou 3%). Não tem como comprar 1,5 título, como também não dá pra aplicar R$200 "certinho": você comprará a fração correspondente, e deve sobrar alguma grana.

Outra regrinha é o valor mínimo de R$30 para se investir no Tesouro Direto (*e tem gente que ainda diz que investir é para gente rica, né?*). Funciona assim: a fração que você deseja comprar tem que superar 30 contos. Se 1% der menos do que R$30, você deve comprar 2%, ou sucessivamente, até superar esse valor. Estou explicando isso só para você entender o jogo. Não se preocupe, porque os sistemas calculam certinho para você quantos títulos dá para comprar com um determinado valor, em reais.

Existe uma coisa chata no Tesouro Direto (mas não desanime!): a tal da **taxa de custódia** cobrada pela B3. O método de cobrança é absolutamente sem sentido para nós, investidores, não tendo quaisquer comparativos com outros investimentos do mercado: você tem que manter saldo **na sua conta** da sua corretora, duas vezes por ano! Não é descontado do seu investimento, você precisa deixar dinheiro lá para a cobrança da taxa de custódia, no primeiro dia útil de janeiro e **também** no de julho. É uma taxa pequena, e vira e mexe existe alteração, inclusive com alguns critérios de isenção. Mas esse é o jogo, não é por isso que vamos deixar de investir!

Vamos, então, ver os tipos de títulos existentes no Tesouro Direto e qual é o melhor para cada objetivo financeiro da sua vida.

Tesouro Selic (LFT)

Sem dúvidas, é o **investimento mais seguro do Brasil**. É o investimento pós-fixado do Tesouro Direto: ao investir nele, você receberá exatamente a variação da Selic. Tem um prazo de vencimento, como todo título do Tesouro Direto. A diferença é que é o **único** título que pode ser vendido antecipadamente, sem a preocupação do momento econômico prejudicar consideravelmente o seu investimento, como vimos quando falamos da marcação a mercado.

A segurança e disponibilidade desse investimento o faz ser um substituto muito interessante para a Poupança, da qual falaremos em breve. O Tesouro Selic **rende mais e é mais seguro do que a poupança**!

Atente apenas para dois detalhes: o prazo de liquidação é de um dia útil, e pode demorar mais um para que a corretora disponibilize os recursos para você. Ou seja, considere dois dias úteis pra ter a grana disponível para você usar. Não costuma ser um problema se você tiver um cartão de crédito com bom limite, para eventuais "dores de barriga" financeira de fim de semana. Em todo caso, não custa nada ter uma graninha disponível em uma conta digital com liquidez imediata, só pela paz de espírito. Lembre-se também do IOF, então, se precisar da grana antes dos trinta dias, o governo estará prestes a comer boa parte da sua rentabilidade (o que vale para todos os títulos do Tesouro Direto).

Tesouro SELIC	
Garantia	O próprio Tesouro Nacional
Taxas e impostos	IOF e IR, taxa da B3
Retorno	Paga a Selic do período investido
Riscos	Dinheiro não está disponível "na hora"
Detalhes	Bom para fazer seu colchão financeiro

Tesouro Prefixado (LTN)

Lembra-se de quando falamos dos títulos prefixados e demos um exemplo de um título que valeria R$1.000 no vencimento? Pois é, esse é precisamente o comportamento do Tesouro Prefixado: o único em que você sabe o valor exato, em reais, que receberá no dia do seu vencimento. São *exatamente R$1.000 para cada título* do Tesouro Prefixado que estiver em sua posse.

E, também, o problema reside justamente em "cravar" essa taxa, ou seja, pactuar com o governo *hoje* o que você receberá *amanhã*. Se a inflação anual ficar maior do que a taxa contratada... *um abraço* para o poder de compra do seu dinheiro. Além da possibilidade de o risco mercadológico atingir em cheio o seu Tesouro Prefixado, caso você deseje vender o título antes do vencimento. Falamos anteriormente da Marcação a Mercado, e é ela quem ditará o valor do seu título Tesouro Prefixado na venda antecipada, podendo gerar a você lucros maiores do que a taxa que você contratou, como também até *prejuízos*, como pudemos comprovar.

Por essas razões, o Tesouro Prefixado costuma ser um título bastante arriscado e especulativo para os investidores comuns. Já fiz algumas "apostas" interessantes nele, como no final de 2015 — quando a taxa oferecida pelos títulos passava facilmente de dois dígitos ao ano. Foi um bom movimento, mas eu poderia ter errado facilmente (e, até por isso, coloquei pouco dinheiro). Apesar de o Brasil estar vivendo um momento péssimo na época, não havia nada que garantisse que as coisas não ficassem piores. Dar certo ou não, em suma, é pura sorte.

Mas creio que você sobreviverá sem nenhuma sequela se decidir ficar longe deste título (a não ser que tenha uma dívida com valor fixo a ser pago no futuro, o que é *bem* difícil de acontecer; veja você como ninguém quer segurar a bucha da inflação na mão).

Tesouro Prefixado	
Garantia	O próprio Tesouro Nacional
Taxas e impostos	IOF e IR, taxa da B3
Retorno	Paga uma taxa fixa, definida quando você compra, que será garantida a você somente se levar o título até o vencimento
Riscos	Inflação e precisar do dinheiro antes do vencimento
Detalhes	Título especulativo e arriscado

Tesouro Prefixado com Juros Semestrais (NTN-F)

Até agora, vimos os títulos do tipo **bullet**. Neles, você receberá a remuneração dos seus títulos **somente no seu vencimento** (ou se resolver vendê-los antecipadamente).

Vamos ver aqui um modelo diferente: um título que faz um *adiantamento*, a cada semestre, de *parte* da remuneração oferecida a você, por meio dos chamados *cupons de juros*.

Tal como no Tesouro Prefixado "simples", no Tesouro Prefixado com Juros Semestrais você também receberá R$1.000 na data do vencimento. Mas há uma diferença importante: *parte* da rentabilidade será paga a você, semestre a semestre. Os cupons são entregues a você em uma taxa de 10% ao ano (4,881% ao semestre, portanto). E como o valor final do título é de R$1.000, você receberá R$48,81 no primeiro dia útil de cada semestre para cada título deste tipo que você detiver.

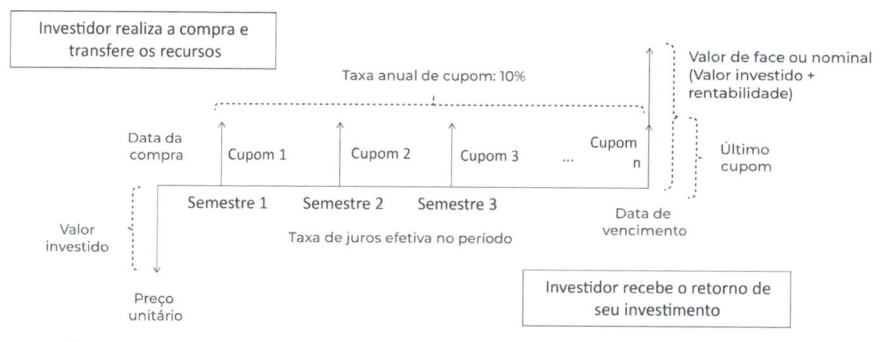

Figura 24 — Fluxo de pagamentos NTN-F. Adaptado do Tesouro Direto.

Sempre é tentador para nós, meros investidores pessoa física, investir e "*já ir lucrando*". Acontece o seguinte, meu amigo: você nunca será um *Dinheirudo* se ficar comendo um pedaço do bolo enquanto ele ainda está no forno. Para quem ainda está na fase de acumulação de patrimônio, é fundamental aumentar a quantia de dinheiro e deixar o tempo, devidamente acompanhado dos juros compostos, agir sobre o máximo possível de capital que possa acumular.

Outro motivo pelo qual você deve evitar este tipo de título, se ainda estiver acumulando dinheiro, é a *cobrança adiantada dos impostos* a cada cupom recebido. Os cupons mais recentes são tributados a uma maior alíquota, exatamente como vimos na tabela regressiva da renda fixa.

Agora, se você já acumulou patrimônio o suficiente ao longo de toda uma vida e quer usufruir de uma renda previsível a cada semestre, pode ser que este título atenda às suas necessidades. Ainda assim, não estará livre dos riscos do Tesouro Prefixado: a marcação a mercado e também o risco de perder para a inflação.

Tesouro Prefixado com Juros Semestrais	
Garantia	O próprio Tesouro Nacional
Taxas e impostos	IOF (menos de trinta dias) e IR (inclusive nos Cupons), taxa da B3
Retorno	Terá R$1.000 no vencimento e receberá R$48,81 a cada semestre para cada título deste tipo que tiver
Riscos	Inflação, precisar do dinheiro antes do vencimento, não deixar o dinheiro render
Detalhes	Bom apenas para quem já construiu patrimônio, é um título especulativo e arriscado

Tesouro IPCA+ (NTNB Principal)

Lembra-se de que falamos dos títulos mistos? Pois é, o Tesouro IPCA+ é um deles. Ao investir nele, você receberá a variação da inflação do período *mais* uma taxa prefixada. Por exemplo, IPCA +5% ao ano.

Tal como nos títulos prefixados, esta taxa oferecida aos novos investidores varia diariamente, conforme as condições mercadológicas. Mas, uma vez que você compre o título, a taxa que contratou é *garantida* a você — desde que leve o título até a data de vencimento, obviamente.

Para vender antecipadamente, *tome* marcação a mercado, razão pela qual não é recomendado investir neste título aquela parte do dinheiro de que você possa precisar antes do prazo de vencimento do título.

Por outro lado, para os seus objetivos de prazo mais longo, são títulos excelentes para que você garanta* o poder de compra do seu dinheiro no futuro.

Tesouro IPCA+	
Garantia	O próprio Tesouro Nacional
Taxas e impostos	IOF e IR, taxa da B3
Retorno	Juros fixos adicionais à inflação do período
Riscos	Precisar do dinheiro antes do vencimento
Detalhes	Bom título para aportes para o futuro

• • • • • • • • • •

* Se quisermos ser um pouquinho mais técnicos, esta afirmação da *garantia* do poder de compra do dinheiro não é absolutamente verdadeira, devido ao Imposto de Renda. Ele incide sobre a remuneração do seu título, e como no Tesouro IPCA+ a inflação faz parte da remuneração, você pagará *mais* imposto conforme a inflação aumenta (uma bizarrice monetária, sendo *você* o penalizado pela inflação gerada pelo governo, mesmo emprestando seu dinheiro a ele)! Mas, desde que não voltemos a ser o Brasil de antes do Plano Real, com níveis inflacionários *cavalares*, este não deverá ser um problema para nós, meros investidores.

Tesouro IPCA+ com Cupons Semestrais (NTNB)

Aqui está a versão com juros semestrais do Tesouro IPCA+. Neste título, parte da sua remuneração é adiantada a você a cada semestre.

Ele tem duas taxas de juros, que não devem ser confundidas:

- A primeira delas é a taxa de remuneração total do título, que funciona do mesmo jeito que no Tesouro IPCA "*bullet*" (sem cupom). Por exemplo, IPCA +5% (esta será a remuneração *total* do seu investimento, incluindo o adiantamento dos juros que são pagos a você, por meio dos cupons).

- E também existe a remuneração dos cupons, de 6% ao ano, que está inclusa na remuneração anterior. Não é uma rentabilidade adicional, é apenas um adiantamento. Aqui é um pouco mais difícil de entender do que no caso dos cupons do Prefixado com Juros Semestrais, em que os valores destes eram sempre fixos, como vimos. Ao adiantar 6% de juros ao ano, podemos dizer que serão pagos 2,956% ao semestre. Mas essa alíquota incide sobre o *Valor Nominal Atualizado* do título, uma atualização do seu valor desde que foi criado, que você pode verificar no site da *Anbima* (Associação Brasileira das Entidades dos Mercados Financeiro e de Capitais). Desta forma, ao contrário do Prefixado com Cupons, no IPCA os juros semestrais (cupons) são *crescentes*.

As considerações que fizemos em relação aos outros títulos, por analogia, podem todas serem aplicadas aqui. Só compre este título se pretender levá-lo ao vencimento. Não compre títulos com cupons se ainda está na fase de acumulação de patrimônio.

Tesouro IPCA+ com Cupons	
Garantia	O próprio Tesouro Nacional
Taxas e impostos	IOF e IR (inclusive nos cupons), taxa da B3
Retorno	Juros fixos adicionais à inflação do período, com adiantamentos semestrais
Riscos	Precisar do dinheiro antes do vencimento
Detalhes	Bom título para quem já acumulou patrimônio e quer viver de renda

Títulos Privados

Nesta modalidade de investimento, você emprestará o seu dinheiro para uma entidade privada, seja ela uma empresa comum ou um banco. Pode ser também uma financeira: lembra da história do aposentado que foi lesado com juros "pornográficos"? Então, aquela era uma financeira.

As empresas do setor financeiro precisam do seu dinheiro para emprestar para outras pessoas, a juros muito maiores do que os que foram pagos para você. Ganham no *spread*, que é justamente a diferença entre essas duas taxas de juros.

É fácil imaginarmos que o risco dessas instituições particulares é bem maior do que o de emprestarmos dinheiro ao nosso governo, certo? E pelo teorema do *cobertor tomara-que-amanheça*, é correto fazermos jus ao recebimento de juros **maiores** do que quando investimos no Tesouro Direto, concorda?

Pois é, lembre-se disso quando responder a uma ligação do seu gerente do banco: 100% do CDI você consegue investindo no Tesouro Selic. *Não me venha com menos rentabilidade*!

Mas se o risco de emprestar o dinheiro para entes privados é maior, ou seja, se essas instituições têm mais chances de quebrar, como fazemos para investir de forma consciente e que o risco de crédito não tire o nosso sono?

Fundo Garantidor de Crédito

Existe uma instituição **privada**, sem fins lucrativos, chamada *FGC*, *Fundo Garantidor de Crédito*, que tem como objetivo proteger os nossos investimentos quando aportamos em alguns títulos privados. As empresas que fazem captação de dinheiro para empréstimo a terceiros são obrigadas a se associar ao FGC, conforme determina o Banco Central.

Desta maneira, se o banco ou financeira vier à falência ou tiver intervenção decretada pelo Banco Central, o FGC faz o ressarcimento do dinheiro a nós, meros investidores. Mas tem alguns "*poréns*". Primeiro que nem todos os investimentos em renda fixa têm a garantia do FGC (falaremos da situação de cada investimento em instantes).

Considere também que o pagamento da garantia pode demorar algum tempo — **meses**, em alguns casos. *Justamente naquela grana que você aportou para ter liquidez e segurança, que são os atributos mais importantes da renda fixa!*

Aqui já dá para você *sacar* que não vale a lógica do "quanto pior melhor"; de nada adianta emprestar o seu dinheiro para o banco mais quebrado possível a fim de ter mais rentabilidade. Não existe almoço grátis: a rentabilidade não é paga a você porque você é mais bonito do que o seu vizinho, mas sim porque você está mais próximo de ir para fila do FGC para reaver a sua grana. Detalhe: uma vez que *der ruim* para o banco, o seu dinheiro para de render, com o FGC lhe fazendo o ressarcimento somente da quantia acumulada (capital + juros)[28] até a data da *desgraceira*.

O FGC funciona como um seguro: não tem patrimônio para cobrir um **default** (*calote, só que com um modo mais chique de dizer*) de um banco grande, tampouco de uma crise sistêmica e de sua subsequente bola de neve — considere que os bancos são dependentes uns do outros, pelos empréstimos mútuos que fazem.

E, por último, geralmente há um limite para os investimentos cobertos pelo FGC: R$250 mil por instituição financeira até um teto de R$1.000.000 por CPF ou CNPJ (para cada período de 4 anos).

Portanto, meu amigo, conte com o Fundo Garantidor de Crédito para te proteger se algo der errado ou se acontecer um imprevisto — não como um salvo-conduto para sair colocando o seu dinheiro em banquinho quebrado.

Como analisar a saúde dos bancos e das financeiras

Os bancos analisam toda a *capivara financeira* para decidir se emprestarão dinheiro para alguém, e na mesma medida retribuiremos! Julgaremos dignos de receber nossa grana somente aqueles bancos e aquelas financeiras que apresentarem solidez financeira e balanços positivos, evitando dores de cabeça futuras.

E *você* mesmo pode fazer essa análise simplificada. Na realidade, se você colocar o seu dinheiro em qualquer um dos cinco maiores bancos do Brasil, essa análise será desnecessária. Embora a crise de 2008 tenha nos mostrado que a expressão *Too Big To Fail* (grande demais para quebrar) é equivocada, não será esta nossa análise simplificada aqui que nos livrará de problemas com *bancões*. Caso algo de errado aconteça com eles, a nossa própria economia estará em risco, e embora isso não devesse ser o seu maior motivo de preocupação, é sempre prudente ter recursos em outros ativos, idealmente até em outros países.

Mas para as instituições financeiras menores, existem três critérios que já nos dão um bom panorama de sua saúde financeira:

- **Lucro:** *convenhamos, né, meu amigo? Uma empresa que ganha juros emprestando o dinheiro dos outros... Como pode virar o ano no vermelho, sobretudo no Brasil?* Para mim, é critério de exclusão: banco *tem* que dar lucro, todo ano — caso contrário, estou fora.

- **Índice de Basileia:** mede o percentual do patrimônio do banco, face ao dinheiro emprestado ao mercado. Assim, se um banco tem Índice de Basileia de 15%, significa dizer que, para cada R$100 emprestados ao mercado, o banco tem um patrimônio de R$15. Quanto maior esse valor, mais segura é a instituição financeira — lembrando que o mínimo exigido pelo Banco Central é de 11% para bancos e financeiras, e 13% de Basileia para o caso dos bancos cooperativos.

- **Índice de Imobilização:** o raciocínio aqui é o contrário: quanto *menor*, melhor. Afinal, se um banco tem grande parte do seu patrimônio em imóveis, veículos e outros bens materiais, ele teria dificuldade de honrar os seus compromissos no curto prazo, visto que são ativos de menor liquidez. O Banco Central estabelece que o limite *máximo* para o Índice de Imobilização é de 50%.

Mas onde encontrar esses dados, Imobilização e Basileia? *Vem com o pai*: www3.bcb.gov.br/ifdata ou www.bancodata.com.br.

Agências de Risco

Também chamadas *agências de rating*, são empresas independentes que avaliam o *risco de crédito* de diversos tipos de investimento, fornecendo notas (*rating*) para empresas. Na verdade, essas agências avaliam até os títulos dos governos. Já ouviu algo assim na TV: "*O Brasil está buscando o* **grau de investimento**"? Pois é, trata-se de um "score de crédito" do país, fornecido por essas empresas. Uma vez atingido esse patamar de confiança, muito dinheiro do exterior acaba vindo parar aqui, em terras tupiniquins, o que é ótimo para o nosso país. Como as finanças dos governos e das empresas são dinâmicas, as notas das agências para uma mesma instituição também variam periodicamente.

As três agências de rating mais importantes são a Fitch, a Standart & Poor's (S&P) e a Moody's, cada uma com uma maneira diferente de fazer a sua classificação, chamada de **escala de rating**. Quanto mais alta a nota, **menor** o risco de o credor ficar sem ver a cor do seu dinheiro de volta. Contando com o *rating* como mais uma ferramenta no auxílio à tomada de decisão, o investidor pode ter uma melhor avaliação do risco do emissor — e mais paz de espírito ao investir.

Mas (*sempre tem um "mas", né?*)... Já que falamos anteriormente na crise de 2008, as agências de risco foram duramente criticadas por sua atuação falha nesse período. Algumas delas deram a maior nota possível (AAA) para títulos frágeis de hipotecas imobiliárias norte-americanas (os *subprimes*), fornecendo ao mercado uma falsa sensação de baixo risco desses papéis.[29]

Com a queda do Banco Lehman Brothers (fundado em 1850!), que estava extremamente exposto a esses investimentos, veio o colapso de todo o sistema financeiro norte-americano, com terríveis reflexos para a economia mundial.

Então, já viu né? O dever de investigar onde vai colocar o seu dinheiro continua sendo todo seu. Use toda informação disponível, mas não delegue responsabilidades!

Investimentos dos bancos

Neste ponto do livro, você já deve ter entendido por que ter 80% do CDI como remuneração não é tão "top" quanto o seu *gerentão* te fez acreditar. Aliás, só um detalhe sobre os gerentes dos bancos: se você os considera como *brothers*, é **você** quem está errado. Esses profissionais são apenas **vendedores** de produtos financeiros e trabalham para o banco, não para você. Ganham comissões e têm metas para vender a você melhores produtos para o **banco** — objetivo que é atingido, quase que na totalidade dos casos, em detrimento da *sua* rentabilidade ao investir.

Mas se chegou até aqui no livro, tenho certeza de que *você* será capaz de tomar a melhor decisão para o seu dinheiro!

Poupança: A velha (e nada boa) caderneta

É tão natural para um educador financeiro não considerar a caderneta de poupança como investimento, que juro para você que tive que voltar aqui para escrever sobre ela. *Ainda bem que me lembrei. Imagina um livro de finanças sem falar dela, que vergonha!*

Antes de descer a lenha na coitada da caderneta, vejamos como o produto funciona. Os bancos devem destinar a maior parte do dinheiro captado na poupança para o *Sistema Financeiro de Habitação (SFH)*. Desta forma, quando você coloca o seu dinheiro na poupança do *bancão*, na realidade você está fomentando os financiamentos habitacionais no Brasil. Mais estranho que isso é saber que o dinheiro do *Fundo de Garantia do Tempo de Serviço (FGTS)* também vai para o mesmo lugar: se você tem carteira assinada, 8% do seu salário vai para financiar o setor imobiliário, queira você ou não — e apesar de ser *seu* o dinheiro, você *não* pode sacar quando você quiser!

A poupança é, de longe (e infelizmente), o investimento que concentra a maior parte dos recursos economizados pelos brasileiros. Durante muito tempo, era realmente a opção mais acessível para as pessoas. Se você tem menos de 30 anos, talvez não tenha vivido ou não se lembra de um mundo sem internet, celular... As operações na Bolsa não eram eletrônicas, não existia o Tesouro Direto.

Os mais *tradicionais*, como este que vos fala, certamente se lembrarão do *jingle* da Poupança Bamerindus, de como ela "continua numa boa" (*vai vendo, nem o banco sobreviveu para contar a história*). Acontece que os tempos são outros, e existem investimentos mais rentáveis e seguros do que a poupança, como vimos no caso do *Tesouro Selic*.

Falando da rentabilidade da poupança, ela segue uma regrinha que a faz menos rentável do que o título pós-fixado do Tesouro, *em qualquer cenário*. Essa condição continua válida, mesmo considerando a incidência de impostos no Tesouro Direto, ao contrário da caderneta, que é *isenta* de tributação.

Veja que ter impostos descontados não é argumento para ficar na poupança: o dinheiro que você receberá já vem líquido, e você não precisa fazer nada, nos dois casos.

- Caso a Selic seja **maior** do que 8,5% ao ano, a poupança rende *0,5%* ao mês + a Taxa Referencial (TR).
- Caso contrário (Selic menor ou igual a 8,5% ao ano), a poupança rende *70% da Selic* + TR ao mês.

Há outra desvantagem: a data de remuneração do rendimento. Investindo nela, seu dinheiro renderá somente uma vez por mês, nas datas de "aniversário" do depósito (na verdade, um "*mesversário*").

Se você fez a transferência para a caderneta no dia primeiro, só no dia primeiro do próximo mês é que verá a *cor* do rendimento. Isso não acontece no Tesouro Selic, que "rende" em todos os dias úteis.

A poupança ganha do Tesouro Selic em um único aspecto: a disponibilidade *imediata* dos recursos. Se nos títulos públicos você depende da liquidação e da liberação do seu dinheiro, em qualquer lugar do Brasil com alguma agência ou caixa eletrônico você tem a chance de sacar uma graninha da poupança para emergências.

Mas existem CDBs de liquidez diária que podem facilmente substituir essa sua eventual necessidade de dinheiro em espécie. Na verdade, para quem tem um cartão de crédito com bom limite, creio que já podemos dizer que esse "apuro" de precisar de dinheiro vivo de prontidão é bastante reduzido.

Ainda assim, não quero demonizar a poupança (*estou bonzinho hoje*). Mesmo em um CDB de liquidez diária, os resgates são possíveis **em dias úteis**, o que torna a poupança *imbatível* na questão liquidez.

Em tempos de Selic baixa, o rendimento é muito parecido com os títulos do Tesouro ou um CDB com 100% do CDI (*aliás, até mais, porque trocentos por cento de nada é igual a nada*). Se te traz um *conforto espiritual* deixar uma graninha na poupança, vá em frente! É até legal a diversificação mesmo.

O que não vale é se acomodar lá e não conhecer os demais investimentos. Tampouco seria prudente deixar muita grana por lá por muito tempo. Imagine o estrago na rentabilidade com dinheiro parado lá por décadas. Veja que o seu dinheiro na poupança **pode perder até mesmo para a inflação**, então você estaria rasgando dinheiro ao esquecê-lo por aquelas bandas.

Poupança	
Garantia	FGC
Taxas e impostos	Isentos
Retorno	* Selic > 8,5% a.a.: rende 0,5% ao mês + TR * Selic ≤ 8,5% a.a.: rende 70% da Selic + TR/mês
Riscos	Baixo rendimento
Detalhes	Existem produtos melhores para substituir a caderneta de poupança

CDB: Certificado de Depósito Bancário

Certamente é um dos investimentos mais famosos dos bancos. O dinheiro captado pelos bancos via CDB é usado para empréstimos a outras pessoas e empresas. Nos grandes bancos, é bem comum a existência desse tipo de produto, com baixíssima remuneração.

Mas nem só de CDB ruim vive o mundo financeiro. Existem CDBs de todos os tipos: pós-fixados (que pagam um percentual do CDI, sendo 100% do CDI o mesmo que dizer "uma vez o CDI"), prefixados e até mistos (CDI *mais* uma taxa fixa). Quanto a este entendimento, basta que você tenha visto a dinâmica de cada um tipo de título, como falamos anteriormente.

Outro ponto de atenção é a *liquidez*. Existem CDBs de prazo de até dez anos! Se precisar do dinheiro antes do vencimento, a dinâmica de venda antecipada não é tão automática quanto no Tesouro Direto — cuja recompra é garantida pelo Tesouro. Na venda antecipada de um título privado, você precisará da boa vontade da instituição financeira em achar um comprador para o seu título no chamado *mercado secundário*, cujo sucesso dependerá das condições mercadológicas.

Mas também há CDBs tão líquidos quanto poder receber a grana no próximo dia útil. São chamados de *CDBs de Liquidez Diária*, e, desde que tenham uma remuneração *adequada*, podem ser utilizados para a sua reserva financeira também.

Veja você que não vale a pena buscar mais rentabilidade a qualquer custo para o seu colchão financeiro. Nesta ótica, você acabaria deixando o dinheiro mais urgente da vida nas mãos de um banquinho que só dá prejuízo e que, por estar nessa condição, deve oferecer mais rentabilidade para a sua grana. No extremo, se esse banco quebrar, você pode ter dores de cabeça para reaver o seu dinheiro.

CDB: Certificado de Depósito Bancário	
Garantia	FGC
Taxas e impostos	IOF e IR
Retorno	Pós-fixado, prefixado ou misto
Riscos	Risco de crédito, prefira bancos sólidos
Detalhes	Os CDBs de liquidez diária de bons bancos podem ser úteis para a sua reserva financeira

Outro ponto que *ninguém* toca, mas que seria legal contar para o leitor *Dinheirudo*: aplicações como o CDB pagam juros apenas em **dias úteis**. Ou seja, nos feriadões e fins de semana, o seu dinheiro não rende um centavo sequer. Mas (claro), do outro lado, o banco **cobra juros de todos os dias corridos**. Olha que *spread bom demais da conta* (*para o banco, claro*)! Além da diferença percentual, o banco ainda **cobra mais dias do que paga**: no mínimo oito a mais (dias de fins de semana) por mês. *Sabia dessa?*

LCI e LCA: Letra de Crédito Imobiliário e Letra de Crédito do Agronegócio

Diferentemente de um CDB, em que o banco tem maior liberdade de alocação do seu dinheiro a terceiros, em uma LCI ou LCA, o dinheiro que você empresta para o banco só pode ser destinado a estes setores: imobiliário e agronegócio, respectivamente.

Você pode estar pensando neste momento: "*Tá, mas que diferença faz para mim?*" Bela pergunta, caro *Dinheirudo* (*você pensou mesmo?*)!

De fato, pouco importa mesmo a qual local o banco endereçará o seu suado *caraminguá*. Faz realmente pouca ou nenhuma diferença você escolher uma LCI ou LCA, se ambas tiverem as mesmas condições.

Mas tem um detalhe muito conveniente a nós, aqui: por se tratarem de setores estratégicos para a nossa economia, o governo oferece *isenção* de Imposto de Renda para esses investimentos, desde que feitos via pessoa física!

> Aliás, meu amigo, um breve parêntese aqui. Para você que tem uma empresa, é bastante desvantajoso investir via pessoa jurídica, em termos gerais. Não há a isenção do IR para LCI e LCA (há outros exemplos também), você não pode investir no Tesouro Direto por sua empresa, e o lucro dos investimentos pode ser contabilizado e tributado juntamente com o lucro operacional dos seus negócios (a depender do regime de tributação). Desta forma, o que muitas pessoas costumam fazer é retirar o dinheiro da empresa para a pessoa física e fazer os investimentos por ela. Tem funcionado bem — até que o governo resolva tributar os dividendos.

Um ponto de bastante atenção é que as LCI e LCA podem ter prazos maiores (no dia em que escrevo este texto, não encontrei nenhuma com prazo inferior a seis meses). Fique de olho, então, para não contratar um produto com prazo incompatível com os seus objetivos financeiros.

Existem LCI e LCA das três modalidades que vimos: prefixada, pós-fixada (rendendo um percentual do CDI) e mista (IPCA mais uma taxa fixa).

Quero chamar a sua atenção para esta última, que paga a inflação mais juros. Ao contrário do Tesouro IPCA, que tributa via Imposto de Renda *inclusive* a inflação, uma LCI mista tem o poder de oferecer uma *rentabilidade real líquida* para o seu dinheiro, garantindo um percentual fixo além da desvalorização monetária. Claro que não se comparam os riscos de um banco com os do governo, mas desde que você escolha o produto de uma boa instituição financeira, com prazo adequado às suas necessidades e dentro do limite de cobertura do FGC, pode ser uma *excelente* aplicação para parte do seu dinheiro.

Falando agora das LCI pós-fixadas, aquelas que oferecem um percentual do CDI a você, investidor. Como fazer para comparar as rentabilidades oferecidas a você neste produto com as de um CDB, que tem incidência de Imposto de Renda?

Digamos: considerando um CDB 100% do CDI, qual seria a rentabilidade equivalente para uma LCI, de liquidez semelhante?

Criei a tabela a seguir para facilitar o seu aprendizado. Em destaque, podemos ver que uma LCI que paga 100% do CDI equivale a um CDB 129% (até 180 dias), 125% (181 a 360 dias), 121% (361 a 720 dias) ou 118% (para prazo superior a 720 dias). *De nada*.

LCI	Equivale a CDB com qual percentual do CDI			
	até 180 dias	181 a 360 dias	361 a 720 dias	mais de 720 dias
70%	90,32%	87,50%	84,85%	82,35%
75%	96,77%	93,75%	90,91%	88,24%
80%	103,23%	100,00%	96,97%	94,12%
85%	109,68%	106,25%	103,03%	100,00%
90%	116,13%	112,50%	109,09%	105,88%

LCI	Equivale a CDB com qual percentual do CDI			
	até 180 dias	181 a 360 dias	361 a 720 dias	mais de 720 dias
95%	122,58%	118,75%	115,15%	111,76%
100%	**129,03%**	**125%**	**121,21%**	**117,65%**
105%	135,48%	131,25%	127,27%	123,53,%
110%	141,94%	137,5%	133,33%	129,41%
115%	148,39%	143,75%	139,39%	135,29%
120%	154,84%	150%	145,45%	141,18%
125%	161,29%	156,25%	151,52%	147,06%
130%	167,74%	162,5%	157,58%	152,94%
135%	174,19%	168,75%	163,64%	158,82%
140%	180,65%	175%	169,7%	164,71%

LCI e LCA: Letra de Crédito Imobiliário e Letra de Crédito do Agronegócio	
Garantia	FGC
Taxas e impostos	Imposto de Renda
Retorno	Pós-fixado, prefixado ou misto
Riscos	Risco de crédito e de liquidez
Detalhes	Prazos costumam ser mais longos; produto misto (IPCA + taxa fixa) garante o ganho real do seu dinheiro

DPGE: O investimento dos ricos

Se você é *dinheirudo* o suficiente para ter mais dinheiro aplicado na renda fixa do que o limite do Fundo Garantidor de Crédito, como que faz? Não é suficiente para você o limite de R$250 mil por instituição financeira, com o teto de R$1.000.000 por CPF? Seus problemas acabaram (*eita homi dinheirudo mêmo*)!

Existe uma aplicação financeira, relativamente nova, chamada de *DPGE*, *Depósito a Prazo com Garantia Especial*. Emitida por pequenos e médios bancos, tem como característica particular uma garantia *especial* do FGC: os depósitos em DPGE são garantidos em até *R$20 milhões!*

Os pontos de atenção são os mesmos de quando você investe em uma LCI. Por exemplo: verifique a saúde financeira do emissor e também os prazos, que costumam ser mais longos.

Acrescento também que os aportes mínimos necessários na DPGE, até pela estrutura de garantia oferecida, são bem altos: no dia em que escrevo, não pude encontrar nenhuma DPGE que aceite menos de R$1.000.000.

DPGE: Depósito a Prazo com Garantia Especial	
Garantia	FGC Especial: até R$20 milhões
Taxas e impostos	IOF e IR Regressivo
Retorno	Pós-fixado, prefixado ou misto
Riscos	Risco de crédito e de liquidez
Detalhes	Prazos mais longos; bom investimento para aportes maiores, com segurança; investimento mínimo costuma ser mais alto

LF: mais dinheiro por mais tempo, sem FGC = mais rentabilidade

Pouco conhecida dos investidores, as *Letras Financeiras (LF)* exigem pelo menos R$50 mil aportados, por um período mínimo de 2 anos. Justamente pela maior capacidade de recursos e de tempo disponível para uso do dinheiro, os bancos podem oferecer a você uma maior rentabilidade para o seu capital.

Só que, no caso das LF, existem dois detalhes: um a seu favor, outro nem um pouco.

- Nas LF, a alíquota de Imposto de Renda é *única*, a menor da renda fixa: 15% sobre os seus rendimentos. *Até porque o prazo mínimo é o de 2 anos, né?* Mas...
- As LF *não têm garantia* do Fundo Garantidor de Crédito (FGC). Em caso de falência ou intervenção do Banco Central no banco, você terá que entrar na fila judicial dos credores da instituição para *tentar* reaver o seu dinheiro. Então, muito cuidado (particularmente, não invisto em títulos assim; falarei mais da minha tese quando tratarmos da renda variável).

LF: Letra Financeira	
Garantia	Não há
Taxas e impostos	IR de 15%
Retorno	Pós-fixado, prefixado ou misto
Riscos	Risco de crédito, não tem FGC
Detalhes	Mínimo de R$50 mil e 2 anos de prazo

LIG: Letra Imobiliária Garantida ("Garantida" mesmo sem ter FGC!)

Tal como uma LCI, uma *LIG, Letra Imobiliária Garantida*, também é lastreada em ativos imobiliários. Só que, embora tenha a palavra "garantida" no nome, a LIG *não* é coberta pelo FGC. *Pode isso, Arnaldo*?

Não se engane por essa eventual insegurança da falta do FGC neste produto. O negócio é *seguro*, mesmo sem o FGC!

Saca só. Diferente de uma LCI, o dinheiro captado via LIG precisa ficar *separado* do patrimônio do banco. Assim, se houver um problema com essa instituição financeira (primeira camada de garantia), esta reserva não é afetada. Mas existe ainda uma segunda forma de proteção, que são os próprios ativos, que podem até ser vendidos para ressarcimento dos investidores. E, diferentemente da garantia restrita do FGC, *não há limite* de valores "assegurados" quando você investe em uma LIG.

Tem mais coisa legal: em uma LIG, você é *isento* do Imposto de Renda!

O lado negativo é que são investimentos de longo prazo: a partir de 24 meses.

Isso prova que, para quem se programa e tem paciência, existem excelentes opções para rentabilizar o dinheiro.

LIG: Letra Imobiliária Garantida	
Garantia	Patrimônio do banco + ativos
Taxas e impostos	Não há
Retorno	Pós-fixado, prefixado ou misto
Riscos	Precisar do dinheiro antes do vencimento
Detalhes	Prazos maiores do que 24 meses; produto misto (IPCA + taxa fixa) **garante** o ganho real do seu dinheiro

Investimentos das financeiras

As *Sociedades de Crédito, Financiamento e Investimento* (*SCFI*), também chamadas somente de *financeiras*, são empresas que atuam emprestando dinheiro para a aquisição de bens, serviços e capital de giro.[30]

Sabe aqueles serviços de empréstimo e financiamento oferecidos pelas lojas de varejo (*quer fazer um cartão da loja, senhor*)? Até algumas montadoras de veículos têm um braço financeiro para viabilizar a compra parcelada de seus carros. Lembre-se também daquelas empresas que aparecem na TV ou nos folhetos de rua oferecendo dinheiro à vontade (*frequentemente exigindo um rim como juros*). Esses são exemplos de empresas financeiras, companhias privadas que são reguladas pelo Banco Central.

A constituição dessas empresas se justifica no contexto de oferecer crédito em condições específicas, no qual talvez os bancos não tenham tanto interesse em se aventurar. Empréstimo para negativados é um exemplo, ou para financiar bens de consumo, em que os próprios lojistas têm maior expertise para análise de comportamento e risco dos seus consumidores.

Some-se a isso o fato de que o produto financeiro em si (empréstimo) costuma ser até mais lucrativo do que a venda de um produto físico de uma loja ou de um carro. Afinal, *brincar de banco* pode ser bem mais lucrativo do que se contentar com as margens apertadas do varejo, não é?

As financeiras não podem oferecer contas correntes, mas você pode ajudar essas empresas a captar dinheiro, contando com a garantia do Fundo Garantidor de Crédito, tal como investindo por meio de um banco. Valem as mesmas premissas: considere sempre a saúde financeira da instituição, além de verificar se a empresa está devidamente regularizada no Banco Central.

Os investimentos mais comuns das financeiras são esses que veremos na sequência. Contudo, de acordo com a Resolução CMN nº 4.812

de 2020,[31] as financeiras também passaram a poder oferecer os seguintes produtos: CDB, DPGE, LF, LIG, dentre outros.

LC: Letra de Câmbio

Embora tenha a palavra "câmbio" no nome, não tem nada a ver com troca de moedas. É simplesmente uma maneira que as financeiras têm de captar dinheiro para empréstimo aos seus clientes.

Como podemos imaginar, uma financeira não tem a mesma solidez financeira que um banco. Portanto, são esperadas remunerações maiores para os investidores de seus produtos, como na própria LC. Pesquisando por aqui, encontrei diversas financeiras que oferecem as LC, mas que rodam no prejuízo. Aí é contigo, meu amigo...

Embora seja muito importante verificar a solidez da financeira, investindo em LC, você também conta com o Fundo Garantidor de Crédito no valor de R$250 mil por conglomerado financeiro, até o limite de R$1.000.000 por investidor. Você poderá encontrar LC de diversos prazos e tipos, pós-fixadas, prefixadas ou mistas.

LC: Letra de Câmbio	
Garantia	FGC
Taxas e impostos	IOF e IR Regressivo
Retorno	Pós-fixado, prefixado ou misto
Riscos	Risco de crédito; financeiras são mais frágeis do que bancos
Detalhes	Cuidado com instituições que rodam no prejuízo!

RDB: Recibo de Depósito Bancário

É um produto muito semelhante ao CDB, porém geralmente emitido pelas financeiras. Há, contudo, algumas diferenças importantes: ao contrário do CDB, que pode ter liquidez diária, isso normalmente não acontece em um RDB (a não ser que a instituição proveja a possibilidade do resgate antecipado ao investidor).

Há outro ponto de distinção também: um RDB é nominativo e intransferível, ou seja, não pode ser vendido no mercado secundário — o que faz com que o nosso cuidado com a liquidez seja redobrado, já que os títulos desse tipo costumam ter prazo mais extenso do que as LC, por exemplo.

Um RDB também conta com a garantia do FGC, o que não exclui a "canja de galinha" por parte do investidor: é prudente que verifique a solidez financeira do emissor.

RDB: Recibo de Depósito Bancário	
Garantia	FGC
Taxas e impostos	IOF e IR Regressivo
Retorno	Pós-fixado, prefixado ou misto
Riscos	Risco de crédito e liquidez
Detalhes	Cuidado com instituições que rodam no prejuízo!

Cooperativas de Crédito

E se você pudesse ser *dono* de uma instituição financeira? É justamente isso que acontece quando você se associa a uma *cooperativa de crédito*: você vira *sócio* de pessoas que têm como objetivo comum uma melhor administração dos seus recursos financeiros.

Em uma cooperativa, você é **dono** e, *ao mesmo tempo*, usuário dos serviços financeiros, que são tão diversos quanto aqueles oferecidos pelos próprios bancos: cartões de crédito, empréstimos, conta digital, investimentos...

Uma cooperativa de crédito, por definição, **não** tem fins lucrativos. Desta forma, no final do exercício fiscal, se apurado lucro, este é distribuído aos cooperados (o que é chamado de "sobras").

Mas como fica o mantra do casamento, "no amor e na doença" (no caso aqui, "no lucro e no *prejuízo*")? Já que você é sócio, como fica se a cooperativa virar o ano no vermelho?

Existem algumas saídas para que o prejuízo não caia no seu colo. Uma delas é o chamado *fundo de reserva*, em que as cooperativas são obrigadas a depositar pelo menos 10% do lucro de cada ano. Ainda assim, caso não seja suficiente, as cooperativas são autorizadas a compensar prejuízos em anos seguintes. Por último, também é possível que uma cooperativa com dificuldades financeiras seja incorporada por outra empresa do setor.[32]

Vale lembrar que as cooperativas de crédito são empresas equiparáveis às instituições financeiras, sendo também reguladas pelo Banco Central.

Falamos bastante das garantias do FGC, para o caso das financeiras e dos bancos. Mas como fica o seu dinheiro investido via cooperativas de crédito?

Existe uma instituição bem parecida, o *FGCoop*, **Fundo Garantidor do Cooperativismo de Crédito**, o "FGC das Cooperativas", por assim dizer.

O seu dinheiro nas cooperativas (depositado na conta, ou na poupança, RDB, LC, LCI, LCA e em diversos outros investimentos também disponíveis nessas instituições) também é coberto em até R$250 mil contra a mesma instituição associada ao FGCoop. Lembrando sempre que esses fundos só devem ser usados quando tudo der *errado*, não como premissa ou alvará para se investir em instituição *ruim das pernas*.

Investimento em empresas e na economia real

Outra maneira de colocar o seu dinheiro para render é emprestá-lo para que uma empresa o utilize em seus negócios e empreendimentos próprios.

Existe uma infinidade de investimentos desse tipo disponíveis: desde títulos privados de dívidas das empresas até investimentos "alternativos", em que o seu dinheiro é aplicado em um propósito específico, como:

- **P2P Lending**: são empréstimos ponta a ponta, com o seu dinheiro sendo emprestado diretamente para uma empresa. Geralmente, esses investimentos são disponibilizados por plataformas digitais de empresas da área de finanças (as chamadas *fintechs*), que ganham comissões sobre as operações. O risco aqui não é vem propriamente dessas *startups*, mas, sim, da empresa que efetivamente tomou o seu dinheiro emprestado.

- **Investimentos na economia real**: têm finalidades tão diversas como a construção de uma incorporação, passando pela excentricidade do recebimento de *royalties* de música e precatórios (título de dívidas ganhas contra o governo).

Embora possam oferecer rentabilidades maiores do que os investimentos financeiros convencionais dos bancos e corretoras, o retorno extra de se investir em empresas provém justamente (e novamente!) do maior risco assumido. **Não há Fundo Garantidor de Crédito aqui**. Para alguns títulos de dívida que veremos, você pode consultar o rating do emissor, visando diminuir o risco de crédito.

Já para o caso das *P2P Lendings*, por exemplo, existe um arcabouço jurídico de emissão de **CCBs**, **Cédulas de Crédito Bancário**, em que a dívida contraída pelo tomador pode ser executada sem que se precise entrar na justiça. Digamos que é uma boa vantagem não entrar na fila dos credores no sistema judiciário, mas não resolve o risco de ficar sem receber.

Emprestar o seu dinheiro para empresas pode render mais, mas tem mais riscos, claro.

CRI e CRA: Certificado de Recebíveis Imobiliários e Certificado de Recebíveis do Agronegócio

Imagine que uma construtora tenha feito vendas parceladas, mas precise dos recursos à vista para começar um novo empreendimento. Uma opção que ela pode buscar é procurar uma *securitizadora*, que comprará as dívidas e as juntará na forma de um **CRI, Certificado de Recebível Imobiliário**, que será oferecido ao mercado. Existem vantagens para todos os envolvidos: a construtora passa a contar prontamente com um dinheiro que só poderia ser recebido em décadas, oriundo das vendas parceladas, e nós, investidores, podemos usufruir de mais uma alternativa de investimento (geralmente com retornos maiores), *isenta* de Imposto de Renda.

O raciocínio vale também para os **CRA, Certificado de Recebíveis do Agronegócio**, porém com lastro em operações desse outro setor, como empréstimos para compras de máquinas e ligados à produção agrícola.

Neste ponto você pode estar pensando na analogia desse tipo de investimento com as LCIs e LCAs, certo? Pois é, ambos são títulos de renda fixa para os setores imobiliário e do agronegócio. Mas as semelhanças param por aí.

As CRIs e CRAs **não têm garantia do FGC**. O risco desses certificados não é da instituição que os emitiu[*] (no caso aqui, das securitizadoras), mas, sim, de quem fez o financiamento imobiliário ou agrícola lá na ponta. Na verdade, os recebíveis são separados[*] do patrimônio da securitizadora, então o investidor depende mais do que tem nos CRIs e CRAs do que propriamente da saúde financeira de quem os emitiu.

Estes produtos costumam receber notas de rating, o que ajuda a mitigar pelo menos um pouco do risco de crédito ao se investir. Também são títulos de baixa liquidez, indicados para o longo prazo (encontrei alguns com vencimento na casa dos quatorze anos). Precisando da grana antes do prazo, você dependerá da sorte de conseguir vender seu título no mercado secundário.

CRI e CRA: Certificados de Recebíveis Imobiliários e do Agronegócio	
Garantia	Não há
Taxas e impostos	Não há
Retorno	Pós-fixado, prefixado ou misto
Riscos	Risco de crédito e liquidez
Detalhes	Prazos mais longos; risco nos empréstimos, não na securitizadora

[*] Válido no chamado regime fiduciário, o mais comum. Verifique se a securitizadora realizou a emissão neste regime.

Debêntures

Quando precisam de dinheiro, as pequenas empresas geralmente não têm outra saída senão seguir o protocolo padrão das pessoas físicas: pedir dinheiro aos bancos.

Mas, quando a empresa cresce, os acionistas podem decidir abrir o capital na Bolsa de Valores (nosso próximo assunto) e captar dinheiro de investidores externos. Uma vez listadas na Bolsa, essas empresas também são capazes de captar dinheiro mediante a emissão pública de dívidas chamadas *debêntures*. Ao comprar esses títulos, você (o credor) vira um *debenturista*, ou seja, tem direito de crédito contra a empresa que emitiu a dívida.

São instrumentos bastante flexíveis, tanto do ponto de vista de prazo (que costuma ser de médio a longo) quanto na forma de remuneração, nas garantias envolvidas... Essas informações constarão na *Escritura de Emissão* da debênture, e é importante que você os leia com atenção antes de investir.

Uma debênture pode ser do tipo *simples*, muito parecida com os demais títulos que já vimos aqui. Mas também existe a modalidade de *debênture conversível*, em que você, debenturista, tem a possibilidade de converter a dívida em ações da companhia emissora. Ou seja, em última instância, transformar renda fixa em renda variável (*menos ruim do que ficar sem receber, né?*).

Na verdade, existem ainda mais tipos de debêntures, como as *permutáveis* (em que você pode trocar por ações de outra companhia que não aquela emissora), *perpétuas* (não há um prazo de vencimento, você ganha o fluxo de recebimentos periódicos) e *participativas* (você passa a ser detentor de parte do lucro dessas empresas).

Como as debêntures ***não têm a garantia do Fundo Garantidor de Crédito***, você pode contar com os ratings das agências de risco para mitigar ao menos parte do risco de crédito. Além disso, alguns papéis oferecem garantias adicionais aos credores, em caso de calote da empresa, podendo ser os próprios ativos, na forma de hipoteca.

Como parte do incentivo do governo para empresas que trabalham em obras de infraestrutura, como portos, estradas e aeroportos, há a isenção de Imposto de Renda e também do IOF, mas *somente* para as debêntures desta modalidade, chamadas de *debêntures incentivadas*. Lembrando que ser "incentivada" não é um *incentivo* para que necessariamente você invista neste tipo de debênture. Recentemente, uma delas (largamente oferecida pelas corretoras) não honrou com suas obrigações, deixando seus investidores a ver navios.

Debêntures	
Garantia	Não há FGC, mas há mecanismos de garantia em algumas
Taxas e impostos	Tabela de renda fixa, exceto para debêntures incentivadas (isentas)
Retorno	Pós-fixado, prefixado ou misto
Riscos	Risco de crédito e liquidez
Detalhes	Prazos mais longos, o risco está ligado à saúde financeira da empresa emissora

Renda variável: o fascinante, necessário e perigoso mundo dos riscos

Chegou o momento que muitos esperavam: a temida e poderosa *renda variável*! Não por acaso, é a última parte do nosso livro. Existem muitos passos *mais importantes* do que investir na Bolsa de Valores: cuidar de você, da sua família, ganhar mais dinheiro, economizar parte dos seus ganhos, proteger a maior parte dos seus recursos na renda fixa... Só então você deveria se dar ao luxo de arriscar parte do seu patrimônio em prol de (incertos) lucros maiores e de mais longo prazo.

Acontece que a maioria das pessoas continua acreditando no sonho de ficar rico rápido, quando, na verdade, de uma hora para outra, só se consegue ficar é *pobre* mesmo. Tomados por propagandas de cursos de enriquecimento repentino, de incentivo das corretoras, ou de exemplos de pessoas de sucesso (*será mesmo?*) na Bolsa de Valores, muitos incautos caem na renda variável sem o menor preparo, seja de conhecimento ou de estruturação financeira.

> "Em Educação Financeira, os atalhos só servem para atrasar a sua vida."

A renda variável é um universo tão diverso, que nenhuma biblioteca do mundo seria capaz de cobrir todo o seu conteúdo. Existem milhares de instrumentos e teses de investimento por aí, das mais complexas (que nem o autor entende) às mais simplificadas, sendo esta a minha escolha e que trago a você aqui no livro. Afinal, como já dizia Leonardo da Vinci, "*A simplicidade é o mais alto grau de sofisticação*".

Não tem certo nem errado, existe a tese de investimentos mais ***adequada*** a você. Tenho bons motivos para a minha escolha de simplificação na hora de investir. Primeiro que o ***tempo*** é o mais precioso dos meus ativos, e se eu tiver que empregá-lo em excesso, meu investimento se torna ***trabalho*** (lembra do conceito?). Também considero que investir é um ato de ***acumular patrimônio*** ao longo da vida, e aqui vai um conceito: ***patrimônio tem valor, não tem cotação***.

No curto prazo, o preço que o mercado oferece a você pelos seus ativos é quase como uma loteria: depende de fatores externos, políticos, especulativos e até da sorte. Se a empresa em que você trabalha pudesse ser precificada diariamente, assim também seria: quando um cliente desse um calote, menos pessoas estariam dispostas a comprar o seu negócio naquele período.

No longo prazo, contudo, *as cotações seguem o lucro dos negócios*. Sabendo esperar, portanto, eu tiro o acaso do jogo de investir e trago as chances ao meu favor. Não é garantia de absolutamente nada, mas é uma tentativa, dentro do meu controle e de minhas possibilidades, de fugir das loucuras do curto prazo na renda variável e dormir tranquilo, com a esperança de que as ações das empresas se valorizarão no futuro. Em última instância, acreditar nisso se confunde com acreditar no próprio Brasil, e, morando aqui, não há outra opção senão essa.

Meu desafio, então, é comprar o máximo de ativos que eu puder, que tenham *valor*, ao longo da vida. Isso me livra de ter de acertar os momentos certos de comprar na baixa e vender na alta, o que é **humanamente impossível** — acredite em mim, quem diz que uma coisa está "cara" ou "barata" está apenas dando um belo de um chute. *Ninguém* sabe o dia de amanhã, absolutamente ninguém, nem o analista, nem mesmo o dono da corretora.

Simplificar na hora de investir me faz operar **menos**, e quanto menos eu mexer no meu patrimônio, menos *cagada* eu faço. Parafraseando Bastter, "*Patrimônio não se gira, se acumula*". Comprando e vendendo constantemente, só se tem uma certeza: os intermediários (como corretoras de valores e corretores imobiliários) e o governo (por meio dos impostos) ganharão. Daí a *eu* ganhar dinheiro nisso *são outros quinhentos*.

Poucas pessoas enxergam a Bolsa de Valores como uma oportunidade de você ser sócio de grandes empresas, de comprar bons ativos. Em uma das grandes honras que a vida me proporcionou, pude entrevistar o maior investidor pessoa física da Bolsa, o Sr. **Luiz Barsi Filho** (*você viu esse vídeo no canal?*). Em sua imensa sabedoria, ele me contou que a maioria das pessoas acha que, quando compram uma ação, estão com uma batata quente na mão: não veem a hora de passar para a frente. O brasileiro ainda não aprendeu a enxergar na Bolsa a oportunidade de acumular patrimônio, de ser "*um pequeno sócio de um grande negócio*", nas palavras do mestre Barsi.

Você não gostaria de ser dono dos maiores bancos, hidrelétricas, shoppings no Brasil? Isso é totalmente possível na Bolsa, e tal como um dono (que você de fato passa a ser quando compra uma ação), fará jus à parte dos lucros desses empreendimentos. Esses lucros, se reaplicados constantemente durante a fase de acumulação de patrimônio, têm um potencial de criar um *enorme* efeito bola de neve com o passar do tempo, com potenciais de ganhos muito maiores do que na renda fixa, ou, no mínimo, para que você tenha uma aposentadoria mais digna do que a pública (isso se ela continuar existindo até lá).

Acontece que a maioria foge da Bolsa por achar "muito arriscada". Olha, arriscado é depender dos outros, do governo, e até empreender no Brasil. Ser sócio de *bancão* brasileiro eu acho que é uma *molezinha*. Só tem que ter paciência e não *alfacear* (vender no curto prazo) em busca de um lucro momentâneo.

Digo com propriedade para você: muitas vezes, até quando ganhei dinheiro (em reais) vendendo um ativo no curto prazo, deixei de ganhar muito mais lá na frente, pois perdi "o bonde" da valorização que estava por vir.

Vários jargões do mercado me vêm à mente agora: "*O tempo premia os pacientes*", "*O mercado foi feito para transferir dinheiro dos impacientes para os pacientes*" (essa do mestre Warren Buffett), "*O mercado premia os preguiçosos.*"

Quer um argumento a mais para convencê-lo a não vender os seus ativos? *Não que isso não seja possível, é seu, ué! Venda quando quiser ou precisar. Idealmente falando, é interessante não vender.*

Veja por que você deve pensar dez vezes antes de se desfazer de um ativo: em um gesto de humildade e, deveras, realismo da sua parte, você deixou de acreditar no lero-lero dos especialistas e resolveu aceitar de que não é possível prever o futuro. Legal, meio caminho andado, já está à frente da maioria! Mas como conviver com os riscos que provêm da incerteza do futuro?

Simples, aceitando que você é um *ignorante*. Calma, eu nunca ofenderia o leitor *Dinheirudo* aí do outro lado do livro. Eu me refiro a não conhecer, *ignorar* o futuro. E a maior arma para os ignorantes atende por um nome: *diversificação*. Somada ao conceito de *convexidade* dos investimentos de Nassim Taleb, eis o **segredo da Bolsa de Valores**!

Ora, não sei o futuro, então diversificarei e aportarei, digamos, no máximo 2% do meu patrimônio em um único ativo. Se eu perder, essa será a minha quantia máxima e limitada de perda. Do outro lado, caso a ação se valorize, *não há limites* para os meus ganhos! É o conceito da *antifragilidade* nos investimentos: se der errado, perco pouco. Dando certo, ganho muito!

Olhando por essa ótica, responde uma coisa para mim: se eu mantenho as perdas sob controle, o que é mais arriscado, comprar ou *não ter comprado* as ações? Claro que não estamos falando de qualquer ação, abordaremos alguns conceitos mais à frente. E isso também não evitará todos os problemas: crises sistêmicas costumam afetar todo o mercado financeiro. Pensamento de longo prazo e compra de várias classes de ativos costumam resolver bastante da preocupação quanto a isso.

A simplificação na hora de investir não é muito glamourosa. Afinal, quem compra e fica quieto com o ativo não gera lucro para o mercado, com corretagens, custódia, taxas e impostos.

Também concorrem com a simplicidade os métodos *ultra-power-complexos-das-galáxias* dos "mestres" do mercado. Sim, daqueles profissionais que têm a manha de bater o mercado, mas que, por um motivo alheio à compreensão humana, preferem vender cursos ou trabalhar CLT para uma corretora. *Vai entender, né?*

Você há de convir comigo: como é inglória esta minha função de te revelar, com tamanha e audaciosa coragem, que eu *não sei* o que subirá ou cairá amanhã, né? Evocando Nassim Taleb novamente, em seu livro

A lógica do Cisne Negro, contesto radicalmente a assertividade das previsões dos especialistas de mercado. Segundo Taleb, se perguntados o motivo de continuarem a fazer previsões, esse profissionais diriam que as fazem justamente porque são pagos para isso.

Também não é nada espetacular se eu revelar a você que o jogo está nas suas mãos e que depende muito mais **de você** do que de mim. Imagina se todos descobrissem que investir na Bolsa é simples e que a maioria das pessoas não precisa das complexidades vendidas pelos especialistas! Veja que eu disse simples, e não *fácil*.

> **A maior das dificuldades não é a Bolsa de Valores, mas a disciplina do investidor em aportar mais dinheiro e por mais tempo.**

Eu poderia perder *dias* analisando os balanços e indicadores financeiros de uma empresa, só que estaria incorrendo em algumas falácias: o que me dá dinheiro é o meu trabalho. Todo o meu tempo destinado a ganhar dinheiro deveria ser destinado ao que sei fazer de melhor, a aprimorar os meus conhecimentos para que eu seja um profissional mais qualificado e ganhe mais dinheiro. *Você acredita que já deixei de ser atendido no meio de uma consulta médica para que o doutor finalizasse uma operação na Bolsa de Valores? Olha o quanto isso não tem o menor sentido!*

Por último, *escovar* demais os demonstrativos financeiros de uma empresa serviria apenas como um afago comportamental na minha decisão de compra. Não estou falando que os relatórios das companhias não têm valor, estou apenas te confortando sobre eles terem apenas uma "camada" da verdade — contada pela própria empresa, que não é nada isenta, diga-se. É apenas a ponta do iceberg: os maiores escândalos financeiros e erros contábeis não estavam neles. As crises mundiais não foram previstas nos informes. A entrada de um concorrente de peso, novos hábitos dos consumidores, tudo isso não constava nos relatórios. *É a vida, assim mesmo que funciona!* Então não caia na **ilusão de controle**, pretensamente oferecida pelos balanços das empresas e pelos indicadores fundamentalistas. Ao complicar demais as coisas e suas análises, você cai no **viés de complexidade**: passa a acreditar que suas escolhas são corretas só porque deu trabalho para chegar a elas.

Você não tem o controle de **nada**, e para isso diversifica seus investimentos. Simples (*e dolorido*) assim.

Mas se a renda variável "*vareia*" e se as demonstrações contábeis das empresas não dizem tudo, como posso fazer para não me *machucar* na renda variável? Além de diversificar, você comprará **aos poucos**, todos os meses que puder. Se os preços caírem, ok, você levará mais para casa. Se continuarem subindo, é sinal de que você escolheu bons ativos para investir.

O que não pode é arrumar rolo para a cabeça. Comprar empresa que vira no prejuízo, em recuperação judicial, com péssima governança, acreditando na recuperação da empresa (o tal do *turnaround*).

Mito 1: Daytrades e pirâmides: a sereia do lucro rápido

Já vi muita gente instruída caindo em golpes e pirâmides financeiras. De pessoas influentes a artistas famosos, passando por famílias que colocaram todo um patrimônio de uma vida nas mãos dos outros, já vi golpes de todos os tipos. Porém, quase a totalidade dos esquemas era tragédia anunciada. Parte dos investidores é vítima da ingenuidade e da confiança depositada no golpista, que pode ser um conhecido seu ou um famoso nas redes sociais.

Não dá para culpar as vítimas, mas reconheçamos também que existem **cúmplices**, pessoas inescrupulosas que ganham para convidar amigos e conhecidos a colocar o dinheiro deles no esquema fraudulento ou no mínimo duvidoso.

Piramideiro tem vida fácil no Brasil, infelizmente. Nestes anos de educador financeiro, já acompanhei diversos esquemas ruírem e até ressuscitarem em uma nova roupagem sem que o criador vá para a cadeia ou devolva o dinheiro do esquema anterior.

Não adianta, golpes estão e continuarão por aí, todos os dias. Não vamos convencer ninguém a ser honesto, mas podemos nos tornar investidores mais conscientes. Como fazer, então, para identificar as pirâmides e livrar o nosso rico *caramínguá* delas?

Uma característica marcante das pirâmides é o oferecimento de **altas remunerações**, muito superiores àquelas encontradas no mercado financeiro. Via de regra, esses "rendimentos" são fixos, e nesta altura do livro acredito que já esteja cristalino para você que não dá para ter previsibilidade na renda variável. Os golpes costumam envolver investimentos de difícil assimilação pela maioria das pessoas (como Bitcoin ou Forex), de maneira que isso ajuda a camuflar o real destino do dinheiro. *Em tempo, esses investimentos não são golpes em si, mas usados como pretextos pelos golpistas. Vamos falar mais de Bitcoin daqui a pouco.* Complementando o *esquema egípcio*, vêm os bônus de indicação de novos amiguinhos para a brincadeira do dinheiro fácil e rápido.

Mas por que esses esquemas não se sustentam? Ontem mesmo desmascarei um desses "investimentos" no **Instagram @*dinheirocomvoce***. O cara me jurava de pés juntos que conhecia um esquema de 15% ao mês, "pagando certinho" há 6 anos. *Hum, suspeito!* Ainda bem que temos o Excel para jogarmos óleo de peroba nessa cara de pau.

=VF (0,15;6*12;;-1000) = R$23.455.489,75

Agora me diz uma coisa, *champs*. Se você tivesse um negócio *top das galáxias* desse, capaz de transformar mil contos em R$23,5 milhões... você abriria para alguém entrar? Não sei você, mas seria a primeira vez que eu bateria na mesa do *gerentão* do banco, igual se faz em boteco, sabe? *Dia Financeiro de Princesa*: pediria o maior valor de empréstimo que pudesse e ainda soltava essa: "*Pode colocar os juros que você quiser aí que eu pago.*"

É claro que esses esquemas não investem em lugar nenhum: o dinheiro pago aos novos membros é proveniente daqueles que entraram previamente. Se houver um pedido de saque em massa, *já era, campeão*. Ou um *Stop Order* da **Comissão de Valores Mobiliários** (CVM), já que essas empresas não têm registro e permissão para a captação de dinheiro das pessoas. Este é um outro ponto de atenção: verifique a legitimidade da empresa, desconfie sempre! Nunca deposite dinheiro em conta de pessoa física para investirem por você!

Agora quero te chamar a atenção para outro esquema, este totalmente regular, permitido e incentivado pelo "sistema" (corretoras e bolsa): *daytrade*. Em tese, seria bem possível ganhar dinheiro comprando e vendendo ativos no mesmo dia, o famoso **daytrading** ou **daytrade** mesmo. Acontece que fazer isso com regularidade é virtualmente *impossível* — ok, para bem raros seres humanos, até dá. Só que por "raros" aqui quero dizer *raros pra cacete* mesmo, mais difícil que achar cabeça de bacalhau.

Os pesquisadores Fernando Chague e Bruno Giovannetti, da Fundação Getúlio Vargas, analisaram *todos* os indivíduos que começaram a fazer *daytrade* em ações no mercado brasileiro entre 2013 e 2016 (98.378 indivíduos). A conclusão? Apenas 127 indivíduos foram capazes de apresentar lucro *bruto* diário médio acima de R$100 em mais de 300 pregões. Sim, meu amigo, menos de 0,13% das pessoas consegue ganhar *algum* dinheiro com regularidade operando *daytrade*.[33]

Toda vez que falo sobre essa pesquisa eu levo *pedrada*. É duro ser o cara que abre os olhos das pessoas e tira o sonho de se acordar rico, mas é o que faço. Não conheço ninguém que ganha muito dinheiro assim, nem dentro das corretoras.

As justificativas costumam ser "*Ah, mas para qualquer coisa na vida é preciso esforço, e só a minoria que luta muito consegue*". Meu amigo, se você pensa assim, *vem aqui um minutinho*. O que você acha que é mais difícil: ser aceito em Harvard ou ganhar R$3 mil (brutos!) em *daytrade* por mês? E se eu te contar que a taxa de aceitação[34] da Universidade de Harvard é de 5%? Apesar de ser um número quase 40 vezes maior do que os *daytraders dinheirudos*, eu não conheço ninguém que estuda em Harvard. Mas não é que toda vez aparece em minhas postagens alguém que diz que ganha dinheiro regularmente no *daytrade* (*um dos 127, que honra a minha!*)? *Inacrebelievable,* né?

Já ouvi de um cara de dentro de corretora a frase: "*Daytrade é máquina de moer sardinha.*" Mas vender curso e ganhar dinheiro com corretagem é bom demais para dizer isso publicamente.

Mesmo que fosse mais provável ser bem-sucedido no *daytrade*, é uma coisa que eu nunca faria. Primeiro porque, se tenho que dedicar meu tempo (de novo), é trabalho, não investimento. A última coisa que quero ter de fazer na vida é sacar o celular do bolso e fazer um trade para pagar o café na padaria. Ou ter que ficar prestando atenção no celular enquanto bebo meu *suco de cevada* na praia.

E também não opero *daytrade* porque prezo pela minha saúde mental. É um *jogo* que mexe com nosso cérebro (ganância e medo), que julgo não valer a pena, mesmo se desse dinheiro. Existem casos de pessoas que perderam tudo e ainda saíram devendo. No extremo, o dinheiro é a coisa menos valiosa que se pode perder.

Mas enfim, *champs*, o dinheiro é seu. E como disse meu colega André Massaro para a nossa audiência em uma *live* sobre o tema: "*Eu não sou seu pai!*" Faça o que quiser e lhe convier.

Mito 2: Para investir, acompanhe e opere de acordo com as notícias!

No momento em que escrevo este livro, o **Bitcoin** está em seu valor histórico máximo. E não é que meu celular não para de receber mensagens de amigos (*e de outros seres humanos que nem sei quem são direito*) perguntando como faz para entrar?

É o tradicional **FOMO, Fear of Missing Out**, ou no jeito **Dinheiro Com Você** de simplificar as coisas, "*Medo de perder a festinha do dinheiro fácil*". Só de vislumbrar a remota possibilidade de todo mundo ganhar dinheiro com aquela coisa e *só você* ter de voltar a trabalhar na segunda-feira já dá uma *caída na espinhela*, *né mêmo*? Falando nisso, sempre que tiver bolão da Mega-Sena na firma, já sabe, né? **Tem** que jogar (*imagina só você não poder fazer bundalelê na mesa do chefe na quinta? #medo*).

Para essas pessoas que me pedem orientação sobre o Bitcoin neste momento de cotação máxima histórica, eu digo o seguinte: "*Amigo, se você não tem dó do seu dinheiro, deixe-me ter por você. Fique fora.*" Não é que eu não ache que ele não pode subir mais, até porque, se pensasse assim, eu venderia o que ainda me sobrou.

Temos dois problemas aqui. O cara não sabe nem o que é o troço direito e já quer entrar. Receita certa para perder dinheiro. E, contrariando a lógica do bom senso, o cara quer comprar na alta, no maior valor já atingido em todos os tempos. O interesse não vem, é claro, somente no meu WhatsApp: as pesquisas sobre Bitcoin aumentam *muito* quando o valor dele sobe.

Segue o fio para você entender onde isso vai parar. As oscilações de curto prazo acontecem em todos os ativos, e com mais força ainda no Bitcoin. Em um momento de mau humor do mercado, pronto: o bicho cai, digamos, 50% desde a compra do nosso azarado especulador. E o que o cara faz? Sim, *pânico na zona sul*: vende tudo no **FUD, Fear, Uncertainty and Doubt** (medo, incerteza e dúvida). Completa-se o ciclo da *sardinhagem*: compra na alta e vende na baixa. "*Nera*" *assim que se ganha dinheiro?*

Bitcoin aqui foi só um exemplo, poderia ser qualquer coisa. A euforia e desespero acontecem ocasionalmente em todos os mercados. Se você ficar olhando notícias e operando através delas, acredite, é *exatamente isso* que você fará: comprar na alta e vender na baixa! *Notícia* boa? Opa, vamos comprar! Empresa não teve lucro esperado ou qualquer outra novidade ruim? Vende tudo!

Isso só funcionaria se você fosse o primeiro a "*panicar*" ou "*farrear*", ou seja, se pudesse vender ou comprar antes dos outros. Claro que você não será mais eficiente e inteligente do que o mercado: quando a notícia chega até nós, ela já está *velha*.

Não se esqueça também do objetivo de acumular patrimônio na vida, se ainda for o seu caso: o negócio é comprar, e **não** vender! Não que você não possa fazer *trading*, mas isso é uma outra parte (e menor) do seu dinheiro destinado à renda variável. Mesmo os **traders** devem "estocar" parte da grana acumulada, na renda variável mesmo, imóveis, fundos, renda fixa...

Não misture as caixinhas: se quiser especular, comprar e vender no curto prazo, vai na fé (boa sorte para você). Mas não se esqueça de que renda variável deve ser para o longo prazo, com o objetivo de um dia ter um patrimônio suficiente para você atingir a sua independência financeira e viver de renda — e se ficar vendendo a todo momento, você terá exatamente *o que* no futuro, *hein, champs*?

Mito 3: Siga os especialistas!

Vamos exercitar um devaneio aqui. Imagine que alguém realmente soubesse para onde vai o mercado ou um ativo, se vai subir ou cair. Note que estou sendo bem bonzinho, porque os caras não se contentam só com isso, não. "O *dólar vai subir 53% até o fim do ano que vem*" ou "*A ação tem potencial para atingir R$30,25*" são previsões corriqueiras.

Pensa bem, qual a lógica? Se você fosse dotado de tais poderes premonitórios, por que raios diria isso para milhares de pessoas? Por que preferiria o conforto de ser empregado CLT de uma corretora, em vez de operar por conta própria? Indo além: por que ter a dor de cabeça de criar e gerir uma corretora de valores se posso operar para mim mesmo, ficar rico e sem ter pessoas me *enchendo o saco* (*imagine a dor de cabeça de ser dono de uma corretora!*)?

Considere também que, se essas previsões "certeiras" (*só que não*) chegassem aos ouvidos do mercado, as oportunidades imediatamente deixariam de ser válidas, já que os investidores correriam para realizar as operações de acordo com o *futurólogo* de plantão. Com o advento dos robôs de investimento, tais "oportunidades" se esvairiam em segundos, se tanto.

Não é que eu seja contra os analistas, veja bem. Tenho vários amigos competentes, responsáveis e dedicados. Os relatórios das casas de análise e as carteiras recomendadas podem, sim, ser úteis, mas **somente** como um *input* para você, ou seja, como ferramenta de suporte à sua tomada de decisão. Por acompanhar o mercado habitualmente, os analistas podem despertar a sua atenção para algum ativo que eventualmente esteja fora do seu radar, ou para algum evento excepcional acontecendo em determinada empresa.

Não significa que você necessariamente ganhará dinheiro investindo nos ativos que eles indicam a você. Novamente: nem analista e nem ninguém sabe o futuro. Veja o exemplo da crise da COVID-19: se teve algum ser iluminado que previu esta catástrofe, foi obra de um mero acaso. Ou seja, bastou um único evento (de grandes proporções, confesso) para jogar no lixo essencialmente **todas** as previsões do mercado.

Outro mito que acontece bastante é você acreditar que ganhará dinheiro copiando onde eu invisto (ou mais importante, seguir onde o Sr. Barsi está investindo). Investir é como escolher uma roupa: o que serve para mim pode não se ajustar a você. Só conseguiríamos seguir os investimentos de outra pessoa se soubéssemos **todas** as circunstâncias envolvidas: qual a estratégia, o nível de risco suportado, quais os outros investimentos dessa pessoa (e como esses novos ativos se complementam dentro de uma *carteira de investimentos*). Ainda assim, pode dar tudo errado: mesmo um investidor de sucesso pode estar totalmente enganado sobre a perspectiva de valorização de uma empresa.

Não costuma haver consensos entre os especialistas. É possível, então, haver tantos especialistas divergentes entre si, ou isso significa que **nenhum** é especialista? *Peguei pesado agora.*

É, meu amigo, não tem jeito. Na hora de investir, você pode ter todas as informações do mundo, mas, no final do dia, a responsabilidade é com *você* mesmo por aí. Mesmo que seja para delegar parte do seu patrimônio para alguém gerir, este é o seu custo: ter a consciência de que ninguém é capaz de saber o futuro e que não há garantias — mesmo para os tais ditos "especialistas".

Mito 4: Aproveite as oportunidades! É hora de...

Um outro mito fortíssimo no mercado financeiro é o tal do "*é hora do...*" (complete aqui com "renda fixa", "ações"...). É batata: basta a Selic baixar para alguém decretar a morte da renda fixa. Nos **Bull Markets** (mercado de alta) da Bolsa, lá vêm os caras te empurrando para a renda variável. Sim, comprar justamente na alta.

Em tempo, só para o seu conhecimento: dois animais representam momentos distintos na Bolsa de Valores. O touro (**bull**), com sua chifrada para cima, representa a alta. Do lado oposto está o urso (**bear**), que, com sua patada para baixo, representa a queda dos ativos. Pois bem. Qual o problema dessa situação de investir de acordo com o momento econômico e condições mercadológicas?

Primeiro que ninguém te dirá que é hora da Bolsa quando ela estiver sangrando. Quando for "a hora da Bolsa", é para você comprar na alta, quando até a sua avó está falando de ações.

Segundo que eu duvido **muito** da capacidade das pessoas de ficar migrando de um lado para o outro, *com lucros*. Tirar o dinheiro da renda fixa para ganhar mais na renda variável não faz sentido. Você perderá a segurança e a liquidez que ela te proporciona, e pensará em sair da renda variável quando os preços estiverem nas mínimas, consolidando as suas perdas.

Enfim, *Amigo Dinheirudo*: *não tem hora para acumular patrimônio*. Sempre é dia e hora de comprar coisas boas.

Existe outro mito que completa este daqui, o mais polêmico de todos:

Mito 5: Preço importa!

Essa é a parte mais difícil de ser entendida e aceita. Se segura aí na cadeira (se estiver na cama, é melhor).

Do ponto de vista racional, seria bastante óbvio: você ganhará dinheiro no mercado acionário comprando barato e vendendo caro, certo? É fundamental, portanto, que você acerte o momento e compre barato, concorda?

Pois é, a teoria seria linda se a prática corroborasse com os resultados. A maioria das pessoas pensa assim e perde dinheiro, justamente porque *não é possível acertar os melhores momentos!*

Então, claro que preço importa. Mas se torna *irrelevante* se você fizer do *jeito certo*, que é investir um pouco a cada mês e em diversos ativos, escolhendo um ou dois para aportar em cada mês. A maioria da discussão sobre a Bolsa vem das pessoas analisando se um ativo está caro ou está barato. Mas olha só, meu amigo, quanta coisa vem antes: você precisa trabalhar mais, para sobrar mais dinheiro para investir. Claro, não sem antes manter as despesas de sua casa sobre controle, senão não sobra nada. Depois disso, precisa estudar quais ativos serão merecedores do seu dinheiro. Então, mês a mês, durante a sua vida, o objetivo é ir investindo em uma série de ativos (ações, renda fixa, imóveis, fundos e o que mais tiver valor para você). Não existe pressa. Nós morreremos, e a Bolsa ainda estará aí, pode ficar tranquilo.

Nessa estratégia de se desconsiderar a cotação, se o mercado cair vigorosamente... comprarei mais ações naquele mês, mas não fará nenhuma diferença ao longo de uma vida! Veja que comprar na baixa só impactaria significativamente o seu dinheiro se você entrasse com muito dinheiro de uma vez, mas aí é você que estaria indo na onda e colocando o seu dinheiro em *risco*. Lembre-se: nunca está tão barato que não possa cair mais. Você não é o gênio que ganhará do mercado, uma ação vale o que está valendo no momento e ponto final. Se está ruim, é porque tem coisa ruim acontecendo. Seria muita pretensão achar que é você quem adivinhará o ponto perfeito do fim das tormentas.

Do outro lado, se minhas apostas estiverem certas, colherei os frutos de boas sementes plantadas, que virarão árvores frutíferas no futuro, a despeito das crises pontuais que possam ter existido no caminho. *Viu que poético*?

Para não ter a obrigação de acertar o palpite sobre qual árvore vingará e dará frutos, sigo plantando várias sementes, em vários terrenos.

Mas se eu ainda não te convenci, quero trazer dois exemplos práticos aqui, para você deixar a paranoia delirante de ficar olhando cotação.

O primeiro é o estudo[35] de Nick Maggiulli, que comparou duas teses de investimento: aplicar US$100 todos os meses (estratégia chamada de *DCA, Custo Médio em Dólares*) *versus* jogar a grana **somente** quando o mercado está em baixa — e obviamente, aqui, o único ser capaz dessa façanha seria Deus, já que nunca sabemos quando um ativo já caiu o bastante.

Qual estratégia você acha que ganhou? Pois é, a conclusão vem no próprio título do estudo do Nick: "*Nem Deus poderia bater a estratégia do Custo Médio em Dólares.*" Perder o "fundo" por apenas dois meses — algo que aconteceria na prática, porque você não é nenhuma divindade — faz com que essa estratégia de tentar comprar barato (somente nas quedas) perca em 97% das vezes para a simples disciplina de se comprar todos os meses, e fazer isso independente do preço, religiosamente (*desculpe o trocadilho*). Mais fácil que investir assim, só desenhando.

> "Portanto, se você tentar acumular dinheiro e comprar no fundo do poço, provavelmente ficará em situação pior do que se tivesse comprado todos os meses. Por quê? Porque enquanto você espera pela próxima queda, o mercado provavelmente continuará subindo e o deixará para trás."
>
> NICK MAGGIULLI

Figura 25 — Quem hesita demais nunca investe. Por Ricardo Amaral.

Como bônus por esquecer um pouco de ficar olhando a cotação, ganhe *tempo livre* para você e sua família. E a paz mental de não precisar ser um gênio da Bolsa e ter de acertar os melhores momentos de compra — já que nem isso daria mais dinheiro. *Que tal*?

O segundo exemplo é meu mesmo. Quero aqui comparar o que é mais importante: ter taxas de rendimento anuais maiores ou focar em aumentar os meus aportes mensais? Ou seja, o que importa mais: achar investimentos "matadores", ações que explodirão de preço, ou focar em investir mais, mês a mês?

Para um investimento de cinco anos, simulei alguns cenários. Dez por cento ao ano de rentabilidade, para aportes mensais de R$250... E comparei em outros cenários, sempre dobrando os aportes, porém dividindo a taxa mensal por dois.

O tamanho das bolinhas no gráfico a seguir revela o montante de dinheiro acumulado após os cinco anos, para cada condição de juros anuais e aporte mensal. Note que, mesmo com uma taxa baixíssima de 0,5% ao ano, o maior patrimônio obtido veio por meio da condição em que meus aportes foram os maiores (R$2 mil por mês).

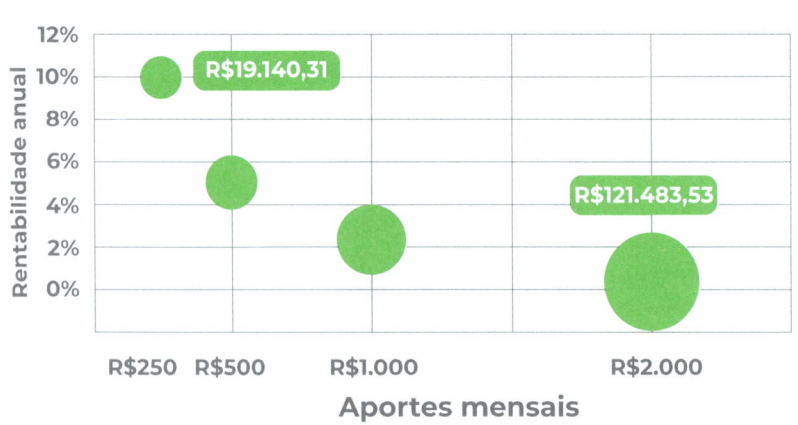

**Comparação aportes vs. taxa
(5 anos de investimento)**

Figura 26 — Taxa não faz milagre em aportes pequenos e curto prazo. Por William Ribeiro.

O que quero dizer com isso? Todo o mercado financeiro se resume às taxas de juros: rendimento das carteiras recomendadas, promessas de lucros rápidos, qual ação vai *bombar*... Tudo para não lembrar você de fazer o *seu* dever de casa, a parte mais dura (e, como vimos, mais importante) da coisa: ***investir mais, todos os meses***.

Não é à toa que peguei no seu pé o livro inteiro para você focar em ganhar mais dinheiro e economizar mais, não é? Agora provei o meu ponto, *na ponta do Excel.*

Não é glamouroso dizer que o jogo depende mais de ***você*** do que das dicas de ouro dos especialistas. Por outro lado, me sinto aliviado por saber (e espero que o mesmo sentimento seja despertado no amigo leitor) que o jogo de investir depende muito mais de mim do que das águas turbulentas do mundo da renda variável e até da renda fixa — já que a única certeza que temos para a Selic é que ela variará.

Juros não têm previsibilidade, não há especialistas que garantam juros gordos para você. Claro que não estamos falando de contentamento com baixas remunerações, até porque escolhemos bons investimentos justamente na expectativa de termos bons retornos. Mas, depois deste gráfico, se for para escolher perder o seu tempo acompanhando rentabilidade ou para conseguir mais dinheiro para aportar, diz aí, *qual você prefere?*

Ações: de onde vêm, como reproduzem (o seu dinheiro)?

Certeza que você já ouviu falar de ações, Bolsa de Valores. Mas você sabe exatamente por que a Bolsa existe e como funcionam as ações?

Tenho um exemplo que te ajudará a entender o mercado de ações. Imagina que você tem uma "salgadaria", a *Wesley Salgadão*. Você faz atualmente R$5 mil de lucro por mês, R$60 mil por ano, portanto.

O negócio vai bem, e você quer ampliar, abrir novas unidades. Só falta o *faz-lhe rir*. Então, para levantar o dinheiro, você tem algumas opções:

- Pedir dinheiro para o seu cunhado. *Mas ele é mais quebrado do que você, aí não rola.*
- Bater na porta do banco e pedir dinheiro emprestado. Cansamos de falar aqui do perigo dos juros altos. Adicionando esse risco ao de se empreender, você terá, como resultado, riscos em dobro. Você pode não conseguir pagar o banco, porque nada é garantido: o plano que você está pensando para a sua empresa pode não acontecer exatamente do jeito ou no prazo que você está planejando.
- Ou você pode arrumar *sócios* para o seu negócio. Em troca do dinheiro que esses sócios colocarão na sua empresa, você oferece a eles *parte* da empresa. Afinal, é bem melhor ter 50% de um meganegócio do que ser o único dono da salgadaria onde só você come.

Pois bem, vamos explorar melhor essa opção de chamar mais gente para dividir o risco com você. Além do dinheiro, esse sócio trará profissionalização para o seu negócio. Com o dinheiro, você poderá melhorar os processos, o seu produto. Sua marca ficará em evidência. Imagine o William Bonner falando: *"As ações da Wesley Salgadão subiram 5% e lideraram as altas da Bolsa hoje!"* Propaganda de graça, hein? Já já eu explico o que faz uma ação subir ou descer de preço.

Abrindo o capital, você também será obrigado a conduzir o seu negócio de maneira profissional, porque você terá que prestar contas do seu negócio para os novos acionistas, a fim de ser justo com os seus novos sócios.

Vai guardando os termos aí conforme a gente vai falando: o seu negócio ganhará em **governança corporativa**.

Então tá. Você decidiu por este último caminho, chamar mais gente para dividir a *bucha* com você. Afinal, como diz o ditado, "*sozinho a gente não consegue nem ser corno*".

Para negócios pequenos, o único jeito atualmente viável no Brasil é você achar uma pessoa para ser sócia e vocês dois deterem todo o negócio. Continuaria sendo uma empresa de **capital fechado**. Você, que já teve uma sociedade, sabe como é difícil pra caramba achar uma pessoa para ser sua sócia. E para separar também: por vezes, nem divórcio costuma ser tão complicado como se desfazer de uma sociedade empresarial.

Mas vamos imaginar que no Brasil não fosse tão burocrático assim *abrir o capital* da sua empresa na **Bolsa de Valores**. Por sinal, aqui só tem uma, e se chama *B3:* relativo às iniciais de *Brasil, Bolsa, Balcão*.

Wesley Salgadão passaria a ser uma companhia aberta. Ganharia um código de negociação na B3, chamado *ticker*, com quatro letras e um número (este a gente vê já, já). As letras a gente já definiu: SALG. *Curtiu a criatividade*?

Nesse processo, você permite que qualquer pessoa compre *cotas* de sua empresa e vire *sócio* do seu negócio. Este é o conceito de ação: *a menor parte do capital social da empresa*.

Quem comprar as ações da sua empresa financiará o seu negócio. Injetará dinheiro no caixa, mas não trabalhará no dia a dia da empresa. Passará a ser detentor de direitos, como parte dos lucros do negócio, por exemplo. *Guenta* aí que eu te mostro por que isso faz sentido para todo mundo, empresa e acionistas.

Esse processo de abertura se chama **IPO**, ou *Oferta Pública Inicial* de ações, no teclado PT-BR. Essa é uma *Oferta Primária*, ou seja, as ações da empresa deixam de ser só suas e passam para as mãos dos diversos acionistas que as comprarem. O dinheiro obtido com a venda das ações vai para o *caixa* da sua empresa.

Vamos brincar um pouco com os dados financeiros da sua empresa. O primeiro passo é avaliar *quanto vale o show*, ou melhor, o seu negócio. Tem todo um exercício de futurologia aqui, de imaginar quanto sua empresa gerará de caixa no futuro. Mas, enfim, digamos que o valor justo da sua empresa seja de dez vezes o lucro anual. Como você lucrava R$60 mil por ano, digamos que o seu negócio foi avaliado em R$600 mil. Legal, dez vezes o lucro anual.

Agora vamos supor que sua empresa terá o capital dividido em 30 mil ações. Cada ação seria precificada, portanto, a R$20.

Beleza! Só que você não venderá todo o seu negócio. Aliás, se fosse assim, seria **venda** pura e simples, e você não estaria buscando um sócio se quisesse pular fora do navio.

Você deseja manter 51% das ações da empresa em sua posse, afinal, é você quem está lá todos os dias dando o sangue pelo negócio. *Justo*!

Então você colocará 49% das ações da Wesley Salgadão para serem negociadas na Bolsa! Ou seja, 14.700 ações irão para o mercado, o que é conhecido como **free float**, a quantidade de ações da empresa que estão sendo efetivamente negociadas na Bolsa.

Como cada uma dessas 14.700 ações custa R$20, isso gerará R$294 mil no caixa — claro que teriam descontos aqui, mas vamos manter simples o exemplo, *não complica o trem, não!*

Depois que sua empresa colocou essas ações no mercado, a negociação passa a ser livre entre os investidores, no **mercado secundário**. Ou seja, passam de mãos em mãos, sem a sua empresa receber nada por isso.

Para quem compra as ações, olha que estratégia interessante: em vez de correr todo o risco de empreender sozinho, sobretudo aqui em *terras brasilis...* a pessoa investe o seu dinheiro em um negócio com gestores profissionais e pode vender a participação dela, ou apenas uma parte, a qualquer momento para outro investidor. Quer dizer, dentro dos horários de negociação da B3, nos dias úteis.

Lembra daquele preço inicial de R$20 por ação? Pois é, esse foi só o *start*, o começo da *bagaça*. A partir daqui, o mercado ganha vida própria. A cotação tende a se **antecipar** às notícias que podem ajudar ou prejudicar a empresa no futuro, e é **exatamente isso** que muita gente não entende.

Por exemplo: existem rumores de que o governo pretende, digamos... incluir salgados como item da cesta básica do brasileiro. Os investidores entendem, com razão, que isso pode impactar positivamente os lucros da SALG. E o que acontece? Uma corrida às compras. Para você entender a dinâmica, imagine este cenário: você tem uma moto, e, de uma hora pra outra, todo mundo quer comprá-la. Você, que está quieto aí no seu canto, pensa assim: "*Uai (se for mineiro)! Eu tô bem de boas aqui. Não queria vender minha motoca. Mas se oferecerem 20% a mais do que eu paguei, eu vendo até a minha irmã.*"

Esse é o efeito quando a força compradora, o lado da demanda, é mais forte: **aumento de preços**. Vale para tudo o que envolve dinheiro: desde a Bolsa, cotação do real frente ao dólar, até o dinheiro que você ganha como fruto do seu trabalho. Tudo é uma questão de **oferta e demanda**.

O contrário também é válido: se a SALG divulgar um balanço com lucros abaixo das expectativas do mercado, ou se subir muito o preço do trigo, o que acontece? Uma galera sai vendendo, com medo de ficar parado e a ação desabar. Ninguém quer ser o último a sair e apagar a luz.

Por ora, o que quero que você tenha entendido é este primeiro mecanismo para ganhar dinheiro: a **valorização das ações**, com relação ao valor que você pagou previamente.

A outra maneira de ganhar dinheiro com ações a gente vê agora. Vamos imaginar que um ano se passou. Com o dinheiro que entrou no caixa, você investiu e conseguiu aumentar o lucro em 300%. Em vez de R$60 mil, os salgados do Wesley agora dão R$240 mil de lucro no ano. Legal! Dá o equivalente a R$8 de lucro para cada uma das 30 mil ações, ou seja, **LPA, Lucro por Ação**, de R$8,00.

A outra maneira de ganhar é *participando dos lucros* que as empresas apresentam (se for o caso, claro). Essa distribuição de lucros acaba variando bastante de empresa para empresa. Tem empresa que opta por usar a maior parte do lucro para reinvestimento, o que também gera valor para os acionistas, caso o plano dos controladores seja bem-sucedido.

Outras empresas são conhecidas por *vacas leiteiras*, boas distribuidoras de lucros, os *proventos*. O mercado chama tudo de *dividendos*, mas a empresa pode distribuir os lucros de outro jeito, chamado de *Juros sobre Capital Próprio (JCP)*. Para gente que recebe, basicamente só muda o jeito de declarar no Imposto de Renda — *sim, se você investe em ações, tem que declarar, mas não é um bicho de sete cabeças e nem motivo para você não investir*. Os informes das corretoras nos ajudam muito nessa tarefa.

Mas, do lado da empresa, pense o seguinte: ela paga impostos sobre o lucro. Então, ao contrário de nós, pessoas físicas, ter dívidas acaba sendo interessante para as empresas no regime de Lucro Real: as dívidas diminuem o lucro e a base tributária, ou seja, elas pagam menos impostos por causa das dívidas! Claro que existem limites e otimizações para o tamanho dessa dívida, mas não se preocupe com isso.

Nessas empresas boas distribuidoras de proventos, acontece o seguinte. É que, muitas vezes, elas não têm grandes obras de expansão, pela estrutura já ter sido implementada. Como exemplo, podemos citar as companhias dos setores de telecomunicações, energia e saneamento básico.

Mas voltemos para o seu império dos salgados. Lembra-se do lucro de R$240 mil? Vamos supor que você decida distribuir 30% desse lucro aos acionistas. Para as empresas da Bolsa, existe um número mínimo que era exigido, de 25%, mas na prática vale o que o estatuto da sua empresa decidir. Então, a Wesley Salgadão tem um *dividend payout* de 30%, exatamente o percentual dos lucros que você decidiu distribuir.

Então, vamos lá. Setenta por cento do lucro de R$240 mil você vai *reter*, vai reinvestir no negócio, para continuar crescendo. Ou seja,

R$168 mil continuam no caixa da empresa, e R$72 mil você distribuirá para a galera.

Chique! Vamos ver como fica a distribuição dos dividendos. São R$72 mil para as 14.700 ações que a sua empresa tem no mercado. Ou seja, chegamos no valor de R$4,90 de dividendo por ação, isto é, as pessoas que têm a ação SALG receberão R$4,90 por cada ação que tiverem comprado.

E se a gente considerar o preço de R$20 pela ação, esses R$4,90 significam 24,5% em dividendos. Este é o **dividend yield** da empresa, os dividendos (pagos dentro de um ano) divididos pelo valor da ação (deve ser considerado o valor atual corrente daquela ação).

Sacou como funciona? No modo real, na vida que vale mesmo, as ações das empresas geralmente são negociadas em lotes de 100. Assim, um lote das ações SALG custaria R$2 mil. E como faz para quem é pequeno e está com o bolso curto, hein?

Não tem problema, existe outro mercado, chamado de *fracionário*, que negocia as ações uma a uma. As pessoas podem comprar e vender normalmente, e a ação é **exatamente a mesma** do lote padrão. Só as negociações que são diferentes do mercado padrão.

Você pode comprar ações no fracionário, bastando colocar um *F* no final do *ticker*, e quando tiver múltiplos de 100 ações, pode vender no mercado "normal", sem problemas. Então o mercado fracionário é só uma forma de você comprar um pedaço do lote padrão, não tem problema nenhum você comprar no fracionário.

Agora vejamos como funciona o número depois do *ticker*, do código da ação. Esse número reflete o *tipo* da ação. As ações que dão direito a voto na empresa, ou seja, que são da mesma categoria do controlador, são aquelas do tipo *ordinárias*, ou ON. Na verdade, só deveria existir esse tipo de ação, que são do número 3. Então, no nosso caso, a gente tem a SALG3 como as ações ordinárias do Wesley Salgadão. E SALG3F seria a ação da empresa vendida no mercado fracionário.

Empresas que estão no *Novo Mercado*, ou seja, o maior nível de governança corporativa, só têm ações ordinárias. Uma empresa do Novo Mercado não significa que é boa só por isso, mas que ela cumpre com requisitos que trazem maior transparência para os minoritários, como a gente. Inclusive, se receber uma oferta de venda de controle da empresa, empresas do Novo Mercado têm a obrigação de estender a mesma condição para os investidores. Isto é, teríamos o direito de vender as nossas ações pelo mesmo preço que os controladores receberem na oferta. Falando no jargão de economês, empresas no Novo Mercado contam com 100% de *tag along*.

Mas, no Brasil, também existe uma "*jabuticaba*" que atende pelo nome de **ação preferencial (PN)**, de final 4. Exemplo: PETR4, as ações preferenciais da Petrobras. Nesta classe de ações, não há a obrigação de oferecer *tag along*, e esse é o maior desafio para quem é sócio: você pode ficar no fim da fila caso a empresa seja vendida, recebendo por suas ações menos do que o controlador.

É incomum acontecer trocas de controle nas empresas, mas, tal como num acidente, é melhor estar preparado e não acontecer do que acontecer e não estar preparado.

Algumas empresas, como a Azul, apesar de não terem ações ordinárias (o que não passa uma boa mensagem, a meu ver, parece que não nos querem como sócios), a empresa estende 100% de tag along nas PNs também.

As ações preferenciais geralmente têm preferência para receber os dividendos, mas não se esqueça: não existe almoço grátis. Você é sócio: se sai dinheiro do caixa e vem para você, na soma, fica no zero a zero, não existe dinheiro caindo do céu. Aliás, recebidos os dividendos, é fundamental que você *reinvista*, se ainda está construindo o seu patrimônio.

Aí, nesse rolo de preferencial há empresas que ainda dividem em subtipos, como a preferencial de *Classe A* (como USIM5) ou *B*, de final 6 (como ELET6). E qual a diferença? Tem que ver empresa por empresa.

Adentrando no rolo: existem empresas em que praticamente você não consegue comprar ON, se não "encapsuladas" em um pacotinho denominado *unit*, que tem o final 11, como TAEE11, a unit da empresa Taesa. As units são **Certificados de Depósitos de Ações**. Esse final 11 tem várias outras coisas com ele também, tome cuidado para não confundir, como Fundos Imobiliários e várias outras coisas.

Então, para essas empresas que têm unit, você comprará um "pacote" com ações ordinárias e preferenciais. O caso da unit da Taesa, por exemplo, contém 1 ação ON + 2 ações PN.

O lado ruim das empresas que têm unit é justamente o motivo que as levou a lançar: *por que não querem que compremos as ações da mesma categoria do controlador*? E também a unit "rouba a liquidez", a maior parte das negociações acontece nela. Se você quiser comprar ou vender individualmente suas ON ou PN, pode ser que tenha que fazer algumas concessões (descontos ou pagar mais caro) para achar um negociador do outro lado.

Então, qual tipo de ações comprar? Se você quer ser sócio das empresas, leve a ON e seja feliz. Ou pelo menos se a empresa oferecer as PN ou units com 100% de tag along, isso garantirá que você não fique para trás.

Mas tem gente que ganha dinheiro na Bolsa de várias outras formas, por exemplo, fazendo **tradings**, lucrando com a oscilação dos ativos. Aí, tanto faz ON, PN ou unit, bolinhas, pedrinhas... *O ser humano adora uma aposta, né?*

Se aos investidores não é oferecida nenhuma espécie de garantia de lucros, uma coisa é certa: quem seguramente ganhou na história foi a Wesley Salgadão. Aliás, não só ela, mas seus funcionários, fornecedores, e até os impostos cresceram, na medida em que a empresa ganhou mais dinheiro para expandir. Em última instância, um mercado financeiro próspero implica em economia próspera para todo um país. E pensar que tem gente que ainda fala que a Bolsa de Valores não serve para nada, que é cassino... *Desculpe essas pessoas. Elas não sabem o que dizem.*

Quando (e quais) ações comprar? Quando vender uma ação?

Mais um daqueles tópicos que renderiam bibliotecas inteiras — e você não chegaria à conclusão nenhuma depois de ter lido todos os livros, de tão divergentes que são as teses de investimento. E o pior de tudo: não é copiando a estratégia de alguém que você será bem-sucedido. Não tem receita mágica para investir, mas, de tudo o que já li, ouvi e tenho trazido para a minha vida de investidor, basicamente duas coisas realmente importam: *constância* e *paciência*. Resumirei aqui a minha estratégia; você pode analisar para ver se faz sentido ou não para você.

Não faço *trading (ou trade)*, ou seja, comprar ações e vendê-las no curto ou médio prazos. Quanto mais cedo você se desfaz do ativo, menos se aproveita do potencial de crescimento dele e mais difícil fica ter consistência nos seus ganhos (lembre-se da pesquisa da FGV sobre *daytrading* que citamos aqui).

Se você opera no curto prazo, tem metas de valorização (caso o seu cenário positivo se concretize), como também limite para perdas (se o ativo for na direção contrária à sua aposta). E torce para ser um dos raros investidores que faz essa diferença ficar positiva, a seu favor, dia após dia.

Esta palavra, *aposta*, na minha opinião, define essencialmente a diferença de *investir* para *especular*: no curto prazo, quase tudo é uma aposta, tudo pode acontecer. Mas no longo prazo, se você comprou boas ações e as manteve na carteira, é empírica a observação de que *a cotação aumentará e acompanhará os lucros das empresas*. É natural que você cometa erros de avaliação e invista em empresas erradas, e é justamente por esse motivo que há a diversificação. A ideia é que aquelas que você acertar compensem — e muito — as empresas que não foram para a frente.

Essa condição de "manteve na carteira" é o divisor de águas. Quem investe olhando cotação certamente venderá as ações quando achar que "cresceram o bastante". Olha que presunção: se o mercado soubesse disso, já teria vendido faz tempo, e você pensa que sabe (*aham, champs*!) que está caro demais e é hora de vender! Um verdadeiro *Ninja de Wall Street*!

O negócio não faz sentido do ponto de vista matemático também: todos os ralis recentes de que posso me lembrar neste momento, como Bitcoin, Weg, Magazine Luiza... Só participaram das valorizações colossais destas empresas as raríssimas pessoas que mantiveram esses ativos na carteira e não *alfacearam* na primeira valorização.

É por esse motivo que também não faço o chamado "**rebalanceamento de carteira**". Mas isso eu deixo uma verdadeira lenda dos investimentos, Peter Lynch, justificar por mim:

> "Vender as ações com as quais você ganha dinheiro, e manter as que perdem, é como cortar as flores do seu jardim e regar as ervas daninhas."

Figura 27 — Qual cultura você está regando? Por Ricardo Amaral.

Seja paciente. Investir em ações é como ser dono de uma empresa (como, de fato, você passa a ser quando compra uma ação). **O tempo de investir em renda variável é** *indefinido*. Como chego para você e falo: *"José, quando é que essa sua barbearia aí vai bombar, hein?"* Se a gente sabe que isso é impossível, por que fazemos exatamente assim ao investir em ações? Embora as ações sejam suas e você possa vendê-las quando quiser, o ideal é que não faça isso sem *precisar* fazê-lo.

Dê tempo ao tempo. Se você continua acreditando no negócio da empresa, em seus diferenciais competitivos, por que abrirá mão de ser sócio dela em uma queda ou em uma valorização repentina? Se vender, será que conseguirá reinvestir em algo com tamanho potencial de valorização? Em muitos casos, o melhor que podemos fazer é justamente não fazer absolutamente nada.

A parte da venda das ações também envolve um belo exercício de futurologia. Você poderia se desfazer de uma ação quando ela perde os seus fundamentos (veremos a seguir), mas acontece que *você pode estar errado*! Empresas têm momentos ruins, e é justamente por isso que nem acompanho mais os seus balanços trimestrais.

Se você realmente não deseja mais continuar sendo sócio de uma determinada empresa porque ela "ficou ruim", você pode ir vendendo aos poucos, mensalmente. Ou simplesmente parar de comprar, não fazer nada mesmo: já que você diversifica e coloca apenas um percentual da sua carteira em um único ativo, o máximo que poderá perder é aquela fatia pequena do seu patrimônio.

Então, compre quando desejar ser sócio de uma empresa. Venda na condição contrária (lembre-se dos riscos que citei antes). É simples, até demais. A parte difícil fica contigo: sobrar mais grana para investir. E *controlar as lombrigas* por aí, leia-se aqui, ***ganância*** e ***medo***.

Estratégia Buy and Hold: renda variável sem medo

Abordemos algumas estratégias que uso para diminuir os riscos da renda variável. A primeira delas é justamente definir a alocação de dinheiro para esta categoria, tendo em mente que é um dinheiro de que você não precisará pelos próximos cinco, ou até mais, digamos dez anos. Na verdade, não há prazo, como já vimos.

Dependendo do seu perfil de investidor, você pode ter 50% do seu patrimônio em renda variável, ou até mais. Já outros se contentarão em ver, no máximo, 10% do dinheiro da família oscilando.

O que importa é que você comece na renda variável aos poucos, assim que já tiver acumulado dinheiro suficiente para o seu colchão financeiro. A ideia é investir um pouco a cada mês, comprando **um ou no máximo dois de cada vez**. Ao longo do tempo, você terá investido em diversos ativos dentro de uma mesma categoria. Recomendo não só que você faça uma carteira de investimentos, como também que diversifique **dentro de cada categoria** deles. Como estamos falando de ações aqui, o ideal seria você ter uma carteira com pelo menos de dez a quinze ações.

Você também pode estipular quantos por cento do seu dinheiro da renda variável quer ter em ações. Estratificando mais ainda, pode definir qual o percentual que cada ação, individualmente, deve ter dentro da sua carteira de ações. Você pode inclusive arbitrar que nenhum ativo, individualmente, tenha mais que 2% do seu patrimônio total — o que pode sair do controle caso haja alguma valorização agressiva de um ativo, sem problemas.

E na hora de escolher qual ação comprar, escolha aquela que está mais longe do objetivo que você definiu — assim você acaba aproveitando as baixas nos preços dos ativos. Estas sugestões valem também para outros ativos de renda variável que veremos na sequência.

O problema reside em quando você tem muito dinheiro e deseja aplicar em renda variável. Penso que a melhor estratégia seria dividir o seu patrimônio em 12 ou 24 meses, para que possa entrar mensalmente, aos poucos.

Indicadores fundamentalistas: como saber quando uma empresa é boa?

Novamente, aqui vão as *minhas* considerações sobre a escolha de boas empresas para se investir. Convido o leitor amigo aí do outro lado do livro a refletir e definir os próprios critérios, os fundamentos a serem considerados ao selecionar ações nas quais investir (no jargão técnico, fazer o *Stock Picking*).

É justamente daí, dos fundamentos, que vem a maioria das métricas que veremos a seguir, que se consolidam na chamada *Análise Fundamentalista de Ações*.

Diferentemente da *Análise Técnica*, que visa acompanhar tendências e identificar padrões através do gráfico, aqui a gente analisará tão somente os *fundamentos* das ações, geralmente com dados obtidos por meio dos balanços patrimoniais divulgados pelas empresas.

Talvez existam centenas (senão milhares) de indicadores fundamentalistas e jeitos de complicar as coisas. No fim do dia, para os adeptos da simplificação e otimização, como nós, a única coisa que importa é que invistamos em empresas *sólidas* e *promissoras*. Ponto final. Isso significa que desconsideraremos todos os indicadores de preço, porque se traduzem apenas em um retrato momentâneo do que o mercado oferece pelo ativo.

Estamos interessados em *investimento em valor*, o que não necessariamente tem relação direta com preço, principalmente no curto prazo.

Governança corporativa

É a primeira coisa que avalio em uma empresa. Veja que não é garantia de nada, apenas estamos tentando tirar do caminho fatos estranhos já conhecidos e outros que podem não favorecer a nós, minoritários.

> Olhando por outra ótica, estamos buscando empresas nas quais *não investir*, de acordo com esses critérios.

O primeiro ponto é ver o *tempo* que a empresa tem de Bolsa. Idealmente falando, deve ter pelo menos cinco anos listada na B3. Veja que aqui excluímos a possibilidade de investir em *IPO*, ou seja, nas *Ofertas Públicas Iniciais*, quando a empresa passa a ser listada na Bolsa. Você até pode investir em um IPO, mas aí a sua estratégia toma mais ares especulativos, o que aumenta muito os seus riscos.

A razão para isso decorre de não conhecermos exatamente como será a relação da empresa com sócios minoritários, seu real nível de transparência, como são tomadas e divulgadas as decisões da gestão da companhia. É como se o jogo começasse ali, no momento do IPO: uma coisa é o que a empresa performava, "dentro de casa", outra, totalmente diferente, é quando ela passa a ter mais sócios, ser auditada e cobrada publicamente por suas decisões. Cansei de ver empresas muito boas para seus donos e péssimas para a gente ser sócio.

Nesta linha, vêm a minha escolha pelas ações ordinárias. O ideal é que nem houvesse ações de outro tipo, mas, no caso dos bancos, por exemplo, as PNs estão lá e não deixarão de existir tão cedo.

Mas é importante verificar se a empresa disponibiliza ações ON e em quantidade abundante (pelo menos 15% de *free float* seria ideal). No caso das empresas que oferecem unit, as considerações já foram feitas anteriormente.

As empresas que estão no **Novo Mercado**, seguimento de maior governança corporativa, já são obrigadas a ter somente ações ordinárias, com no mínimo 25% de *free float* (podendo cair para 15%, caso o volume diário de negociação supere R$25 milhões[36]). Além disso, no Novo Mercado as ações têm 100% de *tag along*, o que definitivamente é importante para que você, minoritário, não seja preterido em uma eventual troca de controle futura da empresa. Estar no Novo Mercado é bom, mas por si só, não garante nada. De qualquer forma, há ótimas empresas fora dele também, apenas avalie esses pontos individualmente.

Investigue também quem são os controladores da empresa, aqueles que detêm a maior parcela das ações ordinárias. De repente, é o governo, e você sabe da enorme capacidade que este ente tem de fazer lambança. De longe, é o pior agente no que tange à governança; a última coisa que ele verá é que a sua cabeça está embaixo do *fiofó* dele na hora de fazer *caca*. Não que seja uma regra de ouro não investir em empresas assim, mas, se entrar nessas empresas, *já sabe do jogo né, champs*?

Também é bem comum encontrar como majoritárias de algumas empresas na Bolsa outras companhias, mas envolvidas em escândalos recentes. A própria dualidade na composição societária pode configurar conflito de interesse (já vi casos de empresa controlada ser "sangrada" para salvar a controladora, do mesmo grupo econômico). Ou seja, *investigue de quem você será sócio*.

Um ponto que também ilustra a governança e a responsabilidade financeira da empresa é a **remuneração dos administradores**. Não é raro encontrar empresas em que mais de 20% do lucro líquido vai para o bolso deles (*estou olhando uma aqui que é 40%*)! Você deseja ser sócio de empresas assim? *Me inclua fora dessa*.

Dados financeiros

O principal deles é, obviamente, o tão sagrado (e no Brasil odiado) *lucro*. Não adianta, empresa tem diversos propósitos, mas sem lucro, nem uma ONG vai para a frente. A empresa **tem que dar lucro**, e escolho aquelas que entregam lucros anuais **recorrentes** e de preferência **crescentes**.

Nos balanços trimestrais ou até em anos excepcionais, pode até ser que uma empresa que tenha apresentado prejuízo continue sendo "boa" para continuar recebendo os meus aportes. Diversas circunstâncias podem acontecer, e cabe a nós, investidores, avaliar se o caso é de uma excepcionalidade (como em um desembolso grande para investimento ou em um ano de crise) ou se o troço descambou de vez mesmo.

O que não é legal é o contrário: achar empresa ruim e investir como um torcedor de time de futebol, acreditando na recuperação, o famoso *turnaround*. Se está ruim, deixe lá mesmo — afinal, tenho certeza de que, se eu chegasse com uma empresa em recuperação judicial, te convidando para ser sócio, você me receberia com uma singela *portada na minha fuça*. De novo: estamos falando de ser sócio, e a maioria das empresas que está no buraco não consegue sair da canaleta. Quer se aventurar e fazer *trading*? Aí o jogo é outro, e os riscos também.

Quero falar de outros indicadores de lucratividade do negócio, que julgo serem muito importantes também.

- **EBITDA:** é o resultado operacional, gerado pelos negócios da empresa. O EBITDA nos permite avaliar como está a *geração de caixa* da organização. Mas olhar só o EBITDA não basta, porque nele não estão inclusas deduções de despesas financeiras e impostos (por exemplo), que impactam na lucratividade da empresa. E aí podemos ver o próximo indicador.

- **Margem Líquida:** ao dividirmos o lucro líquido pela receita líquida (ou seja, descontados os impostos), obtemos a margem líquida da empresa, que é um indicador de *competitividade*. Em outras palavras, de cada um real faturado, quanto efetivamente se torna lucro (e aqui a empresa pode ter mais margem conseguindo vender mais caro e/ou reduzindo seus custos). Podemos dizer que uma empresa que tem mais margem tem maiores *vantagens competitivas* sobre seus pares. Só lembrando que as margens de cada setor são bastante diferentes: uma empresa de tecnologia certamente deve ter maiores margens que um varejista, porém este último tem um giro muito maior.

- **ROE:** em português, *Retorno sobre o Patrimônio Líquido*. Mas vamos por partes, como diria Jack. O patrimônio líquido é a diferença entre os *ativos* (como dinheiro em caixa, imóveis, máquinas, equipamentos) e os *passivos* (dívidas, custos, financiamentos). Então, é suficiente para sabermos que, para uma empresa dar certo, os ativos precisam ser *maiores* do que os passivos, o que consequentemente faz o patrimônio líquido ser *positivo*, certo? Aqui já fica o nosso primeiro ponto de atenção. O ROE é obtido da *divisão do lucro líquido pelo patrimônio líquido*, o que nos mostra, em última instância, a *rentabilidade* do negócio: o quanto de lucro é gerado sobre o dinheiro investido pelos acionistas da empresa.

- **Endividamento:** as empresas da Bolsa podem se beneficiar por terem dívidas, por pagarem menos impostos. Tudo funciona como a diferença entre remédio e veneno: o efeito depende da dose. Uma empresa pode usar capital de terceiros (dívida) para expandir seus negócios, mas o endividamento excessivo pode causar, em última instância, a insolvência, *falência* de uma organização. Existem setores que trabalham mais alavancados, e até empresas que costumam, digamos, *viver perigosamente* assim também. Cabe a nós entender os riscos e o contexto, o perfil da dívida da empresa, quais os impactos das obrigações de curto e de longo prazo. Mas há um indicador geral de endividamento que é bastante interessante, porque compara o endividamento da empresa face à sua geração de caixa (o EBITDA). Vejamos os seus componentes. A *dívida líquida* da empresa representa a soma dos financiamentos e empréstimos, mas reduzindo desse valor o que a empresa dispõe em caixa e equivalentes. E aqui vem o indicador de alavancagem chamado *Dívida Líquida/ EBITDA*, que, quanto maior for, maior é o risco de a empresa não conseguir cumprir suas obrigações. É interessante analisar a empresa e seus pares, concorrentes no segmento, e também qual o impacto das dívidas de curto prazo na empresa. Mas, como regra geral, se este indicador for maior do que três, é um sinal de atenção para nós, investidores.

Mas e os dividendos? Não vale a pena escolher ações para isso?

Falei de tudo, mas não falei do mantra do mercado: "*Viver de dividendos.*" *Será que eu esqueci*? Infelizmente, não. É que **não faz sentido comprar ações só para receber os dividendos**.

Calma que eu explico. Estou falando de você, que ainda está na fase de acumulação de patrimônio. O grande chamariz de alguns agentes do mercado é vender a você o sonho de ficar rico, dinheiro pingando na conta, sem precisar fazer nada. Sinto ser eu, novamente, aquele estraga-prazeres que te coloca de novo nas duras bases da vida real.

Vamos lá, veja se você concorda. Digamos que você é sócio de uma empresa que atualmente paga um *dividend yield* de 6%, muito bom, por sinal. Para ter uma renda de R$1 mil por mês, R$12 mil por ano, é só você dividir 12 mil por 0,06 para constatar o quanto você deveria ter investido nela: **R$200 mil**. Sim, duzentas pratas para tirar milzinho por mês. E, no exemplo, deveria estar tudo aplicado nessa empresa ainda (lembre-se de que você deve ter *muitas* ações na sua carteira, o que certamente acabaria por diminuir o seu *yield*). Este é o primeiro ponto: para ganhar dinheiro com dividendos (pelo menos o suficiente para pagar algumas compras do mercado), você tem que ter muito dinheiro. É o tradicional "*dinheiro gera dinheiro*", não tem jeito.

Segundo ponto: durante a fase de acumulação de patrimônio, você deve **reinvestir** tudo o que puder, incluindo os dividendos que receber. Dividendo não é dinheiro para você gastar, é para você aumentar o efeito da bola de neve dos juros compostos sobre o seu patrimônio e ***reduzir o tempo para conseguir a sua independência financeira***.

Também acrescento que dividendo não é dinheiro extra, um bônus ou um maná que cai do céu. A grana saiu do caixa da empresa de que você é sócio, não tem milagre. Lembre-se novamente, meu amigo: você é o dono da coisa, funciona exatamente como em uma empresa. Se sai dinheiro do caixa da firma e entra no seu bolso, qual a sua evolução patrimonial no fim do dia? *Zero*! Você ficou mais pobre na pessoa jurídica e um *cadinho* mais rico na pessoa física.

Aliás, o balanço fica negativo se você usar um pedacinho da empresa para o rolê aleatório do fim de semana. Considere também que os dividendos pagos são descontados do preço da ação, você não ganha nem perde nada após o evento.

Terceiro motivo: não é porque uma empresa distribui dividendos que você sai ganhando com isso. Oito das 25 maiores empresas dos EUA não distribuem dividendo algum,[37] já que por lá não há a obrigatoriedade legal de distribuição, como no Brasil. Mas, mesmo com dividendo zero, eu te pergunto: você não gostaria de ter investido no Google, Facebook, Netflix e Amazon?

O fato é: se você é sócio de empresas com fortíssimo diferencial competitivo, capazes de multiplicar o capital do acionista diversas vezes, por anos consecutivos, onde o dinheiro tem mais probabilidade de ser bem aplicado: *reinvestido* na própria empresa (da qual você é sócio) ou no seu bolso?

Claro que existem empresas dos setores chamados *perenes*, como os bancos, empresas de saneamento, telecomunicações e de energia, que são boas pagadoras de dividendos pela natureza dos seus negócios. Essas empresas têm parques instalados, infraestruturas gigantescas que já estão operacionais e que não precisam frequentemente de caixa para ampliação. Não é toda hora que se constrói uma nova hidrelétrica, torres de celular, tubulação de esgoto de uma cidade. Natural então que essas empresas ofereçam um maior *dividend payout*. Ok, mas se você recebeu os dividendos, já sabe né? *Precisa reinvestir.* E mesmo dentro desses setores ditos "perenes" há muita empresa ruim também! **Dividendo não diz nada sobre a empresa.**

Evidente que, para *usufruto* do dinheiro investido ao longo de uma vida, os dividendos terão um papel fundamental para que você tenha renda quando não puder ou desejar mais trabalhar. Se não for o seu caso, deixe de *sardinhagem* de ficar buscando dividendos e foque em encontrar por *boas empresas*. Para ganhar dinheiro, infelizmente, não tem milagres, ao contrário do que muitos tentam vender por aí.

Fundos de Investimento

Até aqui, a gente focou bastante em "ensinar a pescar", em vez de "dar o peixe". Mas tenho que fazer uma confissão a você: nem todo mundo pode, tem tempo, paciência ou o dom para pescar. Aventurar-se no que não se conhece ou onde não há aptidão certamente trará resultados inferiores do que contratar um pescador profissional.

Mesmo para aqueles que se arriscam a levar a sua varinha para a beira d'água, os fundos de investimentos certamente também podem *complementar* as suas carteiras e estratégias de investimento, ao possibilitar o acesso a mercados inacessíveis ou inviáveis de se chegar ou acompanhar individualmente.

Mas, afinal, o que são os fundos de investimento? Eles são um tipo de "condomínio" de investidores. Juntam o dinheiro da galera, combinam em quais *tipos de ativos* investir, e uma pessoa ou equipe passa a gerenciar a bolada toda.

O *gestor* dessa bufunfa fica antenado o tempo todo nos acontecimentos do mercado financeiro. Esse é o trabalho dele, vive para isso. E ele fica ali, só manejando a grana da galera, nos ativos de maior lucro, fazendo também o tal do *hedge*, que são manobras de *proteção* contra perdas.

E tem outra coisinha importante nos fundos de investimento: os *custos*. Afinal, essa galera que administra, gerencia e distribui os fundos também tem que levar o leitinho das crianças para casa, né?

Um dos custos é a *taxa de administração*, que costuma variar entre 0,5% e 4% ao ano. Essa taxa é aplicada sobre *toda* a grana investida, e não apenas sobre os lucros, viu? A cobrança é feita gradualmente, mês a mês.

Tem também a *taxa de performance*, que é baseada em *resultado*. Se o fundo bater a meta, ele cobra de você um percentual. Por exemplo, 15% em cima do valor que passou da meta.

E qual é a meta — *perguntaria a (não tão) querida Dilma Rousseff*? Depende do fundo, ou melhor, do parâmetro que ele usa como comparação. O mercado chama isso de *benchmark*.

Por exemplo, a meta pode ser entregar um rendimento igual ao do índice Bovespa, o Ibovespa (*deveria se chamar iB3, né?*). Assim, o que ultrapassar esse patamar terá o desconto da taxa de performance.

Quando investe em um fundo de investimento, você compra *cotas*, que funcionam como "pedaços" do patrimônio do fundo. Desta forma, se o patrimônio do fundo aumentar (o que, em última instância, é consequência da assertividade do gestor em comprar e vender os ativos no momento adequado), o preço das suas cotas aumentará, e é exatamente assim que você ganha dinheiro investindo por meio dos fundos de investimento.

Outra coisa com a qual você tem que ficar muito esperto sobre os fundos de investimento são os *prazos*. E tem vários, não é só prazo de resgate não. Olha só:

- **Prazo de cotização:** quando você investe, é o tempo que leva para o seu dinheiro virar cotas. E o contrário também vale quando você vende: é o tempo, a partir de quando você pediu o resgate, que a cota leva para se tornar dinheiro. O que é importante aqui: durante esse período, se você quiser vender, por exemplo, você *ainda* está sujeito às variações das quotas. E só *depois* desse tempo é que vem o próximo prazo.

- **Prazo de liquidação:** é o tempo que o fundo leva, *depois* da cotização, para depositar o dinheiro resgatado na sua conta.

Esses dois prazos somados, cotização *mais* liquidação, são o que forma o *prazo de resgate*. Geralmente vem assim: $D+n$, onde o D é o dia que você pediu para investir ou resgatar. Já o n é o número de dias úteis ou corridos, e aí você tem que analisar o material do fundo, a *lâmina* dele. E falando no prospecto do fundo, lá tem *muitas* outras coisas para você avaliar antes de investir. Rendimento passado é uma delas, embora não garanta nada com relação ao futuro.

Mas você também pode verificar se concorda com a política de investimentos do fundo, como também se faz sentido dentro da sua *carteira de investimentos* — não dá para você pegar um fundo apimentado se não tem a sua reserva de emergência feita, por exemplo.

O *gestor* do fundo é outra coisa muito importante, como também o patrimônio do fundo: quanto maior, significa que não *só você* está apostando suas fichas nele. Não se esqueça de verificar também, no site da *Comissão de Valores Mobiliários*, o *registro* do fundo em que você desejar investir. Existem muitos golpistas com esquemas travestidos de fundos, mas há uma dica que é um atalho: se prometeu rendimento, qualquer que seja, *fuja para as colinas*.

Lembrando que *não há qualquer espécie de garantia*, como a do Fundo Garantidor de Crédito, para qualquer fundo que seja. É que você não empresta dinheiro para o fundo, como acontece quando compra um CDB ou uma LCI. Um fundo é uma reunião de uma galera para investir em uma determinada classe de ativos e tem um CNPJ próprio. Entende a diferença?

Vamos falar dos impostos, em termos gerais. O IOF só é cobrado se você sacar o dinheiro antes de trinta dias. E o Imposto de Renda incide somente sobre o lucro e é recolhido pelo administrador do fundo, então você não precisa pagar boleto, nem guia, nada.

Nos fundos de investimento, dá para fazer um montão de combinações, tanto de ativos como de percentuais de aplicação em cada um deles.

Então, para deixar a coisa organizada, existem algumas categorias de fundos de investimento. Obviamente, cada tipo de fundo atende a um *perfil de investidor* diferente. Os *fundos de ações*, por exemplo, são para a turma que gosta de fortes emoções, que querem arriscar mais para eventualmente ganhar mais. Os *fundos de renda fixa* são para a turma mais *"de boa"*, que prefere o devagar e sempre. E por aí vai! O importante é você respeitar o seu perfil, para dormir em paz.

Falando um pouquinho dos impostos ao se investir em fundos de investimento. Se a gente estiver falando de fundos de ações, o IR é bem mais simples. A alíquota é de 15% sobre o *rendimento*, sempre. E é descontada do seu dinheiro só no resgate.

Mas se **não for** fundo de ação, aí dividimos em dois tipos, de acordo com sua classificação: longo prazo (composto por papéis com vencimento acima de 365 dias, em média) e curto prazo (abaixo disso).

- Os fundos de longo prazo têm a tabelinha decrescente do IR igual à da renda fixa e do Tesouro Direto, que já vimos anteriormente.
- Mas nos fundos de curto prazo, não tem *molezinha*: a menor alíquota é a de 20% (acima de 180 dias). Antes disso, são 22,5% dos seus rendimentos indo para o ralo.

Em ambos os casos, a cobrança do IR dos fundos é *semestral*. É o administrador do fundo que cuida disso, recolhendo o **valor em cotas** do próprio fundo. Por isso, esse jeitão de cobrança é conhecido como **Come-Cotas**. Ou seja, o governo te fazendo mais pobre em doses homeopáticas, *que é a especialidade número um dele, afinal*.

Vamos então dar uma olhada nos principais tipos de fundos de investimento.

Fundo cambial e de ouro: reserva de valor

Em um vídeo do **Dinheiro Com Você**, eu fiz uma provocação: "*Os preços não subiram, **você** é que ficou mais pobre.*" Embora tenhamos visto os dígitos dispararem nas gôndolas dos supermercados, o problema não reside no aumento de preços, mas, sim, na **perda de valor do real**. Como fizemos no vídeo, se você cotar o preço das mercadorias em ouro, verá o efeito contrário: um gráfico **descendente**.

Em outras palavras, embora tenha sido a melhor moeda que tivemos em nosso país, o real não é um boa **reserva de valor**, pois não preserva o poder de compra do dinheiro que você recebeu. O dólar também tem inflação, como já vimos, embora bem menor do que a nossa.

Aproveito aqui para reforçar a você a necessidade de *preservar parte do que você ganha em ativos fortes, como ouro e dólar*. Embora não produzam dividendos nem deem lucros, o objetivo é manter parte do seu patrimônio longe do "risco Brasil". Em última instância, caso nosso país tupiniquim entre em colapso (*você acha impossível?*), você terá meios para recomeçar em outro local. E uma das ferramentas para isso são justamente os fundos de ouro e dólar — *imagina ficar guardando ouro e notas de dólar debaixo da sua cama*?

Os fundos de ouro podem ter exposição cambial ou não, ou seja, você pode investir em *ouro em reais* ou com o ouro atrelado à sua cotação em *dólar*. Neste último caso, você pode ter maiores oscilações, porém ganhar mais em tempos de crise.

Fundos de renda fixa

Os ativos que compõem este tipo de fundo devem ser de, pelo menos, 80% daqueles investimentos de renda fixa que vimos até aqui, como CDB, LCI, Títulos Públicos e até Debêntures. Veja então que há uma infinidade de opções, mesmo para fundos mais simples, como os de renda fixa.

Verifique apenas se não é mais conveniente (no mundo dos investimentos, leia-se *mais lucrativo*) você acessar diretamente os ativos que compõem um determinado fundo. Isso porque é bem comum encontrar produtos bancários nesta categoria que têm taxas tão altas, que o rendimento do produto acaba perdendo até para a Poupança. Em outras palavras, para *muitos* fundos de renda fixa dos bancões, você paga um gestor para administrar o seu dinheiro de modo pior do que você faria.

Alguns fundos de renda fixa investem em *crédito privado*, como nos fundos de *debêntures incentivadas*, por exemplo. Nesses casos, saiba que o risco é maior (já que se busca um retorno superior também). Mas, ainda assim, como um fundo pode investir em várias empresas, o risco para a gente acaba sendo bem menor do que comprar uma única debênture de uma empresa e ela vir a dar o calote no nosso dinheirinho.

Fundos de previdência privada: o que é melhor para aposentar?

Voltando aos tipos de fundos, temos também os de *previdência,* que devem ser escolhidos somente para o seu dinheiro de longo prazo.

É nesses fundos que vai parar o dinheiro de quem faz os **planos de previdência privada "aberta"**: os famosos *PGBL, Plano Gerador de Benefício Livre,* e *VGBL, Vida Gerador de Benefício Livre*. A desvantagem é que muitos deles têm altas taxas (administração, carregamento, performance...), que podem comprometer toda a rentabilidade desejada para o produto.

Como vantagem da previdência privada, a gente tem a chamada ***sucessão patrimonial***. Sim, porque, caso você venha a *bater as botas*, sua família não fica na mão. Sei que ninguém gosta de falar disso, mas a única certeza da vida é a morte, não é (*ah, e os impostos também!)*? Inclusive, até depois de morto a gente paga imposto, o tal do **ITCMD, Imposto sobre Transmissão Causa Mortis e Doação**.

E aí, se você *partir desta para uma melhor*, pode até ter construído um bom patrimônio, mas, geralmente, quase tudo vai para um processo demorado e caro chamado de ***inventário***. O que significa dizer que sua família fica meio desamparada nesse período, podendo sofrer com uma ***crise de liquidez***. Por mais patrimônio que você tenha, sua família não pode usá-lo até que tudo esteja desembaraçado.

Mas isso não acontece com os recursos que você tiver em previdência privada. Via de regra, eles são transferidos para os beneficiários em poucos dias, sem passar pelo inventário.

No momento em que escrevo, há entendimentos diversos nos estados do Brasil sobre a incidência do ITCMD nos planos de previdência privada. Também temos casos em que os herdeiros conseguiram, judicialmente, colocar os planos de previdência privada na herança, perdendo assim o efeito de transferência patrimonial imediata. Geralmente acontece quando esse tipo de investimento tem grande peso no patrimônio total de quem se foi.

Em todo caso, se a sua preocupação é não deixar a sua família desamparada quando chegar a hora de *vestir o paletó de madeira*, considere contratar um **seguro de vida**. De acordo com o artigo 794 do Código Civil,[38] ele *não é considerado herança*, não devendo ter incidência de ITCMD.

> Art. 794. No seguro de vida ou de acidentes pessoais para o caso de morte, o capital estipulado não está sujeito às dívidas do segurado, nem se considera herança para todos os efeitos de direito.

De modo geral, o *PGBL* é melhor para quem faz **declaração completa** do Imposto de Renda. É que, nesse caso, se você fizer aportes no seu PGBL que somem até 12% da sua renda bruta tributável no ano, essa quantia reduz a base tributária. Ou seja, você pagaria menos impostos na declaração completa do Leão, o que o pessoal por aí chama de "*deduzir os aportes*". Mas veja que é só um **diferimento**, o que significa **transferir** para outra data. Lá na frente, quando você for resgatar a grana do seu PGBL, rolará uma bocada *cavalar*, digo, *leonina* no seu dinheiro: o Imposto de Renda será cobrado de você, incidindo sobre **todo o saldo (não só sobre os rendimentos)**! Você pode ir usando esses impostos não pagos para investir mais **agora**, mas, de qualquer forma, é algo que muitos vendedores desse tipo de produto não informam para você no momento da aquisição.

Já o *VGBL* costuma ser indicado para quem faz declaração simplificada. Não rola aquela "dedução" do PGBL. Mas, na hora do saque, o imposto é somente sobre os lucros, e não sobre todo o saldo.

Também existe a **aposentadoria privada fechada**, que é chamada informalmente de fundo de pensão. Uma modalidade específica chama muita atenção, que é o **fundo patrocinado**, oferecidos por algumas poucas empresas, normalmente de grande porte. Funciona assim: o empregado faz um aporte, e a empresa faz outro, proporcional (podendo ser do mesmo valor) àquele feito pelo empregado.

No fim das contas, pode acontecer uma aceleração fantástica do saldo investido, já que a empresa pode fazer o seu aporte **dobrar** a cada mês. Mas fique de olho nas condições para você sair e sacar o seu dinheiro, se precisar: em muitos casos, se você pedir demissão, **perderá todo o aporte extra** realizado pela empresa!

Se você tiver acesso a um fundo de pensão patrocinado, faça uma força aí para contribuir com o máximo que der. Será difícil você encontrar um produto financeiro parecido e que tenha um retorno tão expressivo em cima do capital investido.

Mas para fecharmos o assunto "aposentadoria", existe mais uma opção, que, para mim, é a melhor delas: a **previdência fora da previdência privada**. Eu me refiro a você ser **previdente** (precavido), não necessariamente investindo neste produto específico. Chamo essa decisão de **aposentadoria particular**: é quando você mesmo cria e administra o seu próprio plano de aposentadoria. Aqui, é sua função montar uma carteira de investimentos de longo prazo, utilizando diversos tipos de ativos, nem precisando ser só do mercado financeiro. Veja alguns exemplos: construção ou compra de imóveis, ações e fundos imobiliários na Bolsa de Valores (aqui e no exterior), títulos de renda fixa, moedas digitais, ouro e outros metais e pedras preciosas e até criar empresas!

É claro que, para fazer isso, você precisará afundar a cabeça nos estudos e manjar dos detalhes de todos esses tipos de investimento.

Curto essa opção, porque, na *minha* visão, a melhor pessoa para cuidar do seu dinheiro é *você* mesmo.

Uma coisa é certa: cuidando dos seus investimentos, você economizará uma baita grana com taxas, impostos e outras mordidas que os intermediários darão em você.

Mas tudo dependerá do seu conhecimento, do seu gerenciamento de riscos e da sua disciplina financeira. Pense aí se isso faz sentido para você.

Fundos de ações e multimercado

Nestes tipos de fundos, você pode investir contando com as estratégias e experiência dos gestores, sobretudo na renda variável. Mas há "um porém": tendemos a valorizar e até idolatrar os gestores que comandam fundos que estão vingando. Existe inclusive a euforia de se comprar o fundo que está na moda, frequentemente em suas máximas históricas, acompanhando o entusiasmo da mídia e das redes sociais.

Porém, quando o fundo desvaloriza, poucos investidores costumam ter o sangue frio de um verdadeiro "dono" da coisa, o que pode fazer com que você venda na baixa. Portanto, é importante que você confie no trabalho do gestor (já que decidiu delegar) e não invista nesses fundos se não com o pensamento de longo prazo, somente.

Em um fundo de ações, o gestor deve investir pelo menos 67% dos recursos em ações. É importante também lembrar dos proventos, como os dividendos: se o fundo tiver ações que paguem dividendos, *é o fundo* que irá recebê-los (o fundo é o *acionista*), e não você, *cotista* do fundo.

Vamos aproveitar para falar dos *fundos multimercado* também, que são os mais liberais. O gestor pode aplicar em *vários* ativos diferentes, do jeito que achar melhor, combinando todos os anteriores, como renda fixa, variável, câmbio... Pode, inclusive, investir em *derivativos*, para tentar dar aquela alavancada nos lucros (*que medo*, já que eu falo para você sobre o perigo desse negócio de alavancar).

Mas agora quero falar de três modalidades desses fundos:

- Os mais simples são os do tipo **Long Only**, que têm as ações *compradas* na carteira e lucram com a valorização delas. Então, eles tendem a subir mais nas altas do mercado. Porém, como o gestor não consegue muita proteção nas quedas, este tipo de fundo pode cair mais nas crises da Bolsa.
- Outro tipo de fundo é o **Long Short**. Ele faz uma espécie de arbitragem, operando com pares de ativos: o gestor aposta na alta de um (*Long*) e, ao mesmo tempo, na queda de outro (*Short*).
- E por último temos os fundos **Long Biased**: é como se fosse uma mistura dos dois anteriores. Embora o gestor se concentre na valorização dos ativos (do lado *Long*), ele também pode se proteger na posição vendida (*Short*).

Quero voltar agora à questão da alavancagem, a *arte de viver perigosamente*. Você sabia que existem **fundos alavancados,** ou seja, que operam quantias maiores do que o seu patrimônio? Tem gente que nem leu o prospecto do fundo e manda bala em um *trem* desses. O que pode acontecer?

Além do risco de perder todo o dinheiro investido, afinal, qualquer fundo não tem garantia de nada, em um fundo alavancado, a gente pode ter a terrível **chamada de capital**. Ou seja, além da grana que colocou no fundo, você pode receber um "*belo*" convite para aportar **mais grana** (proporcionalmente às suas cotas) para arcar com as perdas dele. *O que você acha, hein? Estou falando que tem que estudar antes de investir, mas o povo não liga!*

Cuidado com os fundos alavancados, leia o contrato do fundo para se certificar dessas condições.

Fundos de índice: ETF

Enquanto vários fundos de investimento têm uma *gestão ativa*, os *ETFs, Exchange Traded Funds* têm *gestão passiva*. Isso significa que os ETFs acompanham um índice financeiro ou uma tese de investimento. Justamente por não demandarem tanto "esforço" dos administradores do fundo, as taxas cobradas para você investir nos ETFs costumam ser *menores* do que aquelas cobradas nos fundos que vimos até aqui. Mas não se engane: mesmo nos ETFs existem gestores profissionais por trás daquela tese de investimento.

Comprando um ETF, você está levando o desempenho daquela "cesta" de ativos da tese de investimento do fundo. E é exatamente aqui que mora a beleza e também o problema da coisa. Calma que eu explico.

O ponto bacana dos ETFs é que eles contam com um número bem grande de ativos, e isso ajuda *muito* quem está buscando diversificar na Bolsa. Costuma ser útil demais para investir em ativos que você não dá conta de acompanhar (como investimento em mercados externos).

Mas o mal reside justamente nessa diversificação *extrema*, que pode quase que *pulverizar* os seus investimentos. Por exemplo, existem diversos ETFs que replicam o desempenho do Ibovespa, como o BOVA11, BOVV11 e o BOVB11 (repare que os ETFs têm o código 11 no final, mas há vários outros ativos que são assim também, como as *units* e os Fundos Imobiliários). Ou seja, em última instância, nestes ETFs você está "comprando a Bolsa inteira", levando para casa coisas boas (que você escolheria por conta própria) e muitas outras empresas ruins, inclusas no "pacote" (especialmente aquelas que têm bastante peso no índice, mas que geralmente são fortemente reguladas pelo governo, cheias de rolos de administração e escândalos mil).

Por esses motivos, minha tese para os ETFs é a mesma dos fundos: vale a pena somente para investir em mercados em que o investimento direto seja muito custoso para mim (seja em tempo ou dinheiro, que neste caso aqui dá no mesmo). Por exemplo: *imagine acompanhar e investir em empresas no mercado asiático?*

E aqui vale uma correção: tecnicamente, ETF não é necessariamente um "fundo de índice", como se costumou denominá-lo por aqui. Um ETF pode estar associado a outras teses de investimento, tão variadas como você nunca imaginou, como ETFs de água (*sim, isso existe!*), energia limpa, *cannabis* (vulgo *cigarro que passarinho não fuma*) e até de empoderamento feminino!

Os ETFs são negociados nas Bolsas de Valores de um jeito simples: funciona da mesma forma que comprar ações das empresas. Você escolhe aquele que está mais alinhado com a sua estratégia de investimento e compra o número de cotas que desejar (ou que caiba no seu bolso). Também reside aqui o problema de não transmitir o sentimento de ser dono da coisa: nos ETFs, cuidado para não comprar na alta e vender na baixa!

No Brasil, os **ETFs não pagam dividendos** a nós, cotistas. Ou seja, os proventos não vêm parar diretamente no nosso bolso. Isso acontece até nos ETFs que investem nas empresas boas pagadoras de dividendos, olha que curioso. Como é o caso do ETF *DIVO11*, que replica o índice *IDIV*, um compilado das empresas com melhor histórico de distribuição de proventos. Nos ETFs brasileiros, os dividendos são reinvestidos, automaticamente, no próprio fundo. Mas nos Estados Unidos, a maioria deles paga, *sim*, dividendos a nós (*e em doletas ainda, olha que beleza, rapaz!*). Antes restrito a investidores ultra*dinheirudos*, o **Investimento no Exterior** agora está democratizado a todos os reles mortais, diretamente por meio das corretoras norte-americanas. Falaremos disso em breve.

Quando vender um ETF com lucro, *você* terá que apurar e recolher o imposto até o último dia útil do mês seguinte ao da operação, tal qual acontece na venda das ações. No caso dos ETFs, a alíquota é fixa, de 15% sobre o seu ganho de capital.

Fundos imobiliários: a melhor maneira de se investir em imóveis

Falaremos agora de uma modalidade de investimentos de que eu gosto muito: investir *indiretamente* em imóveis, por meio dos *FII, Fundos de Investimento Imobiliários*. Existem muitas vantagens nesse tipo de investimento, e faço um paralelo a você com relação ao investimento *direto* em casas e apartamentos (quando você compra esses bens, na expectativa da valorização ou para a obtenção de renda com aluguéis).

Começando justamente pela renda mensal: quando aluga uma casa para alguém, você deve *recolher* e *pagar* o Imposto de Renda sobre essa fonte de renda. Investindo nos FII, você passa a ter direito dos proventos dos imóveis do fundo, já que os FII são obrigados a distribuir aos cotistas 95% dos lucros semestrais, mas, na prática, é muito comum que essa distribuição aconteça *mensalmente*.

A diferença é que, nos FII, você é *isento de Imposto de Renda* sobre esses "aluguéis" que receberá.

Considere também que, quando você tem um imóvel próprio, é bem grande a chance de haver *vacâncias* (ficar sem conseguir alugar em um período) *e calotes* ocasionais. Nessas condições, claro, você não pode contar com renda alguma. Em oposto, existem FII multi-imóveis e multi-inquilinos (justamente aqueles de que eu mais gosto), o que mitiga bastante o risco de ficar sem receber a sua bufunfa mensal.

Mesmo individualmente, um locatário de um fundo é uma grande empresa, diferente do risco que você assume ao alugar seu apartamento para um estudante universitário, que pode ter a renda dos pais cortada pelo mau desempenho acadêmico ou por ficar fumando o que não devia.

Outra coisa que os FII trazem é *paz de espírito*. São os gestores do fundo que cuidam de tudo, desde reformas nos imóveis às renegociações de contratos de aluguel com os inquilinos. Nada de dor de cabeça com imobiliária, ter de manter o seu imóvel em dia, lidar com inquilino chato ou que enche o saco da vizinhança.

Mais um ponto a favor dos FII: a *liquidez* e a *divisibilidade*. Experimente vender o seu imóvel próprio de um dia para o outro. Terá de abrir mão de grande parte do seu valor, se quiser ver a grana na sua conta. Extrapole ainda mais o raciocínio: suponha que você esteja precisando do dinheiro equivalente a somente 10% do valor do seu imóvel. *Imagino que você não conseguirá vender só o jardim, né?*

Pois então: nos FII, a negociação acontece todos os dias, tal qual nas ações, na Bolsa de Valores. Você pode comprar e vender a partir de *uma cota* do fundo (frequentemente com valores menores que R$100), instantaneamente, a qualquer horário de funcionamento da Bolsa. Essa é uma diferença importante de um FII um fundo "convencional" de renda variável: os FII são do tipo "não resgatáveis", ou seja, se você quiser vender suas cotas, o fundo não precisa se desfazer de um investimento para dar o dinheiro a você — sua grana virá no mercado secundário, justamente de outra pessoa que deseja comprar o seu fundo imobiliário.

Costumo dizer que até depois da nossa morte os FII são melhores que os imóveis próprios: em uma sucessão patrimonial, não tem briga sobre o que fazer com um imóvel da família. Cada herdeiro pega as cotas do FII que lhe cabem e faz o que quiser com elas.

Ainda não acabei (*ahá!*). Você já sonhou em um dia ser dono de um daqueles prédios enormes da Avenida Paulista, em São Paulo? Ou, continuemos nossa fantasia: em vez de ficar só gastando no shopping com a família, que tal ser *dono* daquele empreendimento? Pois pare de sonhar: tudo isso é possível, basta comprar cotas de fundos imobiliários!

Existem fundos com diversas modalidades e teses de investimento: os próprios shoppings, galpões logísticos, lajes corporativas... Estes são os chamados *fundos de tijolo*, que são os proprietários e obtêm rendas de imóveis físicos mesmo (*já já* vemos outros tipos de FII).

Como regra geral, os fundos são tão bons quanto o são os seus ativos. Procure ler o prospecto, verificar quem é a empresa gestora. E pratique a mesma regra de acumulação de que tanto falamos aqui: preocupe-se em *adquirir patrimônio*, em comprar coisas boas e diversificadas (o ideal é ter vários FII na sua carteira). É fundamental que você reinvista os proventos que receber.

Tal como nos ETF (e diferentemente dos demais fundos que vimos aqui), você investe nos FII por meio do *home broker*, que é a tela de negociação da sua corretora. A valorização da sua cota depende unicamente das forças de mercado, oferta e demanda. Como em uma ação de uma boa empresa, um FII tende a se valorizar se tiver bons ativos na sua carteira e distribuir lucros consistentes aos seus cotistas.

Como falamos, você não paga Imposto de Renda sobre os rendimentos que receber dos FII. Porém, quando vender as suas cotas com lucro lá na frente, o Leão morderá 20% sobre o seu ganho de capital. *Mas quem falou em vender, né?*

Os fundos de tijolo são de assimilação muito fácil para quem já investe em imóveis. Porém, não são o único tipo de fundos imobiliários disponíveis. Veja só:

- **FII de Papel ou de Recebíveis:** combinação do mercado financeiro com o mercado imobiliário. Estes fundos investem basicamente naqueles ativos com lastros imobiliários que já vimos, como LCI e CRI. Neste tipo de FII, não olhamos vacância ou tipos de contratos de aluguel, mas, sim, se os credores são diversificados, garantias, perfil da carteira etc.

- **Fundos de Fundos (FOF):** o objetivo deste tipo de fundo é obter lucro, investindo (comprando e vendendo) em outros fundos imobiliários. É uma maneira de diversificação, já que você compra participações de vários fundos em uma única compra de um FOF. Particularmente, prefiro eu mesmo definir a minha carteira de FII, até pelas taxas envolvidas: no caso dos FOF, você acaba pagando duas vezes as taxas de administração e performance, já que elas estão sujeitas à cobrança tanto no fundo investido como no FOF (que é o fundo investidor).

- **Fundos de Desenvolvimento:** é uma modalidade de FII mais arriscada, pois se destina a investir em empreendimentos imobiliários, ou seja, incorporação imobiliária para a obtenção de renda futura ou para venda dos imóveis assim que concluídos. Ainda assim, é interessante ressaltar a diferença desses fundos para as empresas de construção civil: qualquer fundo imobiliário *não pode operar alavancado*, ou seja, tem que trabalhar com o próprio dinheiro. Quando o fundo precisa de dinheiro, é bem comum, em qualquer modalidade dos FIIs, que a captação de dinheiro para um fundo seja feita a partir da *emissão de novas cotas*.

Característica	Fundos imobiliários	Imóveis próprios
Você escolhe o imóvel e pode até usá-lo	✗	😁
Você lida com reformas, imobiliárias e inquilinos, vacâncias e inadimplências	😴💕	😒
Pode comprar ou vender só um "pedaço" do imóvel	😁	✗
Você pode vender o imóvel de um dia para outro	😁	😢
Dá para ser dono de shoppings, galpões, lajes	😁	🤔 Oi?
Imposto de Renda nos aluguéis	Isento	Pode chegar a 27,5%!
Imposto de Renda no ganho de capital	20%	15% (considerando o preço de aquisição)

Investimento no exterior: Que tal ganhar umas verdinhas?

Foi com os grandes bilionários brasileiros que comecei a enxergar a real importância de manter parte do meu patrimônio lá fora. Anota bem essa aí:

> Não é porque você ganha em reais que deve manter o seu patrimônio *somente* em reais.

Em meados de outubro de 2020, nenhum dos cinco maiores bilionários do Brasil mantinha mais de 30% do seu dinheiro por aqui.[39]

Ok, cansamos de falar neste livro que nosso país tem uma moeda fraca, que não cumpre bem o seu papel como reserva de valor. *O real é um **papel** que não cumpre o seu **papel** (tu dum, tsss!).*

Pouco paramos para pensar em quantos custos dolarizados estão "escondidos" na nossa cesta de consumo, desde a gasolina do seu carro até o pãozinho da padaria. Definitivamente, falar sobre dólar não é papo só de gente rica, não! Afinal, grande parte dos custos das matérias-primas dos produtos que consumimos segue a dinâmica internacional de preços.

Mas, gostemos ou não, é em *reais* que ganhamos o sustento da nossa família. Estamos no Brasil, ou por falta de alternativas, ou por uma escolha consciente: aqui estão nossos amigos, nossa família, nossas lembranças. Entendemos como as coisas funcionam aqui e sabemos, de um jeito ou de outro, como ganhar dinheiro em nosso país, não é?

Veja que não me refiro aqui aos sentimentos de ufanismo ou de patriotismo: sou totalmente favorável à decisão de cada família em optar por onde viver.

Demorou um tempo para que eu pudesse entender, mas hoje o cenário é muito claro para mim: se até os ultrarricos brasileiros mantêm grande parte do patrimônio lá fora, por que temos que ganhar em reais e depender totalmente de que as coisas por aqui deem certo? Olha o tamanho da inconsequência, apostarmos todas as fichas, dar um *all-in* no Brasil!

Existem basicamente três motivos para internacionalizar parte da sua carteira: manter uma reserva de valor mais robusta, poder reiniciar a sua vida caso algo no Brasil saia do controle (por diversos motivos) e ter acesso aos mais exuberantes portfólios de investimentos do mundo.

Focaremos neste objetivo, dos investimentos lá fora, por exemplo, no mercado norte-americano. No momento em que escrevo, a nossa Bolsa, a B3, tem na ordem de 400 empresas listadas. Nos Estados Unidos, somente nas bolsas NYSE e Nasdaq, são **6 mil empresas abertas para você investir**! Sem contar o calibre dessas empresas, né, meu amigo? Amazon, Google, Facebook… para ficarmos só naquelas de tecnologia.

Comparemos, então, na ótica do investimento imobiliário. Nos EUA, existem os *REITs*, sigla que significa *Real Estate Investment Trust*. É um tipo de investimento que tem analogias com os nossos fundos imobiliários daqui. Uma diferença é que, enquanto no Brasil você compra uma cota de um FII, nos EUA você compra uma *ação de um REIT*. É que o REIT é uma empresa, e não apenas um fundo.

Em novembro de 2020, o valor de mercado de **todos** os fundos imobiliários no Brasil era de R$108 bilhões, de acordo com a B3.[40] Se considerarmos apenas **um** REIT norte-americano (o maior deles, por sinal), o **American Tower Corporation (AMT)**, ele tinha um **market cap** (valor de mercado) de 98 bilhões, só que de *dólares*![41]

Meu intuito neste exemplo é apenas ilustrar a proporção dos mercados, o tamanho das oportunidades que existem fora do Brasil e que estão plenamente acessíveis para que invistamos a partir do conforto do nosso sofá.

Investir no exterior, morando no Brasil, há bem pouco tempo era algo restrito somente a clientes ricos dos *bancões*. Mas, para a alegria geral da nação, atualmente é possível você abrir conta em uma corretora norte-americana, de forma online, gratuita e sem valores mínimos para investir. Acabaram-se as desculpas para não receber uns *caraminguás* dolarizados, direto da terra do Tio Sam. *Got it*?

Investimento-anjo

Não, não estamos falando de benfeitoria, muito menos de religião. ***Investimento-anjo*** tem a ver com alocar o seu dinheiro em empresas inovadoras e nascentes de tecnologia, as chamadas **startups**.

O jogo funciona assim: para qualquer negócio crescer e buscar mais clientes, é preciso de dinheiro. Esse empreendedor pode conseguir o fomento para o seu projeto de várias formas, como o financiamento bancário. Claro que é *enorme* o risco de não conseguir pagar essa dívida, já falamos bastante por aqui.

Por conta disso, o primeiro capital que o empreendedor tem a disposição costuma ser o próprio (se tal), ou dos **3Fs**, **Family, Friends and Fools** (*Família, Amigos e dos Bobos que acreditam que vai dar certo, hehe*).

Até existem investidores-anjo que aportam o seu dinheiro na fase de ideação das empresas, mas, como costumo dizer, *não há nada em que você possa pensar e que um chinês já não tenha bolado do lado de lá*. Ideias são importantes, mas no mundo de conhecimento tão aberto que vivemos hoje, mais vale a **capacidade de execução** do que ter uma ideia brilhante no papel.

Já escutei de muitos *anjos* que eles investem nos "jóqueis", e não nos "cavalos", o que significa dizer que mais vale um empreendedor (o *time* da startup, na verdade) fantástico com ideia ruim do que uma ideia boa sendo conduzida por pessoas abaixo da média.

Esse tipo de empresa, a startup, costuma ter algumas características bem particulares. Tem um modelo *escalável*, ou seja, permite que o aumento da base de clientes não demande grande crescimento nos custos internos e investimentos (como acontece em uma indústria ou padaria, por exemplo).

Frequentemente, a startup costuma alocar grande parte do dinheiro recebido dos aportes em *marketing*. Ora, como são negócios disruptivos, é fundamental que cresçam rápido e se estabeleçam no mercado — o que nem sempre é uma vantagem; de repente o seguidor rápido observa o que o pioneiro fez de errado e, finalmente, consegue executar a ideia com primazia.

Errar rápido também é uma das características dessas empresas: testes, validações e "pivotamentos" (mudanças de rumos) constantes fazem parte da rotina de uma startup.

Um investidor-anjo coloca à disposição da empresa três capitais: financeiro, intelectual e o social. Por esta razão, essa modalidade de financiamento das empresas recebe o apelido de *smart money* (dinheiro inteligente), porque o investidor-anjo disponibiliza à empresa não só o dinheiro, mas *também* o seu tempo, sua experiência na condução dos negócios, conexões com outras empresas, profissionais do mercado e novos investidores etc.

Mas o que o investidor-anjo recebe em troca disso? Geralmente os *anjos* são empreendedores que já tiveram sucesso em seus negócios e se sentem úteis e realizados em ajudar no progresso de outros negócios. Mas o negócio aqui é financeiro mesmo: em troca do seu dinheiro, o *anjo* passa a ter direito a uma *parte da empresa*, vira sócio do negócio. Na verdade, geralmente o anjo não entra para o quadro social da empresa de imediato: é bem comum que o contrato de investimento-anjo seja feito por meio de *mútuo-conversível*, uma *dívida* do empreendedor para com o anjo. No final do prazo ou em condições pré-determinadas no contrato, o anjo tem o *direito* (não a obrigação) de efetivamente ter as cotas da empresa, na proporção acordada entre as partes. Ou pode também executar a dívida, né? Mas convenhamos: o *anjo* tem patrimônio estabelecido. Seria justo ele cobrar um dinheiro que alocou em um negócio que, mesmo conduzido com esforços e boa-fé (contando com a sua própria "mentoria", diga-se), não deu certo e que frequentemente é o *único* ativo da vida do empreendedor iniciante?

Portanto, como você deve estar pensando por aí, investimento-anjo é *superarriscado*, e a maior probabilidade é a de você *perder todo o seu dinheiro* mesmo. Pensa bem: investir no *seu próprio* negócio já tem muitas chances de dar *errado*, imagine então fazer isso no negócio *dos outros*, não raramente apostando em jovens que ainda estão se encontrando na vida pessoal e profissional.

É certo dizer, então, que, para aumentar a sua probabilidade de ser um investidor-anjo bem-sucedido, você deve investir em *várias* startups.

A esmagadora maioria vai para o brejo, afinal, são negócios à beira da inviabilidade, do devaneio de um empreendedor ou até da ilegalidade mesmo (no sentido de essas empresas virem à luz antes mesmo da atenção dos legisladores para o assunto). Mas são esses os "loucos" que mudam o mundo! Volte alguns anos no tempo e diga para você mesmo: *"Você entrará no carro ou dormirá na casa de um desconhecido, e isso será comum e seguro."* Certamente seu "eu" do passado acharia que o futuro não teria lhe caído bem.

Mas, entre as pouquíssimas startups que dão certo, o retorno do anjo pode ser *imensamente* superior aos demais investimentos do mercado financeiro. Por essas razões, caso você ainda tenha interesse em ser um investidor-anjo (*alô, você ainda está aí?*), recomendo fortemente a você o que faço por aqui, em minha cidade: junte-se ou crie um *grupo de anjos*. Dividindo os investimentos (e os riscos), vocês podem ajudar e se beneficiar do investimento em várias empresas da sua região.

Outro caminho possível para a redução de riscos nesse tipo de empreitada é por meio de um *pool* de investimento, que reúne o dinheiro de muitos investidores para alocar em diversas startups. Também utilizo esta modalidade, em que sou sócio da Camila Farani (jurada do programa de TV *Shark Tank*) no G2 Capital.

Se para um anjo o jogo é arriscado, com grande chance de não ver a cor do dinheiro, é também extremamente gratificante passar para adiante o nosso conhecimento! E, com sorte e muito trabalho, poder colher os frutos disso lá na frente. Além do mais, as startups que receberam investimento-anjo nos EUA tiveram de 20% a 25% mais chances de sobreviver depois dos 4 anos, e tiveram de 16% a 19% mais probabilidade de ter um quadro de colaboradores de até 75 funcionários.[42]

É fundamental que haja uma sinergia *imensa* entre o que o anjo tem a oferecer e também sobre o "casamento" dos desejos e necessidades da startup com ele. Quase que tiro as aspas da palavra *casamento* na frase anterior, porque é virtualmente isso mesmo: envolve se conhecer, apaixonar, namorar e, finalmente, casar. Tal qual como em um matrimônio, haverá brigas e arranca-rabos. Mas, uma vez bem escolhido o casal, a cumplicidade e a união do que cada um tem de melhor tem tudo para resultar na felicidade (inclusive financeira) dos pombinhos. Que os *anjos* e as startups digam "amém"!

Bitcoin: Que negócio é esse?

Uma moeda criptográfica que nenhum governo emite ou controla. *Como que pode?*

Bom, voltemos um pouco para a época de 2008, no ápice da crise financeira mundial. Falamos diversas vezes aqui da conta que nós mesmos temos que pagar todas as vezes que o governo gasta mal o dinheiro que somos obrigados a usar: a *inflação*. Até que veio um carinha chamado *Bitcoin* para frear essa vontade louca dos governos de manipular o seu dinheiro.

E se existisse uma moeda que não fosse "contaminada" pelo sistema financeiro tradicional? E que as pessoas pudessem enviar dinheiro, não importa em que lugar do mundo elas estejam, *diretamente* de uma pessoa para outra, o também chamado de *peer-to-peer*, ponto a ponto?

E se essa transferência de dinheiro fosse de forma *rápida*, com *baixo custo* e *irreversível*, ou seja, livre de golpes e de confiscos do governo também? Tudo isso sem nenhuma das partes ter uma conta em banco?

Bingo, *esse é o Bitcoin*! Com B maiúsculo, da tecnologia. Que contempla a moeda, que geralmente é escrita com *b* minúsculo. Para facilitar, usarei sempre a letra maiúscula aqui.

Além da moeda, o Bitcoin é também um *sistema de pagamento*, e uma espécie de *ouro digital*, que vem apresentando uma valorização *colossal* desde o seu lançamento. No momento em que escrevo estas linhas, um único Bitcoin vale R$220 mil reais — *quase morro de inveja do amigo leitor aí do outro lado que sabe o valor do Bitcoin no futuro.*

Mas ser uma moeda digital não é propriamente a inovação do Bitcoin. Afinal, o real também é representado nos dígitos do seu extrato e também deve virar moeda digital.

Mas é *justamente* aí que vem o Bitcoin: é uma moeda que não é feita e nem garantida por nenhum Banco Central. Quem faz isso é a matemática, precisamente a *criptografia*. Por isso que ela é chamada de *criptomoeda*, *sacou, né*?

E os registros das transações, desde o primeiro Bitcoin até aquele gerado há 5 minutos, é *público e rastreável*, qualquer um pode verificar. A matemática garante que seja impossível criar Bitcoin do nada, nem ser roubado. O sistema está aí para provar e ser auditado, por quem quer que seja, há mais de 12 anos sem falhas.

Esse "histórico gigante" das transações do Bitcoin, indo de um lado para o outro, é chamado de *blockchain*, cadeia de blocos. É aí que mora a segurança da coisa — e até os bancos e governos se renderam a ele! *Que coisa, não?*

O que é a blockchain

Imagine um banco de dados, um registro público mundial, que contém absolutamente *todas* as transações de Bitcoin. E mais espantoso do que isso, a blockchain está espalhada em *milhares* de computadores pelo mundo.

Funciona assim: quando eu quero mandar Bitcoins para você, preciso de alguém para validar essa transação, certo? Tanto para ver se eu já tinha esses Bitcoins como para debitar o saldo e garantir que ele vá direitinho, com segurança, para o outro lado.

Mesmo que eu tente fraudar um Bitcoin no meu computador, o meu banco de dados seria *incompatível* com a blockchain, com o resto do mundo. Então, *automaticamente*, minha fraude seria detectada e descartada. É, não dá para criar Bitcoin do nada, meu amigo! Quem faz o trabalho de validar as transações de Bitcoin são os mineradores.

E a gente aproveita para falar de outra dúvida recorrente.

Mineração: Como os Bitcoins são criados?

Uma maneira de você entender como é gerado um Bitcoin é o imaginando como sendo um *prêmio* para quem ajuda a processar as transações na rede do Bitcoin.

A cada 10 minutos são criados 6,25 Bitcoins, e essa taxa é reduzida pela metade a cada 4 anos, em um processo de diminuição que se chama *halving*.

Acontece o seguinte: a rede do Bitcoin tem milhares de nós, que ficam competindo para ver quem é o primeiro a resolver um desafio matemático supercomplexo, para colocar o próximo bloco na blockchain.

Complicado aqui resume duas coisas: máquinas *poderosíssimas* e *energia* a dar com pau! Então, veja você que um Bitcoin não é gerado do nada. É preciso muito investimento para ser um minerador e gerar Bitcoins.

O primeiro minerador que acha a resposta do enigma "grita" para a rede toda que acertou. E o resto da rede consegue validar a solução muito rápido. Funciona como um sudoku: quem já resolveu sabe como é difícil matar a charada. Mas conferir é bem *facinho*, demora quase nada de tempo.

Os mineradores também ganham as **taxas de transação**, que é mais um incentivo que a gente coloca quando vai transferir Bitcoins de um lado para o outro. Os mineradores conseguem escolher quais transações eles processarão — e darão prioridade para aquelas que estão oferecendo taxas maiores, claro!

E olha que brilhante: essa taxa costuma aumentar se tem mais gente querendo transacionar naquela hora que você quer transferir. Lei da oferta e da demanda!

E também aumenta, automaticamente, a *dificuldade de mineração*, de acordo com o poder de processamento que a rede tem. Quanto mais mineradores, mais difícil fica resolver o enigma. Isso evita que chegue um cara com muita grana e se aproprie da rede. Tudo isso funcionando no automático, sem ninguém precisar fiscalizar. **Demais, não é**?

Quantos Bitcoins existem atualmente? E quantos existirão?

Aqui mora outra diferença **brutal** do Bitcoin para as moedas FIAT. *Não é daquela marca de carro que você tá pensando, não. FIAT são moedas fiduciárias, aquelas do estado. Como real, dólar, euro, sabe?*

Você pode se você perguntar: *"Qual o limite de emissão de reais? Quem garante que um governo não manipule o dinheiro e as leis, dando umas belas pedaladas fiscais por aí, furando o teto de gastos, como se não houvesse amanhã?"*

No Bitcoin não tem essa, a coisa é pública e preestabelecida. Serão *somente 21 milhões de unidades, no máximo*. Nenhum Bitcoin a mais do que isso.

Em dezembro de 2020, a gente já tinha mais de 18 milhões e meio de Bitcoins minerados.[43] Ou seja, mais de 88% dos 21 milhões já estavam rodando por aí.

Aliás, nem tanto. Desses 18,5 milhões, estima-se que **mais de 4 milhões de Bitcoins estejam perdidos**,[44] irrecuperáveis para sempre! Daqui a pouco eu te conto como isso acontece e, o mais importante, como não deixar isso acontecer com os *seus* Bitcoins.

Nesta altura, você já pode estar pensando: "Bom, deixa eu ver se entendi direito. A oferta é limitada. A taxa de emissão do Bitcoin cai cada vez mais, de 4 em 4 anos cai pela metade. Por sinal, 2020 foi um ano de halving. E, para ajudar, tem gente que perdeu os já raros Bitcoins. Então, se a **demanda** por Bitcoins permanecer a mesma ou aumentar, é esperado que o valor do Bitcoin **aumente**, certo?"

Bingo! Mas não é só isso. Há *vários* outros fatores que você tem que levar em consideração para investir em Bitcoins — e falaremos de muitos deles.

Por ora, você tem que saber que o Bitcoin é divisível em até oito casas decimais, sendo cada casa chamada de *Satoshi*. Guarde esse nome aí. Então, se você não tem muito dinheiro, não precisa comprar um Bitcoin inteiro, viu?

Joia! Mas por que a unidade mínima do Bitcoin se chama Satoshi, hein?

Quem é o criador do Bitcoin?

Em 2008, um tal de *Satoshi Nakamoto* publicou um artigo chamado "Sistema de Dinheiro Eletrônico Ponta-a-Ponta".[45] Meses depois, ele mesmo lançou o primeiro software do Bitcoin, de código aberto. Até hoje, qualquer um pode analisar o que tem por trás do software do Bitcoin.

Satoshi criou uma comunidade sobre Bitcoin e contribuiu com ela até 2011. E simplesmente desapareceu. *Deu linha na pipa. Escafedeu-se.*

E eu penso que foi a coisa mais **genial** que ele fez (depois do Bitcoin, claro!). Porque, você sabe, meu amigo, quando você vai contra o sistema... *o sistema vai contra você*. Veja o que aconteceu com Snowden e Assange, por exemplo.

Sabe as discussões de campanha política no debate da televisão? "*Sua mãe não é homem*!" Ou seja, quando não se consegue debater o argumento, acusa-se o argumentador! Falácia do *Ad Hominem*.

Saindo de cena, Satoshi garantiu que toda contestação, debate, análise de mérito, enfim, todos os holofotes ficassem sobre a criação, não sobre o criador. O Bitcoin é a estrela! Tanto faz quem criou.

O primeiro bloco do Bitcoin foi minerado pelo próprio Satoshi, no dia 3 de janeiro de 2009. Nesse bloco, Satoshi registrou uma manchete do jornal inglês *The Times*.

> *Chancellor on brink of second bailout for banks* (Chanceler à beira do segundo resgate para bancos)

Isso foi feito pra revelar um dos propósitos do Bitcoin, que é fornecer um **dinheiro livre** para as pessoas, sem a interferência, o controle e a irresponsabilidade do Estado.

E em 2020, o último bloco antes do *halving* trouxe outra mensagem emblemática:

> **Com injeção de 2,3 TRILHÕES de dólares, plano do FED ultrapassa MUITO o resgate de 2008**
>
> *THE NEW YORK TIMES*, 9 DE ABRIL DE 2020

Ou seja, mais de uma década depois da farra financeira mundial que motivou a criação do Bitcoin, a coisa está mais feia do que na época de Satoshi. Quem tem ouvidos para ouvir, que ouça.

Até hoje, ninguém sabe quem é ou foi Satoshi Nakamoto. Se é que não era até um grupo de pessoas! Tanto faz, o Bitcoin é *confiável, auditável e seguro*, sem ninguém saber nem sequer quem é o seu criador. *O quão lindo é isso, hein?*

O que foi o Bitcoin Pizza Day?

O primeiro uso comercial do Bitcoin aconteceu na data de 22 de maio de 2010 (eu sempre lembro porque é o dia da festa da padroeira aqui da minha cidade).

O programador Laszlo pagou 10 mil bitcoins por 2 pizzas grandes. Na época, isso valia 41 dólares. Em janeiro de 2021, para você ter uma ideia, essas pizzas custariam *mais de 2,2 bilhões de reais!* Nada mal por duas pizzas, não é mesmo? Por esta razão, todo dia 22 de maio é comemorado o *Bitcoin Pizza Day*.

Como comprar Bitcoins?

Antes de falar para você onde comprar Bitcoins, é ainda mais importante dizer **onde não comprar**. Tem muito golpe, pirâmides por aí que usam o nome do coitado do Bitcoin, mas que não têm nada a ver com o peixe.

Para começar, Bitcoin é como se fosse o ouro, ou uma moeda: ***não rende absolutamente nada***. Não é como uma ação na Bolsa de Valores, que paga dividendos. Moeda não dá cria.

Como alguém pode prometer rendimento fixo para você, um percentual mensal (qualquer que seja)? *É impossível ter rentabilidade fixa em renda variável.*

Se a empresa permitir um jeito de você convidar coleguinhas para a brincadeira, e ainda ganhar dinheiro em cima deles, é mais um sinal de alerta contra os "*faraós*" e suas pirâmides.

Você pode comprar Bitcoins diretamente de alguém que queira te vender. Ou pode procurar uma *Exchange*: uma bolsa de criptomoedas. Existem várias delas no Brasil mesmo, mas a regra de ouro é: "*Não confie!*" Compre os seus Bitcoins e retire tão logo puder, sacando-os para a sua *carteira de Bitcoins*, de que falaremos em alguns instantes.

Mas se a empresa não permite que você saque os seus Bitcoins... *fuja para as colinas!* **Ou você tem os Bitcoins com você, ou simplesmente não investe em Bitcoin.**

Como armazenar Bitcoins?

Bom, novamente: se você não tem a posse dos Bitcoins, eles ***não são seus***. Mas como assim "posse" dos Bitcoins, se eles nunca saem da blockchain? Complicado? Um pouquinho, mas você sobreviverá.

Na verdade, uma *carteira de Bitcoin*, ou *Bitcoin Wallet*, não armazena seus Bitcoins. Ela nada mais é do que um lugar que guarda as suas chaves que dão acesso aos seus Bitcoins. É o seu "chaveiro" de Bitcoins, portanto.

E existem duas chaves nessa história aí. A primeira delas é a *chave pública*, essa você pode mostrar para todo mundo. Na verdade, para você *receber* Bitcoins, *tem mesmo* que divulgar a sua chave pública. Pensa em uma Caixa Postal do correio. Por acaso, a do *Dinheiro Com Você* é a número 049, CEP 37540-000. Como vou querer que você me mande as coisas legais se eu não divulgar o endereço? *Na verdade, é uma sugestão, viu? Não só um exemplo! #FicaADica.* Esse número aí da minha Caixa Postal seria a minha "chave pública".

Agora, para retirar as coisas que há lá dentro, tenho outra "chave", que é a *chave privada*. É ela que destrava o acesso.

O que acontece se você tiver acesso à minha chave da Caixa Postal? Pode fazer uma cópia e ir lá no Correio *fucinhar* minhas coisas. Consequências: pode não ter nada lá. Ou pode estar cheio de coisas, e você pegar tudo para você. Tudo bem que os *homens da capa preta* podem ir atrás de você, pela imagem de câmera, sei lá.

Só que com Bitcoin é *muito* mais grave. Se tiver acesso à minha chave privada, você literalmente *tem* os meus Bitcoins. Agora eles são *seus*, já era! *Perdi, playboy.*

Não tem o SAC para eu ligar, sequer existe a polícia do Bitcoin. Claro que, juridicamente falando, isso continua sendo um crime. E também deve ter deixado algum rastro digital — veja você que *Bitcoin não é anônimo* como se diz por aí, não. Afinal, lembra que todos os registros de movimentação, de todos os Bitcoins, são gravados ali na blockchain? *É por esse motivo que político continua preferindo a cueca e notas físicas para dinheiro não declarado.*

Acontece que as transações no Bitcoin são *irreversíveis*. Não tem como um juiz pedir para bloquear o saldo. No Bitcoin, você não pode sequer pedir estorno. Aliás, não há nem *para quem* pedir.

Então, quando você fala que "tem" Bitcoins, tecnicamente significa que você tem a chave que destrava os seus Bitcoins, quando você quiser movimentá-los de um lado para o outro, ou seja, *gastar* os seus Bitcoins. Mandá-los para outra pessoa.

E o que estou querendo dizer com essa história toda? Estou falando da *extrema importância de você manter a sua chave privada em segurança*. Caso contrário, pode ser tarde demais. Seus Bitcoins deixam de ser "seus", se você não cuidar direitinho de sua chave privada.

E, por cuidar direitinho, estou dizendo para você escolher uma boa *carteira de Bitcoins*.

Carteiras de Bitcoin: como armazenar seus Bitcoins

A gente tem carteiras de Bitcoin no computador, no celular. Se a chave fosse pequena (é um montão de letras e números), você só precisaria memorizá-la, para ter uma ideia. *Carteira de Bitcoins mental*, por assim dizer. Mas, não duvidando de suas capacidades cognitivas, o melhor é não depender disso.

Até de papel a gente pode ter carteiras de Bitcoin! São as **paper wallets**. Você pode ver um exemplo no site <www.bitaddress.org>.

Mas por que essa carteirinha de papel não é a melhor das opções? Porque ela deixa *escancarada* a nossa chave privada. Sem contar que temos que confiar no software que gerou essa carteira, no caso, nesse site.

Em resumo, eu usaria uma carteira de papel só para valores **bem pequenos** de Bitcoin. E também somente se fosse para gastar tudo de uma vez; não use **paper wallet** se você quiser gastar somente *parte* dos seus Bitcoins. *E não esqueça de plastificar a bagaça também. Imagina se cai café no bicho ou se o seu cachorro rasga o papelote?*

O ideal então é que você use uma carteira de Bitcoins para o seu celular ou computador. Acesse este endereço e escolha algum aplicativo recomendado para criar a sua carteira de Bitcoins: <bitcoin.org/pt_BR/escolha-sua-carteira>.

Depois de instalado, o software pede para você anotar 12 palavras, que são chamadas de *seed* (semente). Em algumas carteiras, são 24 palavras, em vez de 12.

Para facilitar o seu entendimento, pensa nessas palavras, na sua *seed*, como sendo um **backup da sua própria chave privada**.

Quando você começar a usar uma carteira, já cuide logo de anotar essas palavras-chave, a *seed*, **na ordem** em que elas aparecem. Mas anote em um papel ou outro lugar **bem seguro**, tá bom? Se alguém tiver acesso à sua *seed*, já viu, né? Terá acesso à sua chave privada e, por consequência, aos seus Bitcoins.

Você precisará das palavras também se perder ou estragar o seu celular ou computador. Toda carteira terá basicamente três abas: histórico, enviar e receber os Bitcoins. Para enviar, é só colocar o endereço ou bater uma foto do QR Code de quem você quer pagar. Já para receber Bitcoins, as carteiras mostram o seu QR code, ou o endereço de Bitcoin da sua carteira. Aí o cara do outro lado é quem bate a foto do seu QR code ou cola o endereço de destino, ou seja, da sua carteira.

Depois de enviado, você vê na hora a transação. Mas costuma demorar, em média, dez minutos para **confirmar**, ou seja, para a rede garantir a confiabilidade da transação. Você pode acompanhar o andamento da transação por algum site verificador, como o <www.blockstream.info>, e quando a transação tiver algumas poucas confirmações (seis ou até menos), já é um status absolutamente seguro.

Bem, agora, se você quer levar o seu nível de segurança para as alturas, aí vem o sonho de todo *bitconheiro*: ter um aparelhinho, uma carteira de Bitcoins física, uma **Hardware Wallet**. Nela, a sua chave fica armazenada *offline*, fora da internet. E as palavras, *a seed*, são mostradas no *displayzinho* desses aparelhos, eliminando virtualmente o risco de serem hackeadas. Se você tiver uma quantia considerável investida em Bitcoin, eu diria que é **fundamental** considerar a compra de uma dessas.

Como ganhar dinheiro com Bitcoins

Só o fato de a moeda Bitcoin ter chegado até aqui, mais de doze anos depois, intacta, sem fraudes... e com um preço, qualquer que seja, já é um feito *histórico*. Emocionante, por assim dizer. Empolgante.

Talvez nosso Satoshi Nakamoto, ao criar o Bitcoin, *tenha mirado o peixe e acertado no gato*. Ao pensar em uma moeda *honesta*, com escassez *genuína* e com *confiabilidade* na sua emissão, ele acabou criando uma *nova classe de ativos*, uma espécie de ouro digital. Um refúgio para as insanidades financeiras governamentais.

Até aqui, tem dado *muito certo*, demais até. Mas considero que ainda vivemos um *experimento monetário*, a maior invenção desde a internet. Mais de uma década de uma moeda que consegue ser segura e confiável, sem um banco central? *Como pode*?

Mas daí a *você* ganhar dinheiro com isso *são outros quinhentos*. Você até pode tentar comprar e vender mais caro, o famoso *trading*. Há um milhão de teorias, análise técnica, você vê aí.

O que posso te dizer é que vendi Bitcoins algumas vezes e me dei bem (em reais). Mas sempre o *melhor* que eu poderia ter feito era simplesmente *não ter feito absolutamente nada*, porque o *trem* valorizou, e *muito*, desde então.

Então, se você estudou o bastante e deseja começar a investir em Bitcoins, a recomendação é a mesma que eu faria para investir em ações.

Você *não acertará* o melhor momento de comprar e vender. Parece fácil, mas não é. Se for no curto prazo, eu nem consigo ajudá-lo (desconfie dos que dizem que podem). No longo prazo, pelo menos no que vimos até aqui, só perdeu dinheiro quem precisou vender, já que, quando escrevo, o Bitcoin está no seu maior valor em reais.

Então vale a máxima de sempre: ativo volátil, arriscado? Pegue só um pouco do seu dinheiro, aquele que você pode perder. Se já tem a grana acumulada, divida as suas compras em dez vezes, para comprar mensalmente. Ou separe para investir, todos os meses que desejar, um pouquinho do valor dos seus investimentos de risco. E viva feliz!

Guarde bem o ditado dos grandes investidores: "O mercado premia os preguiçosos." Ou recompensa aqueles que não são *mão de alface*, que vendem na primeira subida.

Só não vale dar ponta, pular de cabeça, hein? Em nenhum investimento. Juízo ajuda a manter os dentes na boca e a grana na carteira.

CONSIDERAÇÕES FINAIS — VAMOS JUNTOS?

> **Parabéns por ter chegado até o final deste livro, meu Amigo Dinheirudo!**

Sou imensamente grato a você por eu ter sido digno da sua atenção! Mas a minha maior realização virá quando os ensinamentos ou *insights* que abordamos aqui forem aplicados com *sucesso* na sua vida financeira.

Você viu como não é nada fácil ganhar e administrar bem o seu dinheiro? Mas está longe de ser uma tarefa impossível! Acredito fortemente que você deu o seu primeiro passo para uma vida financeira mais próspera e abundante.

Não acredito que seja a sina de ninguém viver na pobreza e com privações. Não é o seu destino, você merece que o seu dinheiro venha como recompensa do seu esforço, do seu trabalho, e que ele também seja valorizado quando estiver dentro da sua carteira.

Mas o trabalho do educador financeiro acaba quando o livro (ou o vídeo) acaba. Tal como na vida do dia a dia, *agora é com você!* A próxima página não sou eu que escreverei, deixei reservada para as *suas* próprias anotações. Algumas perguntas podem ajudar a refletir sobre a sua vida financeira atual e como você quer estar no futuro:

- Quais as minhas crenças antigas sobre dinheiro que preciso mudar?
- O que preciso fazer para ganhar mais dinheiro no *curto prazo*? Trabalhar mais? Fazer renda extra?
- O que preciso fazer para ganhar mais dinheiro no *longo prazo (cinco anos)*? Em que eu poderia me aperfeiçoar e evoluir dentro da minha própria área de atuação? Se desejo mudar de carreira, ou até de profissão, quais os meus planos para isso?
- Com quanto dinheiro quero estar em doze meses? E em cinco anos? E em dez anos? Qual o meu planejamento para isso?
- Se eu fosse empreender o meu próprio negócio, o que poderia ser?

Desafie-se sempre, não se acomode. Tudo o que importa é ser uma versão melhor de *você*, a cada dia. Nos investimentos, mas sobretudo *como ser humano*, a luta da vida é ganhar de você mesmo.

Eu gostaria muito de contar com o *Amigo Dinheirudo* aí do outro lado do livro para me contar o que achou, quais pontos do livro mais chamaram a sua atenção, ou até se tem algo com que você não concorda. Assim como recomendei a você, também serei grato em aprender com as *suas* experiências e o seu modo de ver o mundo. Poste uma foto do livro nas redes sociais, me marque no *Instagram @dinheirocomvoce*, que eu repostarei sua foto com a maior honra e alegria do mundo!

Mas, se não for pedir muito, quero contar com o amigo também para que se junte a nossa comunidade do *Dinheiro Com Você*. Não só se inscrevendo no canal no YouTube e no grupo deste livro no Facebook, mas também *ajudando a nossa mensagem a chegar a mais pessoas*. Quantas e quantas famílias vivem de maneira desajustada com a grana simplesmente por nunca terem tido uma orientação adequada?

Ajude os outros, passe a mensagem deste livro adiante! Seja você mesmo um agente de transformação, para que possamos ser um país mais próspero, o que acredito que acontecerá somente quando tivermos prosperidade em nossas próprias finanças pessoais. *Educação Financeira muda um país!*

Um grande abraço e que você seja sempre um *dinheirudo bão demais da conta!*

Figura 28 — Seu futuro depende do seu AGORA! Por Ricardo Amaral.

DICIONÁRIO DINHEIRUDO

Definições não convencionais de termos mencionados neste livro. Divirta-se!

APERTUME: Denominação mineira para o ato de vender o almoço para comprar a janta, algo comum a quem nunca leu este livro.

BANCO: Empresa que recebe juros exorbitantes para emprestar o dinheiro dos outros.

BOLSA DE VALORES: Instrumento acessível a qualquer pessoa, começando com valores tão baixos como R$30. Mas se você contar em casa que investe nela, acharão que você é o Lobo de Wall Street.

CARTÃO DE CRÉDITO: Limbo financeiro para onde mandamos todas aquelas comprinhas de R$50, que insistem em virar R$2 mil na fatura do mês.

CUNHADO: Ser inconveniente que convida para as tarefas mais enfadonhas, como fazer instalações elétricas (isso sou eu quem pede para o meu cunhado) ou pede DINHEIRO EMPRESTADO.

DAYTRADE: OPORTUNIDADE de ficar rico vendendo curso de ficar rico.

DINHEIRO EMPRESTADO: É o mesmo que dinheiro *dado*, com a ressalva de não contar com o seu consentimento prévio.

DINHEIRUDO: É você que está com este livro em mãos! Quem segue nossos canais detém a *Mentalidade Dinheiruda*, que é a conquista mais importante nessa jornada.

DÍVIDA: Monstro escondido que mantém você preso, mas que você deseja que fique exatamente como está.

EMPRESÁRIO: Aquele malvadão que gera o PIB do país.

OPORTUNIDADE: Palavra evocada pelos espertos que se fingem de bobões, para enganar os bobões que se acham espertos.

PERRENGUE: É o primeiro sintoma antes do *APERTUME*. Aos primeiros sinais, indica-se uma bela dose de Educação Financeira.

PIRÂMIDE FINANCEIRA: Facilmente reconhecida quando empregadas as frases "*Garantido*", "*Tá pagando certinho*" ou "*Não é pirâmide*".

STARTUP: Empresa que não dá lucro, mas que usa esse nome com a expectativa de achar um próximo investidor para pagar mais do que o anterior. Normalmente usada no churrasco para o cara se sentir o próximo Elon Musk.

VIZINHO: Criatura que você achava que era mais rica que você, até você ter lido este livro e aprendido que *parecer* rico não é a mesma coisa que *ser* rico.

NOTAS (REFERÊNCIAS BIBLIOGRÁFICAS)

1. MELO, Régis. **Sinhá Moreira: Conheça a história da mulher que rompeu barreiras e foi pioneira na eletrônica no Brasil**. Disponível em: <https://g1.globo.com/mg/sul-de-minas/noticia/2019/09/06/sinha-moreira-conheca-a-historia-da-mulher-que-rompeu-barreiras-e-foi-pioneira-na-eletronica-no-brasil.ghtml>. Acesso em: 10 jul. 2020.

2. FONTES, Lilian. **Sinhá Moreira**: Uma mulher à frente do seu tempo. Rio de Janeiro: Gryphus, 2007.

3. IBGE. **Santa Rita do Sapucaí — MG — IBGE Cidades**. Disponível em: <https://cidades.ibge.gov.br/brasil/mg/santa-rita-do-sapucai/panorama>. Acesso em: 10 jul. 2020.

4. WIKIPEDIA. **Silicon Valley**. Disponível em: <https://en.wikipedia.org/wiki/Silicon_Valley>. Acesso em: 10 jul. 2020.

5. SINDVEL. **O Vale da Eletrônica**. Disponível em: <http://sindvel.com.br/o-vale-da-eletronica/>. Acesso em: 10 jul. 2020.

6. AMADEO, Kimberly. **Silicon Valley, America's Innovative Advantage**. Disponível em: <https://www.thebalance.com/what-is-silicon-valley-3305808>. Acesso em: 10 jul. 2020.

7. FENACON. **1,8 milhão de empresas fecharam em 2015**. Disponível em: <http://fenacon.org.br/noticias/18-milhao-de-empresas-fecharam-em-2015-622/>. Acesso em: 8 ago. 2020.

8. MERCANTIL. **Mulheres leem mais que homens no Brasil.** Disponível em: <https://monitormercantil.com.br/mulheres-leem-mais-que-homens-no-brasil/>. Acesso em: 13 ago. 2020.

9. ONTIVEROS, Eva. **O que é o "ikigai", o segredo japonês para um vida longa, feliz e saudável.** Disponível em: <https://www.bbc.com/portuguese/geral-44293333>. Acesso em: 13 ago. 2020.

10. SUPERINTERESSANTE. **Obesidade já mata mais gente do que fome.** Disponível em: <https://super.abril.com.br/saude/obesidade-ja-mata-mais-gente-do-que-fome/>. Acesso em: 14 ago. 2020.

11. VERSIGNASSI, Alexandre. **Crash**: Uma breve história da economia. HarperCollins Brasil, 2019.

12. JAKITAS, Renato. **Custo de um filho em São Paulo pode variar 104 vezes, dependendo do bairro.** Disponível em: <https://economia.estadao.com.br/noticias/geral,custo-de-um-filho-em-sao-paulo-pode-variar-104-vezes-dependendo-do-bairro,70003091914>. Acesso em: 16 ago. 2020.

13. RODRICK, Stephen. **O Caso Johnny Depp.** Disponível em: <https://rollingstone.uol.com.br/noticia/caso-johnny-depp/>. Acesso em: 17 set. 2020.

14. CIALDINI, Robert B. **As armas da persuasão: Como influenciar e não se deixar influenciar.** Rio de Janeiro: Sextante, 2012.

15. COINNEWS. **US Inflation Calculator.** Disponível em: <https://www.usinflationcalculator.com/>. Acesso em: 30 set. 2020.

16. BANCO CENTRAL. **Calculadora do Cidadão.** Disponível em: <https://www3.bcb.gov.br/CALCIDADAO/publico/corrigirPorIndice.do?method=corrigirPorIndice>. Acesso em: 30 set. 2020.

17. IBGE. **Inflação.** Disponível em: <https://www.ibge.gov.br/explica/inflacao.php>. Acesso em: 18 set. 2020.

18. ABDALA, Vitor. **IBGE inclui 56 itens no cálculo da inflação.** Disponível em: <https://agenciabrasil.ebc.com.br/economia/noticia/2019-10/ibge-inclui-56-itens-no-calculo-da-inflacao>. Acesso em: 18 set. 2020.

19. CAPETTI, Pedro; ALMEIDA, Cássia. **Renda média de mais da metade dos brasileiros é inferior a um salário mínimo.** Disponível em: <https://oglobo.globo.com/economia/mais-da-metade-dos-trabalhadores-brasileiros-tem-renda-menor-que-um-salario-minimo-24020453>. Acesso em: 19 set. 2020.

20. CANÁRIO, Pedro. **TJ-SP condena Crefisa por cobrar juros de mais de 1.000% ao ano de idoso pobre.** Disponível em: <https://www.conjur.com.br/2019-out-15/tj-sp-condena-crefisa-cobrar-juros-1000-ano>. Acesso em: 19 set. 2020.

21. WORLDOMETER. **GDP by Country.** Disponível em: <https://www.worldometers.info/gdp/gdp-by-country/>. Acesso em: 22 jan. 2021.

22. REIS, Tiago. **Warren Buffett e pequenas quantias.** Disponível em: <https://www.sunoresearch.com.br/artigos/warren-buffett-e-pequenas-quantias/>. Acesso em: 19 set. 2020.

23. BANCO CENTRAL. **Sistema de Informações de Créditos (SCR).** Disponível em: <https://www.bcb.gov.br/acessoinformacao/perguntasfrequentes-respostas/faq_scr>. Acesso em: 22 set. 2020.

24. DW BRASIL. **As obras de arte mais caras do mundo.** Disponível em: <https://www.dw.com/pt-br/as-obras-de-arte-mais-caras-do-mundo/g-18446498>. Acesso em: 23 set. 2020.

25. FERREIRA, Paula Freitas. **A guerra entre os herdeiros do império multimilionário de Picasso.** Disponível em: <https://www.dn.pt/pessoas/a-guerra-entre-os-herdeiros-do-imperio-multimilionario-de-picasso-5128720.html.> Acesso em: 23 set. 2020.

26. WEF. **Jobs of Tomorrow – Mapping Opportunity in the New Economy.** Disponível em: <http://www3.weforum.org/docs/WEF_Jobs_of_Tomorrow_2020.pdf>. Acesso em: 26 set. 2020.

27. WIKIPEDIA. **Viés de sobrevivência.** Disponível em: <https://pt.wikipedia.org/wiki/Vi%C3%A9s_de_sobreviv%C3%AAncia>. Acesso em: 27 set. 2020.

28. FGC. **Perguntas e respostas FGC.** Disponível em: <https://www.fgc.org.br/garantia-fgc/perguntas-e-respostas>. Acesso em: 27 set. 2020.

29. WIKIPEDIA. **Crise financeira de 2007–2008**. Disponível em: <https://pt.wikipedia.org/wiki/Crise_financeira_de_2007%E2%80%932008>. Acesso em: 28 set. 2020.

30. BANCO CENTRAL. **O que é sociedade de crédito, financiamento e investimento?** Disponível em: <https://www.bcb.gov.br/pre/composicao/financeiras.asp?frame=1>. Acesso em: 29 set. 2020.

31. BANCO CENTRAL. **Resolução CMN n° 4.812 de 30/4/2020.** Disponível em: <https://www.bcb.gov.br/estabilidadefinanceira/exibenormativo?tipo=Resolu%C3%A7%C3%A3o&numero=4812>. Acesso em: 29 set. 2020.

32. VALOR ECONÔMICO. **Quais os riscos de investir em cooperativa de crédito?** Disponível em: <https://valorinveste.globo.com/blogs/consultorio-financeiro/coluna/quais-os-riscos-de-investir-em-cooperativa-de-credito.ghtml>. Acesso em: 1 out. 2020.

33. CHAGUE, Fernando; GIOVANNETTI, Bruno. **É possível viver de day-trade em ações?** Disponível em: <http://bibliotecadigital.fgv.br/ojs/index.php/rbfin/article/download/81949/78263>. Acesso em: 2 nov. 2020.

34. HARVARD COLLEGE. **Admissions Statistics**. Disponível em: <https://college.harvard.edu/admissions/admissions-statistics>. Acesso em: 2 nov. 2020.

35. MAGGIULLI, Nick. **Even God Couldn't Beat Dollar-Cost Averaging**. Disponível em: <https://ofdollarsanddata.com/even-god-couldnt-beat-dollar-cost-averaging/>. Acesso em: 3 nov. 2020.

36. B3. **Segmentos de listagem**. Disponível em: <http://www.b3.com.br/pt_br/produtos-e-servicos/solucoes-para-emissores/segmentos-de-listagem/novo-mercado/>. Acesso em: 4 nov. 2020.

37. LASCO, Thiago. **8 das 25 maiores empresas dos EUA não pagam dividendos.** Entenda. Disponível em: <https://einvestidor.estadao.com.br/investimentos/maiores-empresas-eua-nao-pagam-dividendos>. Acesso em: 5 nov. 2020.

38. BRASIL. **Lei nº 10.406, de 10 de janeiro de 2002**. Disponível em: <www.planalto.gov.br/ccivil_03/leis/2002/L10406compilada.htm>. Acesso em: 11 nov. 2020.

39. NOGUEIRA, Nicolas. **Maiores bilionários do Brasil mantêm dinheiro fora do país.** Disponível em: <https://www.criptofacil.com/maiores-bilionarios-do-brasil-mantem-dinheiro-fora-do-pais/>. Acesso em: 15 nov. 2020.

40. B3. **Boletim Mensal Fundos Imobiliários.** Disponível em: <http://www.b3.com.br/data/files/F3/B6/6D/C3/8066671059300467AC094EA8/Boletim%20FII_novV2.pdf>. Acesso em: 20 dez. 2020.

41. YAHOO FINANCE. **American Tower Corporation (REIT) (AMT).** Disponível em: <https://finance.yahoo.com/quote/AMT/>. Acesso em: 1° dez. 2020.

42. WERTZ, Jia. **The Face Of Angel Investing Is Changing. Here's What You Need To Know.** Disponível em: <https://www.forbes.com/sites/jiawertz/2020/03/31/face=-angel-investing-changing-what-you-need-to-know/?sh-49fa08a56ba3>. Acesso em: 5 dez. 2020.

43. BUY BITCOIN WORLDWIDE. **How Many Bitcoins Are There?** Disponível em: <https://www.buybitcoinworldwide.com/how-many-bitcoins-are-there/>. Acesso em: 22 dez. 2020.

44. RODRIGUES, Luciano. **Cerca de 1.500 Bitcoins são perdidos por dia, aponta relatório.** Disponível em: <https://www.criptofacil.com/cerca-1-500-bitcoins-sao-perdidos-por-dia-aponta-relatorio/>. Acesso em: 23 dez. 2020.

45. NAKAMOTO, Satoshi. **Bitcoin: Um Sistema de Dinheiro Eletrónico Ponto-a-Ponto.** Disponível em: <https://bitcoin.org/files/bitcoin-paper/bitcoin_pt.pdf>. Acesso em: 24 dez. 2020.

ÍNDICE

A

ação preferencial (PN), 228
acumular patrimônio, 33
alta carga tributária, 125
análise fundamentalista de ações, 234–235
anamnese, 101
Associação Brasileira das Entidades dos Mercados Financeiro e de Capitais (Anbima), 178
associativismo, 56

B

Banco Central, 158, 180, 182
benchmark, 242
Bitcoin, 210, 212–213, 264–265
bolha das pontocom, 15
Bolsa
   de criptomoedas, 270
   de Valores, 59, 108, 142, 229
bug do milênio, 15

C

Cadastro de Clientes do Sistema Financeiro (CCS), 92
capital fechado, 223
cartão de crédito, 90–91, 96–97
carteira
   de Bitcoins, 270
   de investimentos, 157, 215
chamada de capital, 251
cheque especial, 91
ciclo expansionista da economia, 160
Comitê de Política Monetária (COPOM), 159
computação em nuvem, 16
conceito da suficiência, 49
consciência financeira, 50
conta poupança, 147, 167, 171, 184
contramão da prosperidade financeira, 33
controle financeiro, 46
   domiciliar, 83
corretora de valores, 151, 171

crise
　da COVID-19, 215
　de 2008, 181, 183, 263
　de liquidez, 247
　financeira, 148
cupons de juros, 175
custo
　de oportunidade, 65, 149
　de vida baixo, 50

D

daytrade, 211–212
debênture
　conversível, 202
　incentivada, 203
decisões coletivas, 56
demonstrativos financeiros, 208
depreciação monetária, 140
descontrole
　financeiro, 99
　inflacionário, 68
desvalorização monetária, 190
dívidas, 60, 81, 93

E

Economia Comportamental, 43
egoísmo financeiro, 94
eliminação das dívidas, 35
empréstimo consignado, 87
endividamento, 64

Escola Técnica de Eletrônica "Francisco Moreira da Costa (ETE), 14, 121
especuladores no mercado financeiro, 61
estagnação profissional, 120

F

felicidade, 48–50
　financeira, 40
Fórum Econômico Mundial, 120
free float, 224
fundos
　de ações, 244
　de Investimento Imobiliários (FII), 254–255
　de renda fixa, 244
　de tijolo, 255
　multimercado, 250–251

G

gasto por impulso, 46
gastos pessoais, 103
gatilho
　da autoridade, 57–58
　da escassez, 53
　do compromisso e coerência, 55
　mentais, 51
governança corporativa, 222

H

home broker, 256

I

igualdade social, 37
Ikigai, definição japonesa, 26
Imposto
   de Renda, 167, 177, 189
   Sobre Operações Financeiras (IOF), 168
índice
   Bovespa, 242, 252
   de Basileia, 182
   de Imobilização, 182
   de inflação, 70
   de Preços ao Consumidor Amplo (IPCA), 71
   Geral de Preços do Mercado (IGP-M), 71
   IDIV, 253
   Nacional de Preços ao Consumidor (INPC), 70
inflação, 66–67, 70, 73, 139
inteligência artificial, 119, 121
investidor-anjo, 260–262

J

juros
   compostos, 140–141, 144
   sobre Capital Próprio (JCP), 226

L

Letras Financeiras (LF), 193
limite de crédito, 91
Lista Negativa do Banco Central, 91

M

marcação a mercado, 165–166, 172, 176
maturidade financeira, 46
medo de investir, 150
Mega-Sena, 49, 213
mercado secundário, 224
meritocracia, 46
mútuo-conversível, 262

O

objetivos financeiros, 157
oferta
   e demanda, 225
   Pública Inicial, 223, 235
Open Banking, 101

P

pirâmides financeiras, 57, 209–210
planejamento financeiro, 44
planejar de menos, 49
Plano Real, 152, 177
poder de compra, 139
prazo de liquidação, 171, 173

prescrição das dívidas, 89–90
Produto Mínimo Viável, 129
programação de microcontroladores, 15
protagonismo financeiro, 44

R

relação de dívida dentro da família, 43
renda
  extra, 35
  fixa, 162, 167
  variável, 155
reserva
  de oportunidade, 109
  de valor, 68
risco
  de crédito, 182
  -país, 74

S

salário mínimo, 81
score de crédito, 65
sentimentos retributivos, 55
Serasa, 82, 91
Síndrome de Burnout, 22
Sinhá Moreira, 13–15
Sistema
  de Informações de Crédito, 91
  de Reservas Fracionárias, 74
  Financeiro de Habitação (SFH), 184

spread, 170, 179, 188
  bancário, 74

T

taxa
  Certificado de Depósito Interbancário (CDI), 159
  de administração, 242
  de juros, 152
  de performance, 242
  de transação, 266
  Selic, 158–159, 163
tempo, ativo mais precioso, 42–43
título de capitalização, 55
trade off risco-retorno, 146
trader, 61
traição financeira, 94
três pilares da Educação Financeira, 43
turnaround, 209

V

Vale
  da Eletrônica, 14–15
  do Silício, 14
valor da sua hora de trabalho, 118
valorização das ações, 225
viés
  de complexidade, 209
  de sobrevivência do empreendedorismo, 128

Projetos corporativos e edições personalizadas
dentro da sua estratégia de negócio. Já pensou nisso?

Coordenação de Eventos
Viviane Paiva
viviane@altabooks.com.br

Assistente Comercial
Fillipe Amorim
vendas.corporativas@altabooks.com.br

A Alta Books tem criado experiências incríveis no meio corporativo. Com a crescente implementação da educação corporativa nas empresas, o livro entra como uma importante fonte de conhecimento. Com atendimento personalizado, conseguimos identificar as principais necessidades, e criar uma seleção de livros que podem ser utilizados de diversas maneiras, como por exemplo, para fortalecer relacionamento com suas equipes/ seus clientes. Você já utilizou o livro para alguma ação estratégica na sua empresa?

Entre em contato com nosso time para entender melhor as possibilidades de personalização e incentivo ao desenvolvimento pessoal e profissional.

PUBLIQUE SEU LIVRO

Publique seu livro com a Alta Books. Para mais informações envie um e-mail para: autoria@altabooks.com.br

CONHEÇA OUTROS LIVROS DA **ALTA BOOKS**

Todas as imagens são meramente ilustrativas.

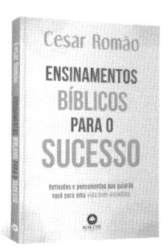

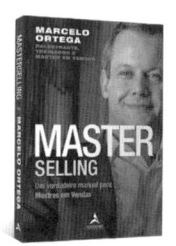

/altabooks   /alta-books   /altabooks   /altabooks

ROTAPLAN
GRÁFICA E EDITORA LTDA

Rua Álvaro Seixas, 165
Engenho Novo - Rio de Janeiro
Tels.: (21) 2201-2089 / 8898
E-mail: rotaplanrio@gmail.com